Edward Bellamy

Ein Rückblick

Looking backward

Edward Bellamy

Ein Rückblick
Looking backward

ISBN/EAN: 9783744637749

Hergestellt in Europa, USA, Kanada, Australien, Japan

Cover: Foto ©ninafisch / pixelio.de

Weitere Bücher finden Sie auf **www.hansebooks.com**

No. 3, Extra   *Published Semi-Monthly*   July 6

Riverside Paper Series

Continuing the Ticknor Paper Series

Ein Rückblick (LOOKING BACKWARD). 2000–1887.

Von Edward Bellamy. Ins Deutsche übersetzt von S. Schindler.

Houghton, Mifflin & Co.

Boston and New York

MISS HOWARD'S NEW NOVEL.

THE OPEN DOOR.

By BLANCHE WILLIS HOWARD, author of "One Summer," "Guenn," etc. 12mo, $1.50.

I took up "The Open Door," wondering if I should care for it as I did for "Guenn," and I lay it down with a fresh sense of the varied power of its author.... The sweetest, tenderest, purest love story that has been told for many a day.... I congratulate Miss Howard on the charming and enthralling tale which she has told. — LOUISE CHANDLER MOULTON.

"As a picture of the life of the German nobility, in a somewhat provincial tone, it is brilliantly real, varied, and amusing.... It is a book from whose reading one rises touched with new impulses toward brave and thoughtful living, as well as with the consciousness of having been thoroughly and continuously entertained. — *Boston Transcript.*

HOUGHTON, MIFFLIN & CO., BOSTON.

Summer Books for Adults.

One Voyage. By JULIUS A. PALMER. 12mo, $1.25.

Captain Palmer is a real sea captain with a story to tell, and he knows how to tell it. A romance of love, adventure, and life at sea, dealing with the passenger cabin rather than the forecastle or the deck.

Lothrop's Summer Series for 1889.

Paper Covers.

Some of the best things in recent fiction at 35 cents each.

The Doctor of Deane. By MARY TOWLE PALMER.

This bright and well-written book holds an uncommonly distinct and agreeable group of portraits. — *The Nation, New York.*

The author possesses the rare faculty of investing the commonplace with appetizing interest. — *Springfield Union.*

The Rusty Linchpin, and **Luboff Archipovna.** After the Russian of Mme. KOKHANOVSKY.

Two exquisite idyls of Russian rural life. — *Christian Union.*

They bring us very close to that strange civilization so fascinating to Western readers. — *Chicago Dial.*

For the Older Young People.

Cloud and Cliff; or, SUMMER DAYS AT THE WHITE MOUNTAINS. By WILLIS BOYD ALLEN. 12mo, $1.00.

All who have visited the mountains will enjoy this delightful story, in which they will recognize much that is familiar. Its recital of perils and adventures is not more interesting than its masterly descriptions of White Mountain scenery and summer life.

Sweetbrier. By Mrs. M. E. W. SHERWOOD. 12mo, $1.25.

Just the book for girls of from twelve to twenty. A charming story of girl life amid the fascinations, duties, and distractions of so-called "society." Written by one who is an authority among the "Four Hundred."

Our Town. By MARGARET SIDNEY. 12mo, $1.25.

Written for the Y. P. S. C. E. A graphic story of town-life, with bright, realistic characters, and strong, live incidents. Helpful as well as entertaining, it will be eagerly read by the young people.

At the Bookstores, or sent, post-paid, by the Publishers,
D. LOTHROP COMPANY, WASHINGTON ST., OPP. BROMFIELD.

Ein Rückblick

(LOOKING BACKWARD)

2000—1887

von

Edward Bellamy

Ins Deutsche übersetzt von

F. Schindler

BOSTON AND NEW YORK
HOUGHTON, MIFFLIN AND COMPANY
The Riverside Press, Cambridge
1890

Vorwort.

Historische Section; Shawmut Universität;
Boston, am 26. Dezember 2000.

Für uns, die wir in dem letzten Jahre des 20sten Jahrhunderts stehen, und uns der Segnungen einer socialen Ordnung erfreuen, die so einfach und zu gleicher Zeit so logisch ist, daß sie nichts mehr als der Triumpf des gesunden Menschenverstandes zu sein scheint, ist es sicherlich schwer zu begreifen, daß die gegenwärtige Organisation der Gesellschaft in ihrer Vollkommenheit weniger als ein Jahrhundert alt ist, ganz besonders, wenn wir das Studium der Geschichte nicht als Fachstudium betrieben haben. Keine geschichtliche Thatsache ist jedoch besser bewiesen als die, daß noch beinahe am Ende des 19ten Jahrhunderts der allgemeine Glaube feststand, die alte industrielle Ordnung, mit all ihren beschämenden, socialen Consequenzen sei bestimmt, — einige möglichen Verbesserungen ausgenommen — bis ans Ende der Tage zu dauern.

Wie seltsam und wie beinahe unglaublich erscheint es daher, daß ein so wunderbar sittlicher und materieller Umschwung wie der, welcher seitdem stattgefunden hat, in einem so kurzen Zeitraum hat ausgeführt werden können.

Die Leichtigkeit, mit welcher sich Leute — als selbstverständlich — an Verbesserungen ihrer Lage gewöhnen, welche im Vorausblick Nichts zu wünschen übrig lassen, kann nicht schlagender bewiesen werden.

Ist irgend eine Betrachtung besser berechnet als diese, den Enthusiasmus junger Weltverbesserer zu dämpfen, welche auf die lebhafte Dankbarkeit zukünftiger Generationen rechnen?

Der Zweck dieses Buches ist, solche Personen zu unterstützen, die eine bestimmtere Idee über die socialen Gegensätze des 19ten und 20sten Jahrhunderts zu erlangen wünschen, jedoch erschreckt vor dem formellen Anblick zurück weichen, den die geschichtlichen Nachweise, welche diesen Gegenstand behandeln, ihnen vorhalten.

Es ist die Erfahrung eines jeden Lehrers, daß das trockene Studium eines Gegenstandes oftmals ermüdend auf den Geist wirkt; der Verfasser hat deshalb versucht, den docirenden Ton des Buches dadurch zu mildern, daß er dasselbe in die Form einer romantischen Erzählung brachte, welche, — wie er zu glauben berechtigt zu sein hofft, — an sich selbst nicht ganz ohne Interesse sein wird.

Dem Leser, der selbstverständlich mit unseren socialen Institutionen und den Principien, auf denen sie gegründet, bekannt ist, werden möglicher Weise — zu Zeiten — die Erklärungen des Dr. Leete nicht außergewöhnlich erscheinen, er möge jedoch beachten, daß sie dem Gaste des Dr. Leete ganz und gar nicht selbstverständlich waren, und daß dieses Buch lediglich geschrieben ist, um den Leser dazu zu bewegen, für einen Augenblick zu vergessen, daß sie ihm so scheinen.

Vorwort.

Möge es mir vergönnt sein, noch ein Wort hinzu zu fügen.

Das allgemeine Thema aller Schriftsteller und Redner, welche diese zweitausendjährige Epoche gefeiert haben, ist beinahe immer die Zukunft und nie die Vergangenheit gewesen; nicht der Fortschritt, welcher gemacht worden ist, sondern der Fortschritt, welcher gemacht werden solle, immer vorwärts und aufwärts, bis das Menschengeschlecht seine unbeschreibbare Bestimmung erreicht haben würde. Dies ist wohl an und für sich gut, aber scheint mir es dennoch, daß wir nirgends einen festeren Grund für gewagte Voraussetzungen menschlicher Entwickelung während der nächsten tausend Jahre finden können, als indem wir einen „Rückblick" auf den Fortschritt der letzten hundert Jahre werfen.

Der Verfasser hofft, daß dieses Buch so glücklich sein wird Leser zu finden, deren Vorliebe für den Gegenstand selbst sie die Schwächen der Behandlung übersehen lassen wird, und in dieser Hoffnung tritt er jetzt zur Seite und überläßt es Herrn Julian West für sich selbst zu sprechen.

Ein Rückblick.

Erstes Kapitel.

Ich erblickte das Licht der Welt in Boston im Jahre 1857. „Was!" sagst Du, lieber Leser, „1857?" Das ist ein merkwürdiger Fehler, er meint sicherlich „1957."

Entschuldige, aber es ist kein Irrthum. Es war ungefähr 4 Uhr Nachmittags am 26sten Dezember, einen Tag nach Weihnachten im Jahre 1857 und nicht 1957, als ich zum ersten Male den berüchtigten Ostwind Bostons einathmete, welcher, wie ich dem Leser versichern kann, in dieser vergangenen Zeit sich durch die nämliche Ein= und Zudringlichkeit auszeichnete, wie im gegenwärtigen Jahre der Gnade 2000.

Diese Auskunft über meine Geburt wird augenscheinlich jedem so lächerlich vorkommen, — ganz besonders, wenn ich hinzufüge, daß ich dem Anscheine nach ein Mann von ungefähr 30 Jahren bin, — daß Niemand dafür getadelt werden kann, wenn er ohne Weiteres ein Buch beiseite legt, welches in so hohem Grade seine Leichtgläubigkeit auf die Probe zu stellen verspricht. Nichtsdestoweniger versichere ich dem Leser in vollem Ernste, daß es nicht in meiner Absicht liegt, ihn zu hintergehen, und ich verspreche, ihn davon vollständig zu überzeugen, wenn er mir nur noch eine kurze Weile Gehör giebt. Wenn er mir daher erlaubt, — auf das Versprechen hin, daß ich meine Aussage rechtfertigen werde,

— ihm zu sagen, daß ich doch besser wissen müsse, wann ich geboren bin, als er, so will ich meine Erzählung fortsetzen.

Jeder Schulknabe weiß, daß gegen das Ende des 19ten Jahrhunderts weder eine Civilisation, wie sie heute vorhanden, noch irgend eine andere, ihr ähnliche, existirte, obgleich die Elemente, durch welche sie entwickelt wurde, bereits in Gährung begriffen waren. Nichts hatte indessen stattgefunden, die seit undenklichen Zeiten vorhandene Eintheilung der Gesellschaft in vier Classen — oder Nationen, wie sie schicklicher genannt werden können — zu modificiren. Im Gegentheil, die Unterschiede zwischen denselben waren bei Weitem größer als diejenigen, die heut zwischen den Nationen vorkommen, die Unterschiede nämlich zwischen reich und arm, gebildet und unwissend. Ich selbst war reich und gehörte dem gebildeten Stande an; ich besaß deshalb die Grundbedingungen des Glückes, dessen sich die am meisten vom Schicksal Begünstigten in jenem Zeitalter erfreuten. Ich lebte in Luxus und beschäftigte mich nur mit den Vergnügungen und Annehmlichkeiten des Lebens. Die Mittel zu meinem Unterhalte empfing ich durch die Arbeit Anderer, obgleich ich nicht den geringsten Dienst als Aequivalent dafür leistete. Meine Eltern und Großeltern hatten in derselben Weise gelebt, und ich erwartete, daß meine Nachkommen, wenn ich deren hätte, sich einer ähnlichen, leichten Existenz erfreuen würden.

Du fragst, lieber Leser, wie ich wohl∙leben konnte, ohne der Welt irgend einen Dienst zu leisten? Warum sollte die Welt Jemanden im Nichtsthun unterhalten, der fähig war Dienste zu leisten? Die Antwort ist, daß mein Urgroßvater eine Summe Geldes aufgespeichert hatte, von welcher seine Nachkommen seitdem gelebt hatten. Du wirst natürlicher Weise schließen, daß diese Summe sehr groß gewesen sein müsse, um nicht durch den Unterhalt dreier, nichtsthu=

enber Generationen erschöpft worden zu sein; allein dies war nicht der Fall. Die Summe war anfänglich nicht groß, sie war im Gegentheil viel größer jetzt, nachdem sie drei Geschlechter in Trägheit erhalten hatte, als sie zuerst gewesen war. Das Geheimniß eines Gebrauches ohne Verzehrung, einer Wärme ohne Verbrennung, erscheint fast wie Zauberei; aber es war nichts weniger als eine schlaue Anwendung einer Kunst, welche glücklicher Weise jetzt verloren gegangen, die aber von Deinen Vorfahren, lieber Leser, zur größten Vollkommenheit gebracht worden war, der Kunst nämlich, die Last des eignen Unterhalts auf die Schultern Anderer zu wälzen. Ein Mann, der dies erreicht hatte, — und es war das Ziel, nach welchem Alle strebten, — lebte, wie man sagte, von den Interessen seines veranlagten Kapitals. Es würde uns zuviel aufhalten hier zu erklären, wie die alte Methode der Industrie dies möglich machte; ich will deshalb nur bemerken, daß die Interessen an einem veranlagten Kapital eine Art beständiger Steuer waren, erhoben von der Production derjenigen, die in irgend einem industriellen Zweige beschäftigt waren, und welche eine Person, die Geld besaß oder ererbt hatte, nur zu collectiren brauchte. Es darf nicht vorausgesetzt werden, daß eine Einrichtung, die so unnatürlich und absurd nach unseren modernen Anschauungen ist, niemals von Deinen Voreltern critisirt worden sei; im Gegentheil, es war stets das Ziel aller Gesetzgeber und Propheten seit den ältesten Zeiten gewesen, den Zins abzuschaffen, oder ihn wenigstens zu dem möglichst geringsten Fuße herabzuschrauben. Alle diese Bestrebungen jedoch waren ohne Erfolg geblieben, wie sie es natürlicher Weise mußten, so lange die alte sociale Organisation die herrschende war. Zur Zeit, von welcher ich schreibe, am Ende des 19ten Jahrhunderts, hatten die Regierungen meistens den Versuch aufgegeben, diesen Gegenstand zu reguliren.

Um dem Leser einen allgemeinen Einblick in die Art und Weise zu geben, wie die Leute in jenen Tagen zusammen lebten und wie im Besonderen die Beziehungen des Reichen und des Armen zu einander standen, kann ich vielleicht nichts Besseres thun, als die Gesellschaft, wie sie damals war, zu einer riesenhaften Kutsche zu vergleichen, vor welche die Massen der Menschen gespannt waren, um sie mühselig auf einer sehr hügeligen und sandigen Straße dahin zu schleppen. Der Kutscher war der Hunger, der keine Rast erlaubte, obgleich der Schritt nothwendiger Weise sehr langsam war. Ungeachtet der Schwierigkeit, diese Kutsche auf einer so mühseligen Bahn voran zu bringen, war der obere Theil des Wagens mit Passagieren gefüllt, die niemals abstiegen, selbst nicht an den steilsten Stellen. Diese Sitze auf der Bedachung des Wagens waren sehr luftig und angenehm. Sie waren außer Bereich des Staubes und die Inhaber konnten sich mit Muße der Scenerie erfreuen, oder kritisch die Verdienste des sich anstrengenden Gespannes behandeln. Solche Plätze waren natürlicher Weise sehr begehrt, man erstrebte sie mit dem größten Eifer und jeder betrachtete es als seine erste Lebensaufgabe, einen Sitz auf dem Wagen selbst zu erlangen und ihn seinem Kinde zu hinterlassen. Nach dem Kutschenreglement konnte jeder seinen Sitz, wem es beliebte, vererben; es kamen jedoch anderseitig manche Zufälligkeiten vor, durch welche ein Sitz zu irgend einer Zeit vollständig verloren werden konnte. Obgleich diese Sitze bequem waren, waren sie dennoch oft sehr unsicher, und bei jedem unerwarteten Stoße der Kutsche flogen Personen aus derselben, und zu Boden fallend, wurden sie sogleich gezwungen den Strick zu ergreifen und die Kutsche, in welcher sie noch kurz zuvor so angenehm gefahren waren, fortziehen zu helfen. Seinen Sitz zu verlieren wurde natürlich als ein schreckliches Unglück betrachtet, und die Furcht vor der bloßen Möglichkeit, daß ein solcher Unfall ihnen oder ihren Freunden zustoßen könne, beschattete stets wie eine bedrückende Wolke die Glückseligkeit der Fahrenden.

Du frägst: „Dachten diese Leute nur allein an sich? Wurde ihr Luxus ihnen nicht gerade dadurch unerträglich gemacht, daß sie ihn mit dem Loose ihrer Brüder und Schwestern verglichen, die an den Wagen gespannt waren, oder durch die Erkenntniß, daß ihr eigenes Gewicht zu deren Beschwerden beitrage? Hatten sie kein Mitleid für ihre Mitgeschöpfe, von welchen nur ihr Vermögen sie unterschied?" O ja; Mitleid wurde oft gezeigt, d. h. in Worten, von denen, welche fuhren, für die, welche den Wagen zu ziehen hatten, ganz besonders, wenn er an einen schlimmen Platz in der Straße gerieth, oder zu einem besonders steilen Hügel gelangte, wie dies sehr häufig vorkam.

Zu solchen Zeiten boten die verzweifelten Anstrengungen des Gespannes, das krampfhafte Springen und Zurückfallen der Ziehenden unter den unbarmherzigen Peitschenhieben des Hungers, die Vielen, welche ohnmächtig am Stricke niederstürzten und in den Koth getreten wurden, ein herzzerreißendes Schauspiel, welches oftmals höchst anerkennungswürdige Gefühlsäußerungen auf dem Dache der Kutsche hervorrief. Zu solchen Zeiten pflegten die Passagiere von oben herab ermuthigend den sich am Stricke Mühenden zuzurufen, sie zur Geduld zu ermahnen, und während die Einen ihnen Hoffnungen vorspiegelten auf eine mögliche Vergeltung ihrer Mühen und ihres Schicksales in einer andern Welt, schossen Andere zusammen, um Salben und Einreibungen für die Verwundeten und Verstümmelten zu kaufen. Man kam darüber überein, daß es sehr zu bedauern wäre, daß der Wagen so schwer zu ziehen sei, und ein Gefühl allgemeiner

Erleichterung überkam alle, wenn ein besonders schwieriges Stück Weg zurückgelegt war. Dieses Gefühl der Erleichterung war nicht vollständig dem Mitgefühl mit den Ziehenden zuzuschreiben, sondern dem Umstande, daß immer die Gefahr nahe lag, an solch schlimmen Plätzen könne der Wagen ganz und gar umgeworfen werden und sie alle ihre Sitze verlieren.

Es muß in Wahrheit zugestanden werden, daß durch den Anblick des Elendes, der sich am Seile Abmühenden die Passagiere den Werth ihrer Sitze auf dem Wagen besser zu würdigen lernten und daß sie deshalb sich an dieselben noch verzweifelnder festklammerten. Wenn die Passagiere nur die Versicherung hätten erlangen können, daß weder sie noch ihre Freunde jemals herunterfallen würden, so ist es wahrscheinlich, daß, abgesehen ihrer Beisteuer zu den Sammlungen für Einreibungen und Bandagen, sie sich außerordentlich wenig um diejenigen gekümmert haben würden, die den Wagen schleppten.

Ich weiß sehr wohl, daß dies den Männern und Frauen des 20sten Jahrhunderts als eine unerhörte Unmenschlichkeit erscheinen muß; es giebt aber zwei Thatsachen, beide höchst merkwürdig, die diese Abgestumpftheit zum Theil erklären. In erster Reihe wurde es fest und aufrichtig geglaubt, daß es keine andere Weise gäbe, in welcher die menschliche Gesellschaft vorankommen könne, als daß die Mehrzahl an dem Seile zöge und die Minderzahl führe; daß ferner keine radikale Verbesserung möglich wäre, weder in Bezug auf das Geschirr, der Kutsche, der Straße, noch in der Vertheilung der Arbeit. Es wäre immer so gewesen, wie es war, und es würde immer so bleiben. Es sei zu bedauern, aber dem Uebel nicht abgeholfen werden könne, und daß Philosophie Mitleid zu verschwenden verbiete an Dinge, für die keine Abhülfe vorhanden sei.

Ein Rückblick.

Die andere Thatsache ist noch merkwürdiger und bestand in der sonderbaren Einbildung, welche alle diejenigen, die auf dem Wagen saßen, gewöhnlich theilten; nämlich, daß sie nicht ganz ihren Brüdern und Schwestern, welche an dem Stricke zogen, glichen, sondern von feinerem Thon verfertigt seien und so zu sagen zu einer höheren Klasse von Wesen gehörten, welche mit Recht erwarten durften, gezogen zu werden. Dies erscheint unerklärlich, aber da ich einst selbst in demselben Wagen gefahren bin und jene Einbildung getheilt habe, so darf man mir schon Glauben schenken. Das Sonderbarste in Bezug auf diese Einbildung war, daß diejenigen, welche soeben vom Boden zu einem Sitze hinaufgeklettert waren, davon ergriffen wurden, bevor noch die Schwielen, die das Seil an ihren Händen verursacht hatte, verschwunden waren. Die Ueberzeugung derjenigen, deren Eltern und Großeltern bereits so glücklich gewesen waren, ihre Sitze auf dem Wagen zu behaupten, daß ein wirklicher Unterschied zwischen ihrer Klasse von Menschheit und dem gewöhnlichen Artikel, der mit diesem Namen bezeichnet wurde, stattfände, war absolut. Es ist leicht ersichtlich, daß das Resultat einer solchen Einbildung dahin zielte, das Mitgefühl für das Leiden der Massen herunter zu stimmen und in ein entferntes philosophisches Mitleid zu verwandeln. Ich beziehe mich darauf als auf die einzige Entschuldigung, die ich für die Gleichgültigkeit bieten kann, welche in der Zeitperiode, über die ich schreibe, meine eigne Stellung zum Elende meiner Brüder characterisirte.

In 1887 erreichte ich mein dreißigstes Jahr, ich war noch unverheiratet, jedoch mit Edith Bartlett verlobt. Sie fuhr, wie ich, auf der Bedachung des Wagens oder in anderen Worten, — damit wir uns nicht länger mit dem Vergleiche zu belästigen haben, der, wie ich hoffe, seinen Zweck erfüllt hat, dem Leser einen allgemeinen Eindruck zu geben, wie wir damals lebten,— ihre Familie war reich. In jenem Zeitalter, als Geld allein Alles gewährte, was angenehm im Leben war und zur Cultur gehörte, war es genug, daß ein Mädchen reich war, um ihr Bewerber zu verschaffen; Edith Bartlett war aber auch zugleich schön und anmuthig.

Ich weiß, daß meine Leserinnen dagegen protestiren werden. „Hübsch mag sie wohl gewesen sein," höre ich sie sagen, „aber anmuthig nimmer, in der Kleidung, welche zur damaligen Zeit Mode war, als die Kopfbedeckung ein fußhohes schwindelndes Gebäude war, und die beinahe unglaubliche Ausdehnung des Kleides hinten, hergestellt durch eine künstliche Vorrichtung, die Gestalt mehr verunmenschlichte als irgend eine frühere Methode der Schneiderinnen. Kann man sich Jemanden in einem solchen Kostüm als anmuthig vorstellen?" Du hast ganz recht, liebe Leserin, und ich kann nur erwidern, daß, während die Damen des 20sten Jahrhunderts aufs Liebenswürdigste beweisen, welchen Effect eine schickliche Draperie erzielen kann, die weibliche Anmuth hervorzuheben, mich dennoch meine Erinnerung an ihre Urgroßmütter zu behaupten ermöglicht, daß keine Unförmlichkeit der Kleidung das weibliche Geschlecht ganz und gar entstellen kann.

Unsere Hochzeit sollte stattfinden, sobald das Haus fertig geworden, welches ich für unseren eignen Gebrauch in einem der gesuchtesten Stadttheile baute, d. i. so zu sagen, in einem Stadttheile, der meistens von reichen Leuten bewohnt war; denn Du mußt wissen, lieber Leser, daß die verschiedenen Stadttheile Bostons damals nicht in Folge ihrer natürlichen Umgebung, sondern im Verhältniß zum Character der sie umgebenden Bevölkerung als Residenzen gesucht waren. Jede Classe oder Nation wohnte für sich, in ihren eignen Vierteln. Der Reiche, der zwischen den

Armen wohnte, oder der Gebildete, der sich unter den Ungebildeten aufhielt, glich einem Menschen, der in Abgeschiedenheit unter einer neidischen und fremden Race lebt. Als ich den Bau des Hauses begann, erwartete ich, daß es im Winter 1886 vollendet sein würde; der Frühling des folgenden Jahres fand es jedoch noch unfertig, und meine Hochzeit lag deshalb noch in weitem Felde. Die Ursache des Verzuges, der einen feurigen Liebhaber aufs Unerhörteste aufbringen mußte, war eine Reihe von Strike, oder in anderen Worten, eine vereinbarte Arbeits=Einstellung der Maurer, Zimmerleute, Anstreicher, Klempner und anderer Handwerker, die am Bau des Hauses beschäftigt waren. Ich kann mich nicht erinnern, was die eigentlichen Ursachen dieser Strike waren. Strike waren zu jener Zeit so allgemein geworden, daß man sich gar nicht mehr um ihre einzelnen Ursachen bekümmerte. In verschiedenen industriellen Zweigen hatten sie beinahe ohne Unterbrechung, seit der großen Geschäftskrisis im Jahre 1873, stattgefunden. Es war in der That so weit gekommen, daß es eine Ausnahme schien, wenn irgend eine Arbeiterklasse sich beständig ihrem Beruf auf länger als einige wenige Monate lang hingab.

Der Leser, welcher die Daten beachtet, von welchen ich spreche, wird natürlich in diesen industriellen Störungen die erste und unbewußte Phase der großen Bewegung erkennen, die damit endete, daß das moderne, gewerbliche System, mit all seinen socialen Consequenzen, hergestellt wurde. Dies alles ist so klar im Rückblick, daß ein Kind es verstehen kann, aber da wir keine Propheten waren, hatten wir damals keine klare Idee von dem, was uns zustoßen würde. Wir sahen lediglich und allein nur, daß in Anbetracht der Industrie das Land in einer höchst schiefen Lage war. Das Verhältniß zwischen dem Arbeiter und dem Arbeitgeber, zwischen der Arbeit und dem Kapital erschien in unerklärlicher Weise verrenkt zu sein. Der Arbeiterstand schien plötzlich und beinahe allgemein von einer durchgreifenden Unzufriedenheit mit seiner Lage angesteckt zu sein, sowie von der Idee, daß dieselbe verbessert werden könne, wenn man nur wüßte, wie es recht anzufangen sei. Einstimmig wurde von allen Seiten das Verlangen höheren Lohnes, kürzerer Arbeitszeit, besserer Behausung, besserer Erziehung und eines Antheiles an die Bequemlichkeiten des Lebens gestellt; Verlangen, welche zu erfüllen unmöglich schien, wenn nicht die Welt um ein Bedeutendes reicher würde, als sie es damals war. Obgleich sie wußten, was sie wollten, wußten sie dennoch nicht, wie es zu erreichen, und der Enthusiasmus, mit welchem sie sich um irgend Jemanden schaarten, der möglicher Weise darüber Aufklärung geben könnte, brachte manchen sogenannten Parteiführer zu plötzlicher Berühmtheit, der sicherlich wenig oder gar kein Licht darüber verbreiten konnte. Wie phantastisch auch die Bestrebungen des Arbeiterstandes erscheinen mögen, so ließ dennoch die Hingabe, mit welcher sie sich einander während der Strike, die ihre Hauptwaffe waren, unterstützten, und die Opfer, die sie brachten, um sie auszuführen, keinen Zweifel an ihrem vollen Ernste aufkommen. Was das Ende dieser Arbeiter-Unruhen, welches die gebräuchliche Phrase war, mit der man diese Bewegung, die ich beschrieben, zu bezeichnen pflegte, sein würde, darüber waren die Meinungen der Leute meiner Klasse sehr verschieden und zwar, je nach deren persönlichen Temperamenten. Der sanguinische schloß sehr folgerichtig, daß es durch die Natur der Sachlage unmöglich sei, den gewagten Hoffnungen der Arbeiter gerecht zu werden, und zwar, weil die Welt nicht das Material hätte, sie zufrieden zu stellen. Nur deshalb, weil die Massen so schwer arbeiteten und so kärglich lebten, verhungere das Menschengeschlecht nicht ganz und gar. Keine Verbesserung ihrer Lage wäre deshalb möglich, so lange die Welt im Großen und Ganzen so arm bliebe. Es wären nicht die Kapitalisten, gegen die die Arbeiter sich auflehnten, sagten diese Sanguiniker, sondern gegen den eisernen Gürtel der Nothwendigkeit, der die Menschheit umschlösse, und die Frage sei nur, wie lange noch ihre Dickköpfigkeit sie verhindern würde, diesen Sachbestand zu entdecken, um dann sich mit dem Gedanken zu beruhigen, daß:

„Was man doch nicht ändern kann,
Muß man mit Geduld sehen an."

Diejenigen, die weniger sanguinisch waren, gestanden alles dieses zu. Die Hoffnungen der Arbeiter könnten aus natürlichen Gründen nicht realisirt werden, es sei jedoch zu befürchten, daß sie dies nicht eher ausfinden würden, als bis sie die menschliche Gesellschaft gehörig durcheinander gerüttelt haben würden. Sie hätten das Stimmrecht und die Macht zu thun, was ihnen gefiele, und ihre Führer wären entschlossen, von ihrem Rechte Gebrauch zu machen. Einige dieser schwarzsehenden Beobachter gingen so weit, daß sie einen totalen Umsturz aller socialen Zustände als nahe bevorstehend prophezeiten. Die Menschheit, sagten sie, wäre auf der höchsten Sprosse der Civilisation angelangt und wäre jetzt im Begriffe, Hals über Kopf sich ins Chaos hinabzustürzen, wonach sie sich dann wahrscheinlicher Weise wieder erholen und aufs Neue zu klettern anfangen würde. Wiederholte Experimente dieser Art, in geschichtlichen und vorgeschichtlichen Zeiten vorgenommen, erklärten möglicher Weise die räthselhaften Beulen am menschlichen Schädel. Die Geschichte der Menschheit, wie alle großen Bewegungen, drehe sich im Kreise, und kehre immer wieder zum Anfangspunkte zurück. Die Idee eines in gerader Linie ins Unendliche sich dehnenden Fortschrittes sei ein Luftgespinnst der Einbildung, durch keine Ana=

logie in der Natur begründet. Die Bahn eines Kometen sei viel=
leicht eine bessere Illustration der menschlichen Laufbahn.
Mit einer Tendenz aufwärts, und der Sonne entgegen zu
streben, steige das Menschengeschlecht von der Nacht des
Barbarismus zur Sonnenhöhe der Civilisation, um alsdann
wieder zum entgegengesetzten Ende, in die untersten Regionen
des Chaos nieder zu steigen.

Dieses war selbstverständlich eine sich ins Wilde verlie=
rende Meinung, aber ich erinnere mich, daß ernste Männer
meiner Bekanntschaft, wenn sie über die Zeichen der Zeit
sprachen, einen ähnlichen Ton anschlugen. Im Ganzen
war es die Meinung aller denkenden Leute, daß die gesell=
schaftlichen Zustände sich in einer kritischen Lage befänden,
und daß möglicher Weise große Veränderungen bevorständen.
Den Arbeiter=Unruhen, ihren Ursachen, ihrer Richtung und
ihrer Heilung, wurde einen Vorrang nicht allein in allen
journalistischen Besprechungen, sondern in jeder ernsthaften
Unterhaltung eingeräumt.

Die nervöse Spannung der öffentlichen Meinung konnte
durch nichts mehr schlagender bewiesen werden, als durch die
Aufregung, welche durch das müssige Geschwätz einer kleinen
Anzahl Leute, die sich Anarchisten nannten, entstand. Diese
Letzteren hatten es versucht das amerikanische Volk zu terrori=
siren, und ihnen ihre Ideen durch Drohung von Gewaltthä=
tigkeit aufzudrängen, als wenn eine mächtige Nation, die erst
kürzlich eine Rebellion der Hälfte ihrer Bürger niedergeschla=
gen hatte, um ihr politisches System aufrecht zu erhalten, so
leicht bereitwillig gefunden werden könne, aus bloßer Furcht
eine neue sociale Ordnung einzuführen.

Als einer der Reichen, der ein großes Interesse in der
bestehenden Ordnung hatte, theilte ich natürlich die Befürch=
tungen der Klasse, der ich angehörte. Der persönliche Groll,

ben ich dem Arbeiterstande zur Zeit, von welcher ich schreibe, nachtrug, weil ihre Strike mein eheliches Glück in die Ferne schob, verlieh meinem Gefühle gegen denselben eine besondere Bitterniß.

Zweites Kapitel.

Der 30te Mai 1827 fiel auf einen Montag. An demselben wurde ein jährliches National-Fest gefeiert, welches in dem letzten Drittel des 19ten Jahrhunderts eingesetzt worden und unter dem Namen „Decorations-Tag" bekannt war. Es war Sitte, an diesem Tage das Andenken der Soldaten zu ehren, die an dem Kriege für die Erhaltung der Union theilgenommen hatten. Diejenigen, die den Krieg überlebt hatten, besuchten an diesem Tage in militärischen und bürgerlichen Prozessionen unter den Klängen kriegerischer Musik die Begräbnißplätze und legten Blumenkränze auf die Gräber ihrer verstorbenen Kameraden, eine Ceremonie, die stets sehr feierlich und rührend war. Der älteste Bruder meiner Verlobten war im Kriege gefallen, und am Decorations-Tage pflegten die Familien-Mitglieder Mount Auburn zu besuchen, wo er beerdigt lag. Ich war eingeladen worden, an dem Ausfluge Theil zu nehmen, und als wir gegen Abend in die Stadt zurückkehrten, wurde ich aufgefordert, mit der Familie meiner Braut zu speisen. Nach der Mahlzeit nahm ich die Abendzeitung zur Hand und fand, daß wiederum neue Strike in der Zimmermanns-Zunft stattgefunden hatten, welche wahrscheinlicher Weise die Vollendung meines unglücklichen Hauses noch weiter hinausschieben würden. Ich erinnere mich ganz genau, daß ich darüber höchst aufgebracht war, und daß ich so kräftig, als es die Gegenwart der Damen nur erlaubte, den Arbeiterstand im Allgemeinen, und diese Striker im Besondern, mit Schmähungen überschüttete. Die Anwesenden stimmten mir bei, und die Bemerkungen, die in der Unterhaltung, die darauf folgte, von Allen über das prinzipienlose Betragen der Volks=Verführer gemacht wurden, waren nicht zu schmeichelhaft für die letzteren Herren. Man kam einstimmig darüber überein, daß es mit jedem Tage schlimmer würde, und daß man kaum mehr wisse, wie das Alles noch enden solle. „Das Schlimmste dabei ist," sagte Frau Bartlett, wie ich mich erinnere, „daß die Arbeiter=Klassen in der ganzen Welt auf einmal wahnsinnig zu werden anfangen, in Europa ist es noch schlimmer als es hier ist; dort möchte ich ganz und gar nicht leben wollen. Ich fragte kürzlich meinen Mann, wohin wir auswandern sollten, wenn alle die schrecklichen Dinge sich ereignen sollten, mit welchen diese Socialisten drohen, und er sagte, er wisse augenblicklich keinen andern Platz zu nennen, wo die menschliche Gesellschaft als stabil bezeichnet werden könne, als Grönland, Patagonien oder China." „Diese Chinesen wußten sehr gut, was sie wollten," fügte Jemand hinzu, „als sie die westliche Civilisation nicht einlassen wollten. Sie wußten es besser, wozu sie führen würde, als wir. Sie durch=schauten sie und fanden, daß sie nichts weiter als verpuppter Dynamit sei."

Ich erinnere mich, wie ich darauf Edith beiseite zog und sie zu überreden suchte, daß es besser wäre, wenn wir uns sogleich verheirateten, ohne auf die Vollendung des Hauses zu warten, und daß wir ja eine Zeit lang reisen könnten, bis unser Nestchen in Ordnung sei. Sie war ungewöhnlich schön diesen Abend; das schwarze Kleid, welches sie in Anbetracht dieses Tages trug, hob die Reinheit ihres Teints prächtig hervor. Ich sehe sie noch im Geiste, wie sie gerade an jenem Abende aussah. Als ich Abschied nahm, folgte sie mir bis zur Hausthür, wo ich sie, wie gewöhnlich, küßte.

Kein außergewöhnlicher Umstand unterschied diesen Abend von anderen Gelegenheiten ähnlicher Art. Nicht die leiseste Vorahnung, daß dies kein gewöhnlicher Abschied sei, bedrückte meinen Geist oder den ihren.

Ach ja!

Es war zwar noch zeitig am Abend für einen Liebenden, als ich meine Braut verließ, dies aber war ganz und gar kein Zeichen, daß meine Gefühle für sie nicht heiß genug gewesen wären. Ich litt vielmehr an Schlaflosigkeit, und obwohl ich sonst ganz gesund war, fühlte ich doch an diesem Tage mich außerordentlich ermüdet, weil ich in den zwei vorangegangenen Nächten kein Auge geschlossen hatte. Edith wußte dieses und bestand darauf, daß ich schon um neun Uhr nach Haus gehen und mich zu Bette begeben sollte.

Das Haus, in welchem ich wohnte, hatte seit drei Generationen meiner Familie gehört, deren letzter und alleiniger Sprößling ich nunmehr war. Es war ein großes, altes, hölzernes Gebäude, innerhalb sehr elegant für ein so altmodisches Haus ausgestattet, es lag aber in einem Viertel, welches schon längst für Privat=Residenzen untauglich geworden war, weil Arbeiterwohnungen und Fabriken sich dort eingedrängt hatten. Es war sicherlich kein Haus, in welches ich eine Frau einzuführen, nur denken konnte, geschweige ein so fein=fühlendes Wesen wie Edith Bartlett.

Ich hatte es zum Verkauf ausgeboten, und benutzte es in=zwischen nur zum Schlafen. Meine Mahlzeiten nahm ich im Club. Ein Diener, ein treuer und ehrlicher Neger, der Sawyer hieß, wohnte bei mir, und sorgte für meine Auf=wartung.

Ich wußte, daß wenn ich in mein neues Haus ziehen würde, ich ein Zimmer des alten sicherlich entbehren würde, und dieses war das Schlafzimmer, welches ich im aller unter=

sten Geschosse des Hauses hatte einrichten lassen. Ich hätte des Geräusches wegen in der Stadt ganz und gar nicht schlafen können, wenn ich eine höhere Etage hätte benutzen müssen. In dieses unterirdische Gemach drang kein Laut der Oberwelt. Sobald ich es betreten und die Thür geschlossen hatte, empfing mich die Stille des Grabes. Um die Feuchtigkeit des Bodens von diesem Zimmer abzuhalten, hatte ich die Wände dick in hydraulischen Cement legen lassen. Der Boden war in derselben Weise geschützt. Damit das Zimmer auch der Gewalt von Dieben und der des Feuers widerstehen und als Aufbewahrungsort für Werthsachen dienen könne, hatte ich es mit Steinplatten, die hermetisch an einander schlossen, decken lassen, ebenso war die äußere eiserne Thür mit einer dicken Lage von Asbest überzogen worden. Eine dünne Röhre, die mit einer Windmühle auf dem Dache des Hauses in Verbinduug stand, speiste das Zimmer mit reiner Luft.

Man hätte erwarten sollen, daß der Bewohner einer solchen Kammer sich eines gesunden Schlafes hätte erfreuen müssen, es war jedoch selten der Fall, daß ich selbst da zwei Nächte hinter einander gut schlief. Ich war so daran gewöhnt, daß ich die Ruhe einer Nacht weniger entbehrte; wenn ich dagegen eine zweite Nacht lesend im Stuhle und nicht schlafend im Bette verbrachte, so war ich so ausgemüdet, daß ich nervöse Störung befürchten mußte. Ich griff daher, als letzte Aushülfe, zu künstlichen Mitteln, deren mir mehrere zu Gebote standen. Wenn ich nach zwei durchwachten Nächten fand, daß auch in der dritten kein Schlummer mir kommen wolle, so schickte ich nach Dr. Pillsbury.

Er wurde nur aus Höflichkeitsrücksichten Doctor genannt, denn er war, was man in jenen Tagen einen irregulären Doctor oder Quacksalber nannte. Er selbst nannte sich Profeſſor des thieriſchen Magnetismus. Ich war mit ihm bekannt geworden durch einige Forſchungen in die Wunder des thieriſchen Magnetismus, mit denen ich mich einſt aus Liebhaberei beſchäftigt hatte. Wie ich glaube, verſtand er nicht viel von der Arzneikunde, er war jedoch ein Mesmeriſt ohne Gleichen. Wenn ich daher eine dritte ſchlafloſe Nacht erwartete, pflegte ich nach ihm zu ſenden, damit er mich durch ſeine Manipulationen einſchläfere. Mochte meine nervöſe Reizbarkeit noch ſo groß ſein, ſo verfehlte doch Dr. Pillsbury nie, mich nach einer kurzen Zeit im tiefſten Schlummer zurückzulaſſen, welcher anhielt, bis ich durch die Umkehrung des mesmeriſirenden Proceſſes wieder aufgeweckt wurde. Es war leichter den tiefſten Schläfer zu erwecken, als Schlaf herbeizurufen, und der Bequemlichkeit wegen hatte Dr. Pillsbury meinen Diener, Sawyer, unterrichtet, wie es zu machen ſei.

Mein treuer Diener wußte nur allein, warum Dr. Pillsbury mich beſuchte, oder daß er überhaupt zu mir kam. Es war meine Abſicht, Edith mein Geheimniß mitzutheilen, nachdem ſie meine Frau geworden ſei. Bisher hatte ich ihr noch nichts davon geſagt, weil ich wußte, daß ſie ſich gegen dieſe Gewohnheit auflehnen würde, da dieſer magnetiſche Schlaf immerhin mit einem gewiſſen Riſico verbunden war. Die Gefahr lag nahe, daß der Schlaf in einen Starrkrampf übergehen könne, den die Gewalt des Magnetiſeurs nicht zu brechen im Stande ſein, und der deshalb mit Tod endigen würde. Wiederholte Verſuche hatten mich völlig überzeugt, daß die Gefahr außerordentlich gering ſei, wenn die nöthigen Vorſichtsmaßregeln getroffen, und ich hoffte daher, auch Edith davon zu überzeugen. Nachdem ich ſie verlaſſen hatte, ging ich direct nach Hauſe und ſandte Sawyer ſofort nach Dr. Pillsbury. In der Zwiſchenzeit begab ich mich in mein unterirdisches Schlafgemach, zog einen comfortablen Schlafrock an und begann einige Briefe zu lesen, die die Abendpost gebracht, und welche Sawyer auf meinen Schreibtisch gelegt hatte.

Einer derselben war von dem Baumeister meines neuen Hauses, und er bestätigte, was ich aus den Zeitungsnachrichten bereits geschlossen hatte. Die neuen Strike, sagte er, würden auf unberechenbare Zeit die Vollendung des Contractes hinausschieben, da weder die Meister, noch die Arbeiter ohne langen Kampf nachgeben würden. Caligula wünschte dem römischen Volke nur einen Hals, damit er demselben durchschneiden könne, und als ich diesen Brief las, überraschte ich mich dabei, daß ich denselben Wunsch äußerte, mit Bezug auf den amerikanischen Arbeiterstand. Die Rückkehr Sawyers mit dem Doctor unterbrach meine düsteren Gedanken.

Es wäre beinahe schwierig gewesen, die Dienste des Doctors zu erlangen, da dieser im Begriffe stand, noch dieselbe Nacht die Stadt zu verlassen. Er hatte einen glänzenden Ruf nach einer entfernten Stadt erhalten und beschlossen, demselben Folge zu leisten. Als ich ihn erschreckt fragte, was ich denn ohne ihn beginnen solle, gab er mir die Namen mehrerer seiner Collegen, die, wie er versicherte, dieselbe Kraft besäßen wie er.

Ueber diesen Punkt beruhigt, instruirte ich Sawyer, mich um 9 Uhr am nächsten Morgen zu wecken, dann legte ich mich, wie ich war, auf das Bett und überließ mich den Manipulationen des Mesmeristen. Mein ungewöhnlich nervöser Zustand war vielleicht Schuld daran, daß ich langsamer als gewöhnlich das Bewußtsein verlor, aber schließlich überkam mich eine deliciöse Betäubung.

Drittes Kapitel.

„Er wird sogleich seine Augen öffnen. Es wäre besser, wenn er nur einen von uns zuerst sähe."

„Versprich mir aber, daß Du ihm nichts sagen wirst."

Die erste Stimme war die eines Mannes, die zweite, die einer Frau, und beide sprachen im Flüsterton.

„Ich will sehen, was sich machen läßt," erwiderte der Mann.

„Nein, nein, Du mußt es mir versprechen," verlangte die andere Stimme.

„Gieb ihr nur nach," flüsterte eine dritte Stimme, ebenfalls die einer Frau.

„Gut denn, so will ich es versprechen," antwortete der Mann; „aber geht schnell, er erwacht soeben."

Kleider rauschten, und ich öffnete meine Augen; ein schön aussehender Mann von ungefähr sechzig Jahren beugte sich über mich, mit einem Ausdrucke, welcher sowohl auf großes Wohlwollen, als auch auf ungemeine Neugierde schließen ließ. Er war ein mir vollständig Fremder. Ich erhob mich auf meinem Ellbogen und blickte um mich. Das Zimmer war leer. Ich war nie darin gewesen, noch in einem, welches ähnlich möblirt gewesen wäre. Ich blickte auf meinen Gefährten. Er lächelte.

„Wie befinden Sie sich?" fragte er.

„Wo bin ich?" verlangte ich zu wissen.

„Sie sind in meinem Hause," war die Antwort.

„Wie kam ich hierher?"

„Wir werden darüber sprechen, wenn Sie etwas stärker sind; inzwischen, bitte ich, seien Sie unbesorgt. Sie sind unter Freunden und in guten Händen. Wie befinden Sie sich?"

„Etwas seltsam," erwiderte ich, „aber ich glaube, sonst ganz wohl. Wollen Sie mir nun sagen, wie ich zu Ihrer Gastfreundschaft komme? Was ist mir zugestoßen? Wie kam ich hierher? Ich war in meinem eignen Hause, als ich einschlief."

„Wir werden später Zeit genug für Aufklärungen haben," erwiderte mein unbekannter Wirth, mit einem ermuthigenden Lächeln. „Es ist besser, jede Aufregung zu vermeiden, bis Sie ein wenig mehr zu sich selbst gekommen sein werden. Thun Sie mir den Gefallen und nehmen Sie einen Schluck dieser Medizin. Sie wird Ihnen gut thun. Ich bin ein Arzt."

Ich stieß das Glas mit meiner Hand zurück und erhob mich vom Lager, jedoch mit großer Anstrengung, da mein Kopf mir auffallend leicht war.

„Ich bestehe darauf, sofort zu wissen, wo ich bin und was Sie mit mir gethan haben," sagte ich.

„Mein lieber Herr," erwiderte mein Gefährte, „ich bitte Sie, regen Sie sich nicht auf. Es wäre mir lieber, wenn Sie mich nicht sobald um Auskunft ersuchten, aber, wenn Sie dennoch darauf bestehen, will ich es versuchen, Sie zufrieden zu stellen. Zuerst jedoch müssen Sie diesen Trank nehmen, der Sie etwas stärken wird."

Ich trank, was er mir anbot; dann sagte er: „Es ist nicht eine so leichte Sache, wie Sie etwa denken, Ihnen zu erzählen, wie Sie hierher gekommen sind. Sie können mir vielleicht ebenso viel darüber erzählen, als ich Ihnen berichten kann. Sie sind soeben aus einem tiefen Schlaf, oder besser, aus einer Betäubung erweckt worden. Das ist, was ich Ihnen darüber mittheilen kann. Sie sagen, daß Sie in

Ihrem eignen Hause gewesen wären, als Sie einschliefen, gestatten Sie mir zu fragen, wann das war?"

„Wann?" erwiderte ich, „wann? gestern Abend, um ungefähr zehn Uhr. Ich gab Sawyer Auftrag, mich um neun Uhr zu wecken; wo ist Sawyer?"

„Das kann ich Ihnen nicht genau sagen," erwiderte mein Gefährte, indem er mich mit verwunderten Blicken anschaute, „aber es wird sich wohl für seine Abwesenheit ein triftiger Entschuldigungsgrund finden lassen. Könnten Sie mir aber nicht etwas deutlicher angeben, wann Sie eingeschlafen sind? ich meine das Datum."

„Gestern Abend, — sagte ich nicht so? oder sollte ich vielleicht einen ganzen Tag verschlafen haben? Herr im Himmel, das kann ja kaum möglich sein, und dennoch habe ich das Gefühl, lange geschlafen zu haben. Es war am Decorationstage, als ich einschlief."

„Decorationstag?"

„Ja, Montag, den 30ten."

„Bitte um Vergebung, welchen dreißigsten?"

„Nun, dieses Monats, wenn ich nicht etwa bis in den Juni geschlafen habe; aber das kann doch nicht sein."

„Wir befinden uns im September."

„September! Sie wollen doch nicht etwa sagen, daß ich seit Mai geschlafen habe! Herr im Himmel! das ist ja unglaublich."

„Wir werden bald sehen," erwiderte mein Gefährte. „Sie sagen, daß Sie am 30ten Mai eingeschlafen sind, nicht wahr?"

„Ja."

„Darf ich fragen, in welchem Jahre?"

Ich starrte ihn einige Augenblicke sprachlos an.

„In welchem Jahre?" wiederholte ich endlich mit schwacher Stimme.

Ein Rückblick.

„Wenn ich bitten darf, in welchem Jahre? Dann werde ich im Stande sein, Ihnen zu sagen, wie lange Sie geschlafen haben."

„Es war im Jahre 1887," sagte ich.

Mein Gefährte nöthigte mir noch einen Schluck der Flüssigkeit aus dem Glase auf, dann fühlte er meinen Puls.

„Mein lieber Freund," sagte er, „Sie scheinen mir ein Mann von einer Bildung zu sein, die, wie ich weiß, in Ihrer Zeit nicht so allgemein war, wie sie es heute ist. Sie werden deshalb, ohne Zweifel, wohl die Bemerkung gemacht haben, daß in dieser Welt eine Erscheinung nicht wunderbarer ist als die andere. Die Ursachen aller Erscheinungen sind einander gleich, und so sind es auch natürlicher Weise ihre Resultate. Ich muß es erwarten, daß, was ich Ihnen mittheilen werde, Sie in Erstaunen setzen wird, aber ich hoffe, daß Sie stark genug sein werden, Ihre Gemüthsruhe nicht zu verlieren. Dem Aussehen nach sind Sie ein junger Mann von etwa dreißig Jahren, und Ihr körperlicher Zustand gleicht dem einer Person, die soeben aus einem langen Schlafe geweckt wurde; nichtsdestoweniger schreiben wir heute den 10ten September im Jahre 2000, und, nach Adam Riese haben Sie alsdann 113 Jahre 3 Monate und 11 Tage geschlafen."

In grenzenloser Verwirrung trank ich eine Tasse Bouillon, die mir mein Gefährte hinhielt, und fiel sofort wieder in einen tiefen Schlaf.

Als ich erwachte, war es heller Tag im Zimmer, welches zuvor künstlich beleuchtet gewesen war. Mein mysteriöser Wirth saß in meiner Nähe. Er sah mich gerade nicht an, als ich meine Augen öffnete, und ich hatte eine gute Gelegenheit ihn zu beobachten und über meine außergewöhnliche Lage nachzudenken, ehe er bemerkte, daß ich erwacht sei. Mein

Schwindel war verschwunden, und mein Geist vollständig klar. Die Fabel, daß ich 113 Jahre geschlafen, die ich in dem Zustande der Schwäche und Verwirrung, in dem ich mich befunden, ohne weitere Widerrede acceptirt hatte, erschien mir jetzt als ein lächerlicher Versuch, mich zu betrügen, obgleich ich nicht im Entferntesten im Stande war, das Motiv dafür zu errathen.

Mir war sicherlich etwas Außergewöhnliches zugekommen, wie sollte ich sonst in einem fremden Hause, bei der Seite eines unbekannten Gefährten erwacht sein? Meine Einbildungskraft war jedoch vollständig unfähig, zu ergründen, was dieses Etwas wohl gewesen sein möge. Sollte ich das Opfer einer Verschwörung geworden sein? Es sah beinahe danach aus, und dennoch, wenn menschlichen Gesichtszügen jemals zu trauen ist, so hatte sicherlich dieser Mann an meiner Seite, dessen Antlitz Geist und Bildung wiederspiegelte, keinen Antheil an irgend einem verbrecherischen Plane. Dann fiel mir ein, daß Freunde, die von meinem Geheimnisse und meinem unterirdischen Schlafgemache möglicher Weise gehört hatten, sich vielleicht einen Spaß mit mir erlaubt hätten, um mir die Gefahr solcher magnetischer Experimente recht nahe vor Augen zu führen. Auch diese Theorie war nicht stichhaltig. Sawyer würde mich nie verrathen haben, noch hatte ich irgend einen Freund, der etwas derartiges unternommen haben würde; nichtsdestoweniger schien der Gedanke, daß man sich einen Scherz mit mir erlaubt habe, die einzige mögliche Erklärung zu sein. Indem ich so halb und halb erwartete, irgend ein familiäres Gesicht lachend hinter einem Vorhange oder Stuhle auftauchen zu sehen, schaute ich bedachtsam im Zimmer umher.

Als meine Augen wiederum auf meinem Gefährten haften geblieben waren, fand ich, daß er auch mich beobachtete.

„Sie haben zwölf Stunden lang recht gut geschlafen,"

sagte er, „und ich kann sehen, daß es Ihnen recht gut bekommen ist, Sie sehen bedeutend wohler aus, Ihre Gesichtsfarbe ist gut, und Ihre Augen ganz klar; wie befinden Sie sich?"

„Ich habe mich nie in meinem Leben besser befunden," sagte ich, indem ich mich aufrichtete.

„Sie erinnern sich sicherlich Ihres ersten Erwachens," fuhr er fort, „und Ihres Erstaunens, als ich Ihnen sagte, wie lange Sie geschlafen hätten!"

„Ich glaube, Sie sagten, ich hätte hundertunddreizehn Jahre geschlafen."

„Ganz recht."

„Sie werden zugeben," sagte ich in ironischem Tone, „daß Ihre Geschichte sehr unwahrscheinlich klingt."

„Ich gebe die Unwahrscheinlichkeit zu," antwortete er, „aber wenn die nöthigen Bedingungen gegeben sind, so ist sie weder unmöglich, noch im Gegensatz zu dem, was wir über den Starrkrampf wissen. Wenn derselbe, wie in Ihrem Falle, ein vollständiger ist, so sind die Functionen des Lebens absolut suspendirt, und es findet kein Verbrauch der Zellen statt, auch kann keine Grenze für die mögliche Dauer einer solchen Betäubung gesetzt werden, so lange der Körper äußerlich vor physischen Beschädigungen geschützt ist. Ihr Scheintod ist wirklich der längste, von dem eine positive Nachricht vorhanden ist; aber es giebt auch keine bekannte Ursache, weshalb, wenn Sie nicht in Ihrem Schlafzimmer gefunden worden wären, dieser Zustand des Scheintodes nicht noch durch unberechenbare Jahrhunderte hätte anhalten können, bis entweder das Zimmer selbst zerfallen wäre, oder die sich steigernde Abkältung der Erde die Zellgewebe des Körpers zerstört und auf diese Weise den Geist in Freiheit gesetzt hätte."

„Ich mußte zugestehen, daß, wenn man sich wirklich mit mir einen Spaß erlaubt habe, man einen ausgezeichneten Agenten gewählt hatte, ihn auszuführen. Die eindringliche und sogar beredte Weise dieses Mannes würde selbst einem Argumente, welches zu beweisen gehabt hätte, daß der Mond ein großer Käse sei, Glaubenswürdigkeit verliehen haben. Das ironische Lächeln, welches meine Lippen umspielt hatte, als er die Hypothese des Starrkrampfes erörterte, schien ihn nicht im Geringsten zu verwirren.

„Vielleicht," sagte ich, „werden Sie so freundlich sein, mir die Einzelheiten der Umstände zu erörtern, unter denen Sie das Schlafgemach, von dem Sie sprechen, und was es enthielt, auffanden. Ich bin ein Freund von Märchen."

„In Ihrem Falle," war seine ernste Antwort, „würde kein Märchen wunderbarer erscheinen, als die volle Wahrheit. So mögen sie denn wissen, daß ich es schon seit einigen Jahren vorhatte, ein chemisches Laboratorium in dem großen Garten, der sich diesem Hause anschließt, zu errichten. Vergangenen Donnerstag begannen wir, den Keller auszugraben. Am Abend waren wir damit fertig, und am Freitag sollten die Maurer kommen. Donnerstag Nacht hatten wir einen furchtbaren Regensturm, so daß ich am Freitag Morgen meinen Keller in einen Froschteich verwandelt und die Seiten abgespült fand. Meine Tochter, die mit mir gekommen war, um das Unheil mit mir zu betrachten, lenkte meine Aufmerksamkeit auf ein Stückchen Mauerwerk hin, welches durch den Regen blosgelegt worden war. Ich entfernte ein Wenig mehr von der Erde, und da es ein großes Stück zu sein schien, beschloß ich, es näher zu untersuchen. Die Arbeiter gruben ein längliches Gewölbe aus, welches etwa 8 Fuß unter der Oberfläche der Erde in die Ecke der Grundmauern eines, wie es schien, ehemaligen Hauses eingesenkt gewesen war. Ein Lager von Asche und Holzkohle bewies, daß das Haus dereinst habe abgebrannt sein müssen. Das Gewölbe selbst war wohl erhalten, und der Cement so gut wie neu. Es hatte eine Thür, welche jedoch nicht erbrochen werden konnte, und wir schafften uns Zutritt, indem wir einige Quadersteine, die die Bedachung bildeten, aushoben. Die Luft, welche heraufkam, war dumpf, aber rein, trocken, und nicht kalt. Wir stiegen mit einer Laterne hinab und fanden, daß es ein Schlafzimmer war, möblirt im Style des 19ten Jahrhunderts. Auf dem Bette lag ein junger Mann. Daß er todt sei, und ein Jahrhundert lang bereits eine Leiche gewesen sein müsse, war außer Zweifel. Der auffallend wohlerhaltene Zustand des Körpers setzte jedoch sowohl mich, als meine Kollegen, die ich hatte rufen lassen, in Verwunderung. Wir konnten es kaum glauben, daß die Kunst einer solchen Einbalsamirung je so weit hätte fortgeschritten sein können, und dennoch schien hier ein schlagender Beweis vorzuliegen, daß unsere nächsten Voreltern sie besessen haben müßten. Einer meiner Kollegen, von Neugier getrieben, wollte sogleich einige Experimente unternehmen, um die Art und Weise des Prozesses zu erproben. Ich hielt ihn jedoch davon zurück, weil mir plötzlich einfiel, daß ich einst irgendwo gelesen, zu welcher Ausdehnung Ihre Zeitgenossen die Kraft des thierischen Magnetismus cultivirt hätten. Es erschien mir begreiflich, daß Sie sich im Zustande des Scheintodes befinden können, und daß das Geheimniß Ihrer körperlichen Wohlerhaltenheit, nach so langer Zeit, nicht in der Kunst des Balsamirens, sondern in der Lebenskraft selbst zu suchen sei. Die Idee erschien mir selbst so wundervoll, daß ich es nicht wagte, mich der Lächerlichkeit auszusetzen, indem ich Sie den andern Aerzten mittheilte, und ich gab deshalb einen anderen Grund an, weshalb ich das Experi=

ment aufgeschoben sehen wollte. Kaum jedoch hatten sich diese entfernt, als ich systematisch den Versuch, Sie wieder ins Leben zurückzurufen, begann, mit welchem Erfolge, wissen Sie selbst.

Wäre das Thema noch unglaublicher gewesen, so hätte dennoch die Umständlichkeit dieser Erzählung sowohl, als die eindringliche Weise und die Personalität des Erzählers einen Zuhörer verwirrt machen können; und ein ganz sonderbares Gefühl fing an mich zu durchschauern, als ich am Ende seiner Erzählung mein Bild in einem Spiegel, der an der Wand hing, erblickte. Ich stand auf und ging darauf zu. Das Gesicht, welches ich sah, war auf ein Haar dasselbe, und nicht einen Tag älter als das, welches mich am Decorationstage angeblickt hatte, als ich mir meine Halsbinde umband, ehe ich Edith meinen Besuch abstattete, und seitdem waren, wie dieser Herr mir weismachen wollte, hundertundbreizehn Jahre vergangen. Dadurch trat der colossale Charakter des Betruges, dessen Opfer ich zu sein schien, aufs Neue vor meinen Geist. Zorn ergriff mich, als ich die unerhörte Freiheit, die man sich mit mir nahm, ins Auge faßte.

„Sie sind wahrscheinlich erstaunt," sagte mein Gefährte, „zu sehen, daß, obgleich Sie hundert Jahre älter sind als zur Zeit, da Sie sich in Ihrem unterirdischen Gemach zur Ruhe begaben, Ihr Aussehen sich nicht verändert hat. Das sollte Sie nicht in Erstaunen setzen. Gerade dadurch, daß die Lebensfunctionen total außer Kraft gesetzt worden sind, haben Sie diese große Zeitperiode überlebt. Wenn Ihr Körper nur dem geringsten Wechsel, während Ihres Starrkrampfes, unterworfen gewesen wäre, so wären Sie längst in Verwesung übergegangen."

„Mein Herr," erwiderte ich, mich zu ihm wendend, „was

Ihre Motive sein mögen, mir mit so ernstem Gesichte dieses seltsame Märchen zu erzählen, bin ich vollständig unfähig zu begreifen; Sie selbst aber scheinen mir zu viel Intelligenz zu besitzen, als glauben zu können, daß höchstens nur ein Irrsinniger sich dadurch könne täuschen lassen. Ersparen Sie sich und mir diesen hochfahrenden Unsinn, und sagen Sie mir ein für alle Mal, ob Sie mir einen verständlichen Bericht darüber geben wollen, wo ich bin und wie ich hierher kam. Wenn nicht, so werde ich selbst mich daran begeben, ausfinden wo ich bin, gleichviel, wer mich daran zu hindern wagte."

„Sie glauben mir also nicht, daß wir das Jahr 2000 schreiben?"

„Halten Sie es wirklich für nöthig, mich das zu fragen?" entgegnete ich.

„Nun denn," erwiderte mein außergewöhnlicher Wirth, „da ich Sie nicht überzeugen kann, so sollen Sie sich selbst überzeugen. Sind Sie stark genug, mir einige Stiegen hoch zu folgen?"

„Ich bin so stark, wie ich jemals war," entgegnete ich ärgerlich, „und ich werde es beweisen, wenn dieser Scherz noch länger andauern sollte."

„Ich bitte Sie, mein Herr," war meines Gefährten Antwort, „geben Sie sich nicht zu sehr der Ansicht hin, daß man Sie zur Zielscheibe eines Scherzes gemacht, damit, wenn Sie von der Wahrheit meiner Aussage überzeugt werden sollten, die Reaction nicht zu überwältigend sein möge."

Der mitleidige Ton, in welchem er dies sagte, und die vollständige Abwesenheit irgend eines Zeichens von Aufregung über meine heißblütigen Worte überwältigte mich, und ich folgte ihm aus dem Zimmer mit seltsam gemischten Gefühlen. Er ging davon, zwei Stiegen hinauf und dann noch eine kürzere, welche uns auf das Dach des Hauses, das mit einer Baluſtrade umgeben war, brachte.

„Sehen Sie ſich gefälligſt um," ſagte er, als wir oben angelangt waren, „und ſagen Sie mir, ob dies das Boſton des 19ten Jahrhunderts iſt."

Zu meinen Füßen lag eine große Stadt; breite Straßen, von Bäumen beſchattet und mit prächtigen Gebäuden begrenzt, dehnten ſich meilenweit. Die Häuſer waren nicht in fortlaufende Vierecke gebaut, ſondern ſtreckten ſich in verſchiedenen Richtungen, ein jedes in einem größeren oder kleineren Raume, für ſich ſtehend. Jedes Stadtviertel enthielt große, offene, mit Bäumen beſetzte Plätze, zwiſchen denen Statuen und Springbrunnen in der ſpäten Abendſonne erglänzten. Oeffentliche Gebäude von koloſſalem Umfange und von architectoniſcher Großartigkeit, unvergleichbar mit der meiner Zeit, ſtrebten an allen Seiten himmelan.

Dieſe Stadt, oder eine ihres Gleichen, hatte ich nie geſehen. Ich blickte nach Weſten. War jenes blaue Band, das ſich im Abendlichte durch die Stadt wand, nicht der Charles Fluß? Ich blickte nach Oſten. Da erſtreckte ſich der Hafen und nicht eins ſeiner grünen Inſelchen fehlte.

Ich wußte nun, daß man mir die Wahrheit geſagt hatte in Bezug auf das wunderbare Geſchick, das mich betroffen hatte.

Viertes Kapitel.

Ich fiel nicht in Ohnmacht, der Versuch jedoch, mich in meine Lage hineinzudenken, verursachte mir Schwindel; und ich erinnere mich, daß mein Gefährte mich mit starkem Arme vom Dache in ein geräumiges Gemach des oberen Stockwerks führen mußte, und daß er mir ein Glas starken Weines und eine leichte Erfrischung aufdrang.

„Ich hoffe," sagte er ermuthigend, „daß Sie sich bald wohl befinden werden; ich hätte Sie auch nicht in so herber Weise zu überzeugen gesucht, wenn Ihr Benehmen, das unter den Umständen zu entschuldigen war, mich nicht dazu gezwungen hätte. Ich gestehe," fügte er lachend hinzu, „ich hatte zur Zeit etwas Furcht, daß Sie mich zu Boden schlagen würden, wenn ich Sie nicht in so prompter Weise überführte. Ich weiß, daß die Bostonianer zu Ihrer Zeit berühmte Faustkämpfer gewesen sind, und hielt es darum für gerathen, keine Zeit zu verlieren. Jedenfalls werden Sie jetzt nicht mehr glauben, daß ich einen Scherz mit Ihnen treibe."

„Wenn Sie mir gesagt hätten," erwiderte ich tiefbewegt, „daß tausend Jahre anstatt eines Jahrhunderts verflossen wären, seitdem ich Boston zum letzten Male gesehen, so würde ich Ihnen jetzt Glauben schenken."

„Beruhigen Sie sich darüber," entgegnete er, „nur ein einziges Jahrhundert ist seitdem verstrichen, aber in manchem Jahrtausend sind solche Veränderungen in der Geschichte der Welt nicht vorgekommen; und nun," fügte er hinzu, indem er seine Hand mit unwiderstehlicher Cordialität ausstreckte, „heiße ich Sie herzlich willkommen in dem Boston des 20sten Jahrhunderts, und in diesem Hause. Mein Name ist Leete; Dr. Leete nennt man mich."

„Mein Name," sagte ich, indem ich seine Hand schüttelte, „ist Julian West."

„Es freut mich recht sehr Ihre Bekanntschaft zu machen, Herr West," antwortete er, „und da Sie sehen, daß dieses Haus auf dieselbe Stelle gebaut worden ist, auf welcher das Ihrige einst gestanden, so hoffe ich, daß Sie sich hier bald heimisch finden werden."

Nachdem ich mich erfrischt, nahm ich dankbar die Offerte des Dr. Leete, zu baden und die Kleidung zu wechseln, an.

Es schien nicht, als wenn große Veränderungen in der Kleidung eines Mannes zu den großen Veränderungen gehörten, von denen mein Wirth gesprochen hatte, denn einige Kleinigkeiten abgesehen, kamen mir meine neuen Kleidungsstücke gar nicht merkwürdig vor.

Körperlich hatte ich mich nun selbst wiedergefunden, wie es jedoch mit mir geistig stand, wird sicherlich, lieber Leser, Deine Neugier erregen. Was waren die geistigen Eindrücke, wirst Du fragen, als ich mich so plötzlich in eine neue Welt verschlagen fand? In Antwort darauf, stelle ich die Gegenfrage: Gesetzt, Du würdest plötzlich von der Erde ins Paradies oder in die Unterwelt versetzt; was, glaubst Du, würdest Du empfinden? Würden Deine Gedanken sogleich zur Erde zurückkehren, die Du soeben verlassen, oder würden nicht die neuen Umgebungen, auf eine Weile wenigstens, Dein früheres Leben in den Hintergrund drängen? Ich kann nur sagen, daß die letztere Hypothese in meinem Falle die rechte war. Eindrücke des Erstaunens und der Neugierde, hervorgerufen durch meine neuen Umgebungen, beschäftigten meinen Geist, als die erste Erschütterung vorüber war, und schlossen alle anderen Gedanken aus. Die

Erinnerung an mein früheres Leben war für den Augenblick geschwunden.

Kaum fand ich mich durch die freundliche Hülfe meines Wirthes körperlich rehabilitirt, als ich darum bat, auf das Dach des Hauses zurückzukehren; und bald fanden wir uns dort in bequemen Stühlen sitzend, mit der Stadt unter uns und um uns. Nachdem Dr. Leete meine zahlreichen Fragen, in Bezug auf ältere Plätze, die ich vermißte, und neuere, die an ihre Stelle getreten waren, beantwortet hatte, fragte er mich, welche Punkte meiner Meinung nach wohl den schärfsten Kontrast zwischen der neuen und alten Stadt bildeten.

„Um vom Kleineren zum Größeren überzugehen," erwiderte ich, „so ist es die vollständige Abwesenheit der Schornsteine und ihres Rauches, die mir auffallend erscheint."

„Ach," rief mein Begleiter mit großem Interesse aus, „ich hatte wirklich die Schornsteine vergessen, es ist so lange her, seit diese außer Gebrauch gekommen sind. Es ist beinahe ein Jahrhundert, seitdem die grobe Weise der Verbrennung, welche Ihnen Hitze gab, in Vergessenheit gerathen ist."

„Im Allgemeinen," sagte ich, „macht die materielle Wohlhabenheit der Bevölkerung, welche sich in der Pracht der Stadt ausdrückt, einen überwältigenden Eindruck auf mich."

„Ich möchte meine rechte Hand darum geben, gerade jetzt einen einzigen Blick auf das Boston Ihrer Zeit zu werfen," erwiderte Dr. Leete.

„Wie ich aus Ihrer Sprache entnehme, müssen die Städte jener Zeit sehr armselig gewesen sein. Wenn Ihre Zeitgenossen auch den Geschmack hatten, dieselben zu verschönern, was ich durchaus nicht in Frage stellen will, so mußte wohl die allgemeine Armuth, welche das Resultat Ihres außergewöhnlichen, industriellen Systems war, Ihnen die Mittel dazu verweigert haben. Dann war auch der alles Maß übersteigende Individualismus, welcher damals herrschte, unverträglich mit Bestrebungen für das Gemeinwohl. Der geringe Reichthum, der damals vorhanden war, schien beinahe ganz für den Luxus Einzelner verschwendet worden zu sein. Jetzt, im Gegentheil, erfreut sich nichts mehr einer größeren Popularität, als den Ueberfluß der Wohlhabenheit auf die Verschönerung der Stadt zu verwenden, deren doch Alle sich in gleichem Maße erfreuen können."

Die Sonne war bereits im Untergehen begriffen gewesen, als wir auf das Dach zurückgekehrt waren, und während wir sprachen, breitete sich die Nacht über die Stadt.

„Es wird dunkel," sagte Dr. Leete, „lassen Sie uns hinuntergehen, ich wünsche Ihnen meine Frau und meine Tochter vorzustellen."

Seine Worte erinnerten mich an die weiblichen Stimmen, welche ich flüsternd um mich gehört hatte, als ich wieder zu bewußtem Leben erwachte. Neugierig, zu erfahren, wie Damen des Jahres 2000 aussehen, willigte ich sofort in den Vorschlag. Das Zimmer, in welchem wir die Frau und die Tochter meines Wirthes fanden, als auch das gesammte Innere des Hauses, war von einem sanften Lichte erfüllt, welches, wie ich annehmen durfte, auf künstliche Weise hergestellt sein mußte, obgleich ich nicht die Quelle entdecken konnte, von welcher es ausstrahlte. Frau Leete war eine außergewöhnlich schöne und wohl preservirte Dame von ungefähr demselben Alter als ihr Gatte, während die Tochter, die in der ersten Blüthe der Jungfräulichkeit stand, das schönste Mädchen war, das ich je gesehen. Ihr Gesicht war so bezaubernd, als tiefblaue Augen, ein feiner Teint und proportionirte Gesichtszüge es machen konnten; aber selbst, wenn ihr Gesicht spezielle Schönheit entbehrt hätte, so würde die fehlerlose Fülle ihrer Figur ihr einen Platz unter den Schönen des 19ten Jahrhunderts gegeben haben. Weibliche Weichheit und Zartheit waren in diesem lieblichen Geschöpfe aufs Reizendste mit einem gesunden Aussehen und einer reichhaltigen, körperlichen Lebensfähigkeit verschmolzen, welche so oft bei den Mädchen, mit denen allein ich sie vergleichen konnte, vermißt wurde. Auffallend war es, daß ihr Name Edith war.

Der Abend, welcher folgte, war sicherlich einzig in seiner Art, aber man würde einen großen Irrthum begehen, wenn man voraussetzen wollte, daß unsere Unterhaltung gezwungen oder holperig gewesen wäre. Ich glaube, daß unter unnatürlichen Umständen, wenn man dieses Wort im Sinn des Ungewöhnlichen nimmt, Leute sich am natürlichsten betragen, einzig und allein, weil gerade solche Umstände alles Gekünstelte verbannen. Ich weiß nur soviel, daß meine Unterhaltung mit den Repräsentanten eines anderen Geschlechtes und einer anderen Welt sich an jenem Abende durch eine Aufrichtigkeit und Freimüthigkeit auszeichnete, die man selten nach langer Bekanntschaft erringt. Der feine Takt der mich unterhaltenden Personen hatte sicherlich nicht wenig damit zu thun, wir konnten natürlicher Weise von nichts anderem sprechen, als von der merkwürdigen Erfahrung, durch die ich zu ihnen gelangt war; aber sie sprachen davon mit einem so naiven Interesse, und waren so bestimmt in ihren Ausdrücken, daß der Gegenstand zum größten Theile alle Elemente des Unheimlichen und Gespensterhaften, welche so leicht mich hätten überwältigen können, verlieren mußte. Ihr Takt war so vollkommen, daß man hätte meinen sollen, sie wären es gewöhnt, täglich Kinder eines anderen Jahrhunderts zu unterhalten.

Was mich betrifft, so kann ich mich nicht erinnern, daß jemals mein Geist klarer, und meine Auffassungskraft schärfer gewesen wäre, als an diesem Abende. Das Bewußtsein meiner wunderbaren Lage kam mir zwar nicht einen Augenblick aus dem Sinn, es verursachte jedoch eine Art fieberischer Erhebung, eine Art geistigen Rausches.*

Die Sprache der Bostonianer des 20sten Jahrhunderts unterschied sich weniger von der ihrer gebildeten Vorfahren des neunzehnten, als deren Sprache von der Sprache Washingtons und Franklins. Auch war der Unterschied dieser zwei Epochen im Schnitt der Kleider und im Style der Möbel nicht auffallender, als ich die Mode innerhalb weniger Jahre hatte wechseln sehen. — —

Edith Leete nahm geringen Antheil an der Unterhaltung, aber wenn verschiedene Male der Magnetismus ihrer Schönheit meinen Blick zu ihr hinzog, fand ich ihren Blick mit verzehrender Innigkeit, beinahe wie verzaubert auf mich gerichtet. Es war klar, daß ich in ihr ein Interesse in hohem Grade erregt hatte, wie das nicht merkwürdig bei einem mit Vorstellungskraft begabten Mädchen sein konnte. Obgleich ich voraussetzte, daß Neugierde das Hauptmotiv ihres Interesses für mich sei, so hätte mich dies vielleicht weniger berührt, wäre sie weniger schön gewesen.

Dr. Leete sowohl, als die Damen schenkten meinem Berichte über die Art und Weise, wie ich mich in meinem unterirdischen Gemache zur Ruhe begeben, große Aufmerksamkeit.

---

* Um dies zu erklären, darf nicht vergessen werden, daß außer dem Gegenstande unserer Unterhaltung nichts in meiner Umgebung vorhanden war, das mich daran erinnert hätte, was mir zugestoßen sei. Innerhalb weniger Schritte von meinem Hause, in dem alten Boston, hätte ich gesellschaftliche Zirkel finden können, die mir bei Weitem fremdartiger geschienen hätten als dieser.

Ein Rückblick.

Man rieth hin und her, wie es wohl gekommen sein möge, daß man meiner so ganz und gar vergessen habe, und man kam überein, daß, obgleich Niemand wissen könne, ob die Einzelheiten mit der Wahrheit übereinstimmten, die folgende Theorie am meisten für sich hätte. Da das Lager von Asche über meiner Kammer bewies, daß das Haus niedergebrannt sein müsse, so sei anzunehmen, daß das Feuer in derselben Nacht ausgebrochen sei, in der ich eingeschlafen. Sawyer mag sein Leben in dem Brande oder durch irgend einen anderen, damit verbundenen Zufall verloren haben. Alles andere war dann erklärlich. Niemand, außer Dr. Pillsbury, wußte von der Schlafkammer, oder daß ich darin gewesen, und dieser war in derselben Nacht nach New Orleans gereist, wo er wahrscheinlich nicht einmal etwas über das Feuer gehört haben mochte. Meine Freunde und das Publikum hatten wahrscheinlich angenommen, ich sei in den Flammen umgekommen. Selbst eine Ausgrabung der Ruinen, wenn sie nicht sorgsam betrieben wurde, hätte nicht bis auf die Grundmauer des Hauses geführt. Eine solche Ausgrabung war aber gar nicht vorgenommen worden, denn die unruhigen Zeiten und die nicht einladende Localität waren die Ursache, daß eine lange Zeit wenigstens kein Neubau unternommen wurde. Die Größe der Bäume in dem Garten, welcher jetzt die Stelle des Platzes einnahm, bewies, wie Dr. Leete sagte, daß derselbe mehr als ein halbes Jahrhundert lang brach gelegen haben müsse.

Fünftes Kapitel.

Als im Laufe des Abends die Damen sich zurückgezogen und Dr. Leete und mich allein gelassen hatten, erkundigte er sich zartfühlend, ob ich Neigung zum Schlafe hätte. Wenn ich schläfrig wäre, sagte er, sei ein Bett für mich bereit, wäre ich jedoch zu längerem Aufbleiben geneigt, so würde er mir mit größtem Vergnügen Gesellschaft leisten. „Ich gehe selbst sehr spät zu Bett," sagte er, „und ohne Schmeichelei darf ich wohl sagen, daß ein interessanterer Gesellschafter als Sie kaum erwünscht werden kann. Man hat nicht alle Tage Gelegenheit, sich mit einem Manne des neunzehnten Jahrhunderts zu unterhalten."

Ich hatte während des ganzen Abends mit Schrecken an die Zeit gedacht, wenn ich allein sein würde. Umgeben von diesen freundlichen Fremden, angeregt und unterstützt durch ihr Mitgefühl, war ich fähig gewesen, mein geistiges Gleichgewicht zu bewahren. Selbst dann, in Augenblicken, wenn die Unterhaltung stockte, durchzuckte mich wie ein Blitz der Gedanke, daß ich mit dem Gefühle des Fremdartigen und Außergewöhnlichen würde zu ringen haben, sobald ich allein sein und nicht mehr über Zerstreuung zu gebieten haben würde. Ich wußte, daß ich diese Nacht nicht würde schlafen können, und ich fürchtete, denkend wachzuliegen, obschon ich sonst nicht feige war. Als ich darum meinem Wirthe dies offenherzig erklärte, sagte er, daß es merkwürdig sein würde, wenn ich nicht unter dem Einflusse solcher Empfindungen stehen würde, daß ich jedoch keine Furcht zu hegen brauche; wenn ich zu Bett zu gehen wünsche, so würde er mir ein

Ein Rückblick.

Mittel geben, welches einen gesunden Schlaf herbeiführen würde. Am nächsten Morgen würde ich dann ohne Zweifel mit dem Gefühle eines alten Bürgers aufwachen.

„Ehe ich mir dieses anzueignen im Stande sein werde," erwiderte ich, „muß ich ein Wenig mehr über das Boston erfahren, in welches ich zurück gekommen bin. Sie sagten mir, als wir auf dem Dache waren, daß, obgleich nur ein Jahrhundert verstrichen sei, dasselbe sich durch größeren Wechsel der menschlichen Verhältnisse auszeichne, als manches vorangegangene Jahrtausend. Die Stadt vor meinen Augen, erschien mir das wohl glaublich; ich bin jedoch neugierig, zu wissen, was für Veränderungen stattgefunden haben. Um irgendwo einen Anfang zu machen, denn der Gegenstand ist sicherlich sehr weitläufig, welche Lösung haben Sie für die Arbeiterfrage gefunden, wenn überhaupt eine gefunden worden ist? Sie war im neunzehnten Jahrhundert das Räthsel der Sphinx, und als ich verschwand, drohte die Sphinx die Gesellschaft zu verschlingen, weil keine Antwort auf ihre Frage gefunden werden konnte. Es ist der Mühe werth, hundert Jahre zu schlafen, um die rechte Antwort zu erfahren, wenn sie überhaupt gefunden worden ist.

„Da durchaus etwas ähnliches, wie die Arbeiterfrage, heutzutage unbekannt ist," erwiderte Dr. Leete, „und es auch unmöglich ist, daß sie je auftauchen könnte, so glaube ich, daß wir sie als gelöst betrachten können. Die menschliche Gesellschaft würde in der That verdient haben, verschlungen worden zu sein, wenn sie nicht im Stande gewesen wäre, ein so einfaches Räthsel aufzulösen. Es war, so zu sagen, nicht einmal nöthig, daß die Gesellschaft das Räthsel löste. Es löste sich von selbst. Die Lösung folgte als Resultat einer industriellen Evolution, welche gar nicht in anderer Weise enden konnte. Alles, was die Gesellschaft zu thun nöthig hatte, war, diese Evolution anzuerkennen und ihr hülfreiche Hand zu leisten, sobald man sich in ihrer Tendenz nicht mehr irren konnte."

„Ich kann nur sagen," antwortete ich, „daß zur Zeit, als ich einschlief, keine solche Evolution erkennbar war."

„Es war im Jahre 1887, als Sie einschliefen, sagten Sie?"

„Ja, am 30sten Mai 1887."

Mein Gefährte betrachtete mich nachdenklich einige Augenblicke, dann bemerkte er, „und Sie wollen mir sagen, daß man selbst damals noch keine Ahnung hatte von der Krisis, welcher sich die Gesellschaft näherte? Natürlich, ich schenke Ihnen vollen Glauben. Die eigenthümliche Blindheit Ihrer Zeitgenossen in Bezug auf die Zeichen der Zeit, ist ein Phänomen, welches viele unserer Schriftsteller behandelt haben. Wenige geschichtliche Thatsachen jedoch sind schwieriger für uns zu begreifen. Uns erscheinen, wenn wir zurückblicken, alle die Anzeichen der kommenden Veränderung, die auch Ihnen vor Augen getreten sein müssen, so klar und offenbar, daß wir uns wundern, warum diese nicht auch von Ihnen beachtet worden sind. Es würde mich sehr interessiren, Herr West, wenn Sie mir eine etwas klarere Idee von der Anschauung, die Sie und Männer Ihrer Bildung im Jahre 1887 in Bezug auf die Aussichten der Gesellschaft hegten, geben würden. Sie müssen wenigstens bemerkt haben, daß die weitverbreiteten industriellen und socialen Unruhen und die ihnen zu Grunde liegende Unzufriedenheit aller Klassen, mit der Ungleichheit der Gesellschaft und dem allgemeinen Elende der Menschheit, auf große Aenderungen, irgend welcher Art, hinwiesen."

„Wir verstanden dies sehr wohl," erwiderte ich, „wir

fühlten, daß die Gesellschaft ankerlos geworden war, und in Gefahr stand, verschlagen zu werden. Wohin sie getrieben werden würde, konnte Niemand sagen, aber Alle fürchteten die Felsenriffe."

„Nichtsdestoweniger," sagte Dr. Leete, „war die Richtung der Strömung leicht wahrzunehmen, wenn Sie sich nur die Mühe gegeben hätten, sie zu beachten, und sie führte nicht nach den Felsen hin, sondern in ein tieferes Fahrwasser."

„Wir hatten ein volksthümliches Sprüchwort," erwiderte ich, „daß die Herren immer klüger seien, wenn sie vom Rathhause kämen, als ehe sie dahin gingen, dessen Bedeutung ich sicherlich jetzt werde besser zu würdigen wissen, als früher. Ich kann nur sagen, daß die Aussichten damals so düster waren, daß ich nicht sehr erstaunt gewesen wäre, hätte ich vom Dache Ihres Hauses heut auf verbrannte Ruinen anstatt auf diese prachtvolle Stadt geblickt."

Dr. Leete hatte mir aufmerksam zugehört und nickte mir nachdenklich zu, als ich geendet.

„Was Sie da erklärt haben," sagte er, „wird als eine höchst werthvolle Rechtfertigung Storiot's, dessen Bericht über Ihr Zeitalter in seinen düsteren Bildern der geistigen Verwirrung, die damals herrschte, als übertrieben angesehen wird, erscheinen. Daß eine Uebergangsperiode, wie diese, voller Aufregung und Bewegung würde sein müssen, durfte wohl erwartet werden; wenn man jedoch beachtet, wie einfach die Tendenz der bewegenden Kräfte war, so hätte man naturgemäß eher glauben sollen, daß Hoffnung und nicht Furcht im Volksgeiste vorgewaltet haben müßten."

„Sie haben mir noch nicht erzählt, welche Lösung das Räthsel erhalten?" sagte ich; „ich bin ungeduldig, zu wissen, durch welche Gegensätze der Friede und die Wohlhabenheit, deren Sie sich zu erfreuen scheinen, das Endresultat eines Zeitalters, wie des meinigen, sein konnten."

"Entschuldigen Sie," erwiderte mein Wirth, „rauchen Sie?" Nachdem unsere Cigarren angezündet und in Zug gebracht waren, fuhr er fort: „Da Sie lieber sich zu unterhalten als zu schlafen wünschen, und dasselbe auch bei mir der Fall ist, so kann ich vielleicht nichts Besseres thun, als Ihnen eine kleine Idee unseres modernen, industriellen Systems zu geben, um dadurch wenigstens den Eindruck zu verscheuchen, daß der Entwicklungsprozeß ein so gar geheimnißvoller gewesen sei. Die Bostonianer Ihrer Zeit standen im Rufe, gern viel gefragt zu haben; deshalb will ich meine Abkunft nicht verleugnen und ebenfalls damit beginnen Fragen an Sie zu stellen. Welches war die am meisten ins Auge fallende Aeußerung der Arbeiter-Bewegung Ihrer Zeit?"

„Es waren die Strike," erwiderte ich.

„Ganz recht, aber was machte die Strike so formidable?"

„Die großen Arbeiter-Verbindungen."

„Und was war das Motiv für diese großen Organisationen?"

„Die Arbeiter behaupteten, daß sie sich verbinden müßten, ihre Rechte den großen Corporationen gegenüber zu vertheidigen," erwiderte ich.

„Das ist es gerade," sagte Dr. Leete, „die Arbeiter-Organisationen und die Strike waren eine Folge der Concentration des Kapitals, das sich in größeren Massen, als jemals früher, aufgehäuft hatte. Ehe diese Concentration ihren Anfang nahm, wurde Industrie und Handel durch unzählige kleine Firmen, mit kleinem Kapital, anstatt von einer kleinen Anzahl großer Firmen, mit großem Kapital, betrieben, und der einzelne Arbeiter war gewissermaßen wichtig und unabhängig in seinen Beziehungen zu dem Arbeitgeber. Solange ferner ein kleines Kapital oder eine neue Idee hinreichend waren, einen Mann im Geschäft zu etabliren, und Arbeiter beständig zu Arbeitgebern emporstiegen, gab es keine so undurchbrechliche Grenze zwischen den beiden Klassen. Arbeiter-Vereinigungen waren ohne Zweck und allgemeine Strike unmöglich. Als aber das Zeitalter der kleinen Firmen, mit kleinem Kapital, durch das der großen Kapitals-Ansammlungen ersetzt wurde, unterging alles dies einen großen Wechsel. Der einzelne Arbeiter, der in der kleinen Firma eine wichtige Rolle spielte, wurde eine Null ohne jede Macht den großen Korporationen gegenüber, und die Bahn, die zur Stellung eines Arbeitsgebers führte, wurde ihm nachgerade total versperrt. Nothwehr trieb ihn zur Vereinigung mit seinen Genossen.

„Die Berichte jener Periode zeigen, daß der Nothschrei gegen die Concentration des Kapitals herzzerreißend war, man glaubte, daß der Gesellschaft eine Form von Tyrannei drohe, die schrecklicher sein würde als irgend eine, der sie je unterlegen; daß die großen Korporationen für sie ein Joch schimpflicherer Sklaverei vorbereitete, als es je dem Menschengeschlechte aufgehalst worden sei, eine Sklaverei nämlich nicht unter dem Drucke von Menschen, sondern unter dem Drucke seelenloser Maschinen, die, unfähig irgend eines anderen Motives, unersättliche Habgier repräsentirte. Wenn wir zurückblicken, so nimmt es uns ganz und gar nicht Wunder, daß Alle verzweifelten, denn sicherlich war die Menschheit nie von einem schimpflicheren und schrecklicheren Loose bedroht worden als jenes, welches man von der Tyrannei der Korporationen, der man schaudernd entgegen sah, erwarten durfte.

„Mittlerweile, ohne sich im Geringsten an das Geschrei zu kehren, ging die Absorption des Geschäftes durch immer größer werdende Monopole voran.

„In den Vereinigten Staaten war im Anfange des letzten Viertel des vorigen Jahrhunderts dem Unternehmungsgeiste Einzelner keine Gelegenheit gegeben, sich in irgend einem industriellen Felde zu bewähren, wenn nicht großes Kapital ihn unterstützte. In dem letzten Jahrzehnt des Jahrhunderts schwanden die kleinen Geschäfte ganz und gar hin, oder erhielten sich als Parasiten größerer Korporationen, oder existirten endlich in Geschäftszweigen, die zu klein waren, um die großen Kapitalisten anzuziehen. Die kleinen Geschäfte, die noch bestanden, waren Ratten und Mäusen zu vergleichen, die in Löchern und Höhlen lebten, und sich ihrer Existenz nur so lange erfreuen, als sie im Stande sind, unbeachtet zu bleiben. Die Eisenbahnen hatten sich so lange die eine an die andere geschlossen, bis einige wenige große Syndikate eine jede Schiene im Lande im Besitz hatten. Im Fabrikwesen wurde jeder wichtige Artikel durch ein Syndikat kontrollirt. Diese Syndikate, Aktien-Gesellschaften, oder wie sie immer heißen mochten, setzten die Preise fest und schlugen alle Konkurrenz zu Boden, außer wenn Verbindungen, von derselben Größe wie die ihrige, sich bildeten. Dann folgte ein Kampf, der damit endete, daß beide Gesellschaften sich in eine noch größere konsolidirten. Der große Bazar in der Stadt zerstörte seine Rivalen auf dem Lande durch Zweig-Geschäfte, und in der Stadt selbst absorbirte er alle seine kleinen Konkurrenten, bis das Gesammt-Geschäft eines ganzen Stadttheils unter einem einzigen Dache vereinigt war, in welchem Hunderte der früheren Eigenthümer von Läden als Verkäufer fungirten. Der kleine Kapitalist, da er jetzt kein eigenes Geschäft hatte, u welches er sein Geld stecken konnte, fand zur selben Zeit, da er in den Dienst der Korporation trat, keinen anderen Platz für sein Geld, als in ihren Aktien und Werthpapieren, wodurch er in eine doppelte Abhängigkeit zu ihnen trat.

„Die Thatsache, daß die desperate Opposition des Volkes gegen die Vereinigung des Geschäftes in wenigen mächtigen Händen ganz und gar erfolglos blieb, beweist, daß eine mächtige ökonomische Ursache dafür vorhanden gewesen sein mußte. Die kleinen Kapitalisten mit ihren unzähligen winzigen Geschäften hatten in der That das Feld vor den großen Kapitals-Anhäufungen räumen müssen, weil sie zu einer Aera kleinlicher Dinge gehörten, und durchaus unfähig waren, den Ansprüchen des Zeitalters des Dampfes und des Telegraphen, und dem riesenhaften Maßstabe seiner Unternehmungen Genüge zu leisten. Um die frühere Ordnung wieder herzustellen, selbst wenn das möglich gewesen wäre, hätte man zur Zeit der Schneckenpost zurückkehren müssen. Bedrückend und unerträglich wie das Regime der großen Kapitals-Verschmelzung war, so mußten dennoch selbst seine Opfer, die es verwünschten, den wunderbaren Aufschwung, den die nationale Industrie genommen, die großen Ersparnisse, die durch Concentration der Geschäftsführung und durch die Einheitlichkeit der Organisation erzielt wurden, zugestehen. Ebenso konnte nicht geleugnet werden, daß, seitdem das neue System den Platz des alten eingenommen hatte, der Reichthum der Welt sich in unerhörten Proportionen vergrößert hatte. Zwar waren in Folge dieses Zuwachses die Reichen meistens allein reicher geworden, und die Kluft, welche sich zwischen ihnen und den Armen dehnte, hatte sich erweitert; der Thatbestand jedoch konnte nicht umgestoßen werden, daß das Kapital, als ein Mittel betrachtet, um Reichthum hervorzubringen, sich als thatkräftig bewährt hatte im Verhältniß zu seiner Konsolidation. Die Wiederherstellung des alten Systems, mit seiner Vertheilung des Kapitals, wenn sie überhaupt möglich gewesen wäre, hätte möglicher Weise eine größere Gleichheit der Konditionen mit größerer persönlicher Würde und Freiheit herstellen können, das hätte aber nur auf Kosten allgemeiner Armuth und des Stillstandes alles materiellen Fortschrittes geschehen können.

„Gab es nun gar keinen Weg den Dienst dieses mächtigen, Reichthum schaffenden Prinzips des konsolibirten Kapitals zu gewinnen, ohne sich einer Plutokratie, gleich der Karthagos, zu unterwerfen? Kaum hatte man sich diese Frage vorgelegt, als auch die Antwort darauf sich fand. Die Bewegung in der Richtung, Geschäfte mit immer größerer und größerer Kapitals-Anlage zu führen, die Tendenz, Monopole zu schaffen, welcher so verzweifelnd und doch so vergeblich Widerstand geleistet worden war, wurde zuletzt, in ihrer wahren Bedeutung, als ein Prozeß anerkannt, der nur zu seiner vollendeten und logischen Evolution getrieben zu werden brauchte, um für die Menschheit eine goldene Zukunft zu eröffnen.

„In den ersten Jahren des 20sten Jahrhunderts vollendete sich die Evolution durch die schließliche Konsolidation des Gesammt-Kapitals der Nation; die Industrie und der Handel des Landes hörte auf von einer Klasse unverantwortlicher Korporationen und Syndikate, nach eigener Laune und für eigenen Nutzen geführt zu werden, und wurde einem einzigen Syndikate, welches das ganze Volk repräsentirte, anvertraut, um im Interesse und zum Nutzen Aller geführt zu werden. Die Nation, so zu sagen organisirt zu einer einzigen, großen Geschäfts-Korporation, in welcher alle anderen Korporationen aufgingen, wurde der einzige Kapitalist,

an Stelle aller anderen Kapitalisten, der einzige Arbeits=
geber, und schließlich das letzte Monopol, durch welches
alle früheren und kleineren Monopole verschlungen wurden,
ein Monopol, in dessen Nutzen alle Bürger sich theilten;
die Epoche der Syndikate endete in einem großen Syn=
dikate; mit einem Worte, das Volk in den Vereinigten
Staaten beschloß die Leitung seines eigenen Geschäftes zu
übernehmen, gerade, wie es vor etwas über hundert Jahren
die Leitung der eigenen Regierung in die Hand genom=
men hatte, und sich jetzt für industrielle Zwecke zu orga=
nisiren, ganz genau aus denselben Gründen, derentwegen
es sich einst für politische Zwecke organisirt hatte. Zwar
spät, auffallend spät in der Geschichte der Welt, wurde
endlich dennoch die sonnenklare Thatsache begriffen, daß
kein Geschäft so ganz und gar das Geschäft des Staates
sei, als die Industrie und der Handel, von welchen der
Lebensunterhalt des Volkes abhängt, und daß diese Pri=
vatpersonen anzuvertrauen und zu deren Nutzen ausbeuten zu
lassen, eine Thorheit sei, ähnlich der, doch bei Weitem
größer, daß man einst die Functionen der politischen Re=
gierung den Königen und dem Adelsstande überlassen hatte,
um von diesen für ihre persönliche Glorification ausgenutzt
zu werden."

„Solch ein ungeheurer Wechsel, wie Sie ihn beschreiben,"
sagte ich, „fand natürlich nicht statt, ohne großen Blut=
verlust und schreckliche Convulsionen."

„Ganz im Gegentheil," erwiderte Dr. Leete, „nicht die
geringste Gewaltthätigkeit fand statt; man hatte den Wechsel
längst vorausgesehen, die öffentliche Meinung war dafür
reif geworden, und die Gesammtmasse des Volkes unter=
stützte ihn. Die Möglichkeit einer Opposition durch Gewalt
war so gering, wie die einer Opposition durch Argumente.

Ferner hatte das Volksgefühl, welches sich gegen die großen Korporationen und alle diejenigen, die damit identificirt waren, geäußert hatte, seine Bitterkeit verloren, sobald man einsehen gelernt hatte, daß diese nothwendiger Weise eine Uebergangsstufe in der Evolution des wahren, industriellen Systems gebildet hatten. Die heftigsten Gegner der großen Privat=Monopole waren gezwungen, die unschätzbaren und unumgänglichen Dienste, die sie geleistet hatten, um das Volk so zu erziehen, daß es selbst die Handhabung des eigenen Geschäftes übernehmen konnte, anzuerkennen. Fünfzig Jahre früher hätte die Konsolidation der Gewerbekraft des Landes, unter nationaler Kontrolle, ein gewagtes Experi= ment, selbst den dafür am meisten Begeisterten geschienen; aber durch den Anschauungsunterricht belehrt, den die großen Korporationen dem Publikum gegeben hatten, hatte das Volk neue Ideen über diesen Gegenstand gewonnen. Man hatte viele Jahre lang gesehen, daß Syndikate Ein= künfte verwalteten, die größer waren, als die mancher Staaten, und daß sie die Arbeitskraft von Hunderttausen= den von Leuten mit einer Leichtigkeit und Sparsamkeit dirigirten, die in kleineren Kreisen unerreichbar war. Der Satz war als unumstößlich aufgestellt worden, daß je größer das Geschäft sei, desto einfacher seien die Prinzipien, auf denen es beruhe, und daß, so wie die Maschine zuverlässiger sei als die Hand, das System, welches in einem großen Geschäfte die Arbeit und das Auge des Gebieters eines kleinen Geschäftes ersetze, genauere und bessere Resultate erziele. So kam es, gerade durch die Korporationen selbst, daß, als der Vorschlag gemacht wurde, die Nation solle deren Functionen übernehmen, dieser Rath ganz und gar nichts enthielt, was selbst dem Furchtsamsten unpraktisch erscheinen konnte. Obschon es ein Schritt war, größer als

je einer genommen worden, so löste dennoch die That=
sache, daß die Nation selbst die alleinige Korporation war,
manche Schwierigkeiten, mit welchen die vereinzelt stehenden
Monopole vordem zu kämpfen gehabt hatten.".

Sechstes Kapitel.

Dr. Leete schloß, und auch ich verharrte im Schweigen. Ich versuchte mir einen, wenigstens allgemeinen Begriff von dem Wechsel zu formiren, der in der Gestaltung der Gesellschaft stattgefunden und den eine so weitgreifende Revolution, wie die beschriebene, hatte hervorrufen müssen.

„Die Idee einer solchen Ausdehnung der Regierungs-Thätigkeit ist, wenn ich wenig sagen soll, überwältigend," rief ich endlich aus.

„Ausdehnung?" erwiderte er, „wo ist die Ausdehnung?"

„Zu meiner Zeit," entgegnete ich, „waren die Functionen der Regierung auf die Aufrechterhaltung des Friedens und auf die Vertheidigung des Volkes gegen öffentliche Feinde, oder in anderen Worten, auf die Ausübung der militärischen und polizeilichen Gewalt beschränkt."

„Aber in des Himmels Namen, wer sind denn die Feinde des Volkes?" rief Dr. Leete aus, „sind sie Frankreich, England und Deutschland, oder Hunger, Kälte und Nacktheit? In ihren Tagen pflegten die Regierungen bei dem geringsten nationalen Mißverständnisse die Körper der Bürger zu Hunderttausenden der Verstümmelung und dem Tode preiszugeben, und zu gleicher Zeit den Reichthum des Landes, wie Wasser, zu verschwenden; oftmals sogar ohne den geringsten Vortheil für die dahingeschlachteten Bürger zu erzielen. Wir haben jetzt keine Kriege und unsere Regierung keine Gewalt, Krieg zu führen. Um jedoch jeden Bürger gegen Hunger, Kälte und Nacktheit zu schützen und für alle seine körperlichen und geistigen Bedürfnisse Sorge zu tragen, ist der Regierung die Aufgabe, einige Jahre lang die Gewerbethätigkeit des Landes zu dirigiren, zu Theil geworden. Nein, Herr West, wenn Sie ein Wenig darüber nachdenken, werden Sie finden, daß in Ihrem Zeitalter, und nicht in unserem den Funktionen der Regierung eine übertriebene Ausdehnung zugemessen worden ist. Selbst nicht für die besten Zwecke würden wir der Regierung eine Macht anvertrauen, wie sie ihr früher für die schlimmsten überlassen wurde."

„Ich möchte nicht gern Vergleiche aufstellen," sagte ich, „aber zu meiner Zeit würde das Demagogenthum und die Bestechlichkeit unserer Politiker ein unübersteigbares Hinderniß geboten haben, der Regierung die Führung der nationalen Industrie zu überlassen. Wir hätten keine Einrichtung für gefährlicher gehalten, als eine, welche unsere Politiker mit der Ueberwachung des Reichthums des Landes und des ihn produzirenden Mechanismus betraute. Das eigne materielle Interesse bildete so wie so schon unter damaligen Verhältnissen den Spielball aller Parteien."

„Sie hatten damals sicherlich recht," erwiderte Dr. Leete, „aber das hat sich jetzt alles geändert; wir haben weder Parteien, noch Politiker, und Demagogenthum und Bestechlichkeit sind Worte, die für uns nur eine geschichtliche Bedeutung haben."

„Dann muß sich die menschliche Natur selbst sehr geändert haben," warf ich ein.

„Ganz und gar nicht," entgegnete Dr. Leete, „nur die Bedingungen des menschlichen Lebens haben sich verändert, und mit ihnen die Motive menschlicher Handlung. Die Organisation der Gesellschaft zu Ihrer Zeit war eine derartige, daß die Beamten stets in Versuchung waren, ihre Gewalt für den eignen Vortheil, oder den Anderer zu mißbrauchen. Unter solchen Verhältnissen scheint es beinahe befremdlich, daß Sie ihnen die Leitung Ihrer Angelegenheiten überhaupt anvertrauen konnten. Jetzt, im Gegentheil, ist der Staat so eingerichtet, daß ein Beamter, wie sehr er auch dazu geneigt sein möchte, in absolut keiner Weise irgend welchen Nutzen, für sich oder jemand Anders, durch Mißbrauch seiner Amtsgewalt erzielen kann. Mag er ein auch noch so schlechter Beamter sein, so ist er dennoch nicht bestechlich, weil ihm das Motiv dazu genommen ist. Das soziale System setzt keinen Preis mehr auf Unehrlichkeit. Alle diese Sachen werden Sie jedoch besser verstehen lernen, sobald Sie im Laufe der Zeit mit uns besser bekannt geworden sein werden."

„Aber Sie haben mir immer noch nicht gesagt, wie Sie die Arbeiterfrage gelöst haben. Sie haben bis jetzt nur das Problem des Kapitals besprochen," sagte ich. „Nachdem die Nation die Leitung der Fabriken, der Maschinen, der Eisenbahnen, des Land- und Bergbaues, und des Kapitals des Landes im Allgemeinen, übernommen hatte, mußte die Arbeiterfrage immer noch dieselbe bleiben; denn wenn der Staat die Verantwortlichkeit des Kapitals übernahm, mußte er auch zu gleicher Zeit die schwierige Stellung des Kapitalisten übernehmen."

„Von dem Augenblicke an, daß die Nation die Verantwortlichkeit des Kapitals übernahm, verschwanden alle diese Schwierigkeiten," erwiderte Dr. Leete. „Die nationale Organisation der Arbeit unter einer Leitung war ja die vollständige Lösung dessen, was in Ihrer Zeit und unter Ihrem System mit Recht als die unlösbare Arbeiterfrage gehalten wurde. Als der Staat der einzige Arbeitgeber wurde, wurden alle Bürger in Folge ihrer angeborenen Rechte Bedienstete, die im Verhältnisse zu den Bedürfnissen der Industrie vertheilt wurden."

„Das heißt," warf ich ein, „Sie haben einfach das Prinzip allgemeiner Wehrpflicht, wie es bei uns verstanden wurde, auf die Arbeiterfrage übertragen."

„Ganz gewiß," sagte Dr. Leete, „das folgte naturgemäß, sobald der Staat der Alleinbesitzer alles Kapitals geworden war. Das Volk war bereits daran gewöhnt, daß die Wehrpflicht eine gleiche und absolute für jeden Bürger sei, und es war ein kurzer Schritt zu dem Gedanken, daß jeder Bürger seinen Theil an gewerbthätigen oder intellectuellen Diensten dem Staate für seinen Unterhalt leisten müsse. Es hatte jedoch erst dahin zu kommen, daß der Staat der alleinige Arbeitgeber wurde, ehe die Bürger solche Dienste mit dem Anscheine von Allgemeinheit und Gleichheit leisten konnten. Keine Arbeiter-Organisation war möglich, solange die beschäftigende Gewalt unter Hunderttausenden von einzelnen Personen und Korporationen vertheilt war, zwischen welchen eine einheitliche Handhabung des Gewerbes weder wünschenswerth noch möglich war. Es ereignete sich fortwährend, daß eine große Menge von Leuten, die gern arbeiten wollten, keine Beschäftigung fanden, oder daß andererseits diejenigen, welche sich ihren Verpflichtungen entziehen wollten, dies sehr leicht thun konnten."

„Dienstpflicht ist also wohl jetzt zwangsweise Allen auferlegt?" fragte ich.

„Sie versteht sich mehr von selbst, als daß sie eine Sache des Zwanges ist," erwiderte Dr. Leete. „Sie wird für so natürlich und vernünftig gehalten, daß der Zwang ganz vergessen wird. Man würde auf Denjenigen mit Verachtung herabblicken, der des Zwanges bedürfte, seine Pflicht zu thun. Nichtsdestoweniger würde es wenig sagen, wenn man unter Zwangspflicht verstehen sollte, daß sie absolut unvermeidlich sei. Unsere ganze sociale Ordnung ist so vollständig darauf gebaut, daß es unbegreiflich erscheint, wie ein Mann, selbst wenn er ihr entrinnen könnte, für seinen Unterhalt zu sorgen, im Stande wäre. Er würde sich von der Welt und Seinesgleichen vollständig abgeschnitten finden, es wäre Selbstmord für ihn."

„Ist die Dienstzeit in der industriellen Armee eine lebenslängliche?"

„O nein, sie beginnt später, und endet früher, als die durchschnittliche Arbeitsperiode Ihrer Zeit. Ihre Werkstätten waren mit Kindern und Greisen gefüllt, wir jedoch halten die Jugend der Erziehung geweiht, und das Alter, wenn die körperlichen Kräfte zu schwinden beginnen, wird gleichfalls mit heiliger Scheu betrachtet, und ist der Ruhe und der angenehmen Erholung gewidmet. Die Periode industrieller Thätigkeit erstreckt sich auf 24 Jahre: sie beginnt, wenn die Erziehung abgeschlossen, am 21ten, und endet mit dem 45ten Jahre. Nach dem 45ten Jahre kann der Bürger, obwohl der allgemeinen Arbeitspflicht enthoben, dennoch im Nothfalle, wenn plötzlich ein unvorhergesehener Mangel an Arbeitskräften eintreten sollte, wieder einberufen werden, bis er das 55te Jahr erreicht hat. Solche Einberufungen finden selten, oder fast niemals statt. Der 15te Oktober jedes Jahres wird Aushebungstag genannt, weil an demselben alle diejenigen, die das 21ste Jahr erreicht haben, zum gewerblichen Dienste ausgehoben werden, und diejenigen, die nach vierundzwanzigjährigem Dienste das 45te Jahr erreicht haben, ehrenvoll entlassen werden. Es ist für uns der wichtigste Tag im Jahre, alle unsere Ereignisse werden nach ihm berechnet; er ist gleichsam unsere Olympiade, nur daß sie jährlich wiederkehrt."

Siebentes Kapitel.

„Nachdem Ihre industrielle Armee ausgehoben worden ist," sagte ich, „muß nach meiner Meinung die Hauptschwierigkeit sich einstellen, denn hier hört jede Analogie mit der Armee auf. Soldaten haben alle dasselbe zu thun, und zwar einfach sich in der Handhabung der Waffen zu üben, zu marschiren und Wache zu stehen. Die industrielle Armee dagegen muß zwei- oder dreihundert verschiedene Gewerbe lernen. Welches Verwaltungstalent muß dazu gehören, wohlweislich zu entscheiden, welchem Gewerbe oder Geschäfte jeder einzelne Bürger in einer großen Nation zuertheilt werden soll."

„Die Administration hat ganz und gar nicht darüber zu entscheiden."

„Wer sonst entscheidet darüber?" fragte ich verwundert.

„Ein Jeder entscheidet für sich selbst, je nach seiner natürlichen Anlage, da man sich die größtmöglichste Mühe genommen hat, ihn zu befähigen, was seine natürliche Anlage eigentlich ist, ausfinden zu können. Das Prinzip, nach welchem unsere industrielle Armee organisirt ist, besteht darin, daß die natürlichen, geistigen und körperlichen Anlagen eines Mannes darüber entscheiden, welcher Arbeit er zum größtmöglichsten Nutzen der Nation und zu seiner eigenen Zufriedenheit vorstehen könne. Während allgemeine Dienstpflicht in einer gewissen Form nicht vermieden werden kann, so hängt es von der freien Wahl eines Jeden ab, — mit Ausnahme einiger nöthigen Einschränkungen, —

welche spezielle Dienstleistung er zu leisten gewillt ist. Da die innere Zufriedenheit eines Jeden während seiner Dienstzeit davon abhängt, daß seine Beschäftigung nach seinem Geschmack ist, so wachen Eltern und Lehrer darüber, schon in der zartesten Jugend der Kinder Anzeichen spezieller Anlagen zu finden. Ein eingehendes Studium unseres nationalen industriellen Systems und seiner Geschichte, sowie die Anfangsgründe aller großen Gewerbe sind ein wichtiger Theil unserer Erziehung. Während gewerbsthätige Ausbildung nicht die allgemeine geistige Kultur, die in unseren Schulen angestrebt wird, herabstimmen darf, so wird sie doch genügend betrieben, um unserer Jugend, neben theoretischer Kenntniß der nationalen Industrieen, eine gewisse Familiarität mit Werkzeugen und deren Anwendung zu geben. Unsere Schüler besuchen sehr häufig unsere Werkstätten und machen oftmals längere Excursionen, um gewisse industrielle Unternehmungen in Augenschein zu nehmen. Zu Ihrer Zeit brauchte sich Niemand zu schämen, wenn er unwissend in allen Geschäften, mit Ausnahme des eignen, war; bei uns würde eine solche Unwissenheit nicht mit der Idee, daß ein Jeder so gestellt sein sollte, mit offenen Augen für sich eine Beschäftigung, für welche er Fähigkeit und Geschmack besitze, zu wählen, übereinstimmen. Lange zuvor, ehe ein junger Mann in den Dienst eingereiht wird, hat er gewöhnlich schon seinen Beruf gewählt, eine gewisse Kenntniß desselben erlangt, und wartet mit Ungeduld darauf, eingereiht zu werden."

„Sehr wohl," sagte ich, „aber es kann sich doch unmöglich herausstellen, daß die Anzahl der Freiwilligen für irgend ein Gewerbe genau mit der Anzahl derer, die dafür nöthig sind, übereinstimmt. So wie sie manchmal die nöthige Höhe nicht erreicht, mag es doch auch zu anderen

Zeiten vorkommen, daß sie die Linie bei weitem über=
steigt."

„Die Anzahl der Freiwilligen," erwiderte Dr. Leete, „ist
immer den Ansprüchen gewachsen. Es ist die Aufgabe der
Verwaltung, dafür zu sorgen, daß dies der Fall ist. Der
Andrang Freiwilliger für jedes Gewerbe wird sorgfältig
beobachtet. Wenn ein außergewöhnlich großer Ueberschuß
Freiwilliger für irgend ein Gewerbe sich herausstellt, so
wird daraus geschlossen, daß dieses Geschäft eine größere
Anziehungskraft als irgend ein anderes hat; wenn dagegen
die Zahl der Freiwilligen unterhalb der Gebrauchslinie
bleibt, so wird angenommen, daß dieses Geschäft zu an=
strengend ist. Es ist die Aufgabe der Administration, stets
die Anziehungskraft der Gewerbe im Gleichgewicht zu hal=
ten, so weit als die Bedingungen der Arbeit es ihr erlauben,
so daß alle Geschäfte gleiche Anziehung auf Personen, die
einen natürlichen Geschmack dafür haben, ausüben. Dies
wird dadurch zu Wege gebracht, daß die Arbeitsdauer in
den verschiedenen Gewerben verschiedentlich, je nach deren
Härte, festgestellt wird. Die leichteren Geschäfte, die unter
angenehmen Verhältnissen ausgeübt werden können, dehnen
sich in dieser Weise auf die größte Stundenzahl aus, wäh=
rend anstrengendere Gewerbe, z. B. Bergbau, nur eine sehr
kurze Arbeitszeit beanspruchen. Wir haben keine Theorie
oder vorgefaßte Meinung, durch welche die respektive An=
ziehungskraft der Gewerbe bestimmt wird. Wenn die
Administration eine Bürde von einer Arbeiterklasse hinweg=
nimmt und sie einer anderen auflegt, so folgt sie einfach der
Strömung in der Meinung der Arbeiter selbst, wie sie sich
durch die Rate der Freiwilligen kundgiebt. Das Prinzip
steht fest, daß die Arbeit keines Mannes, im Großen und
Ganzen, härter für ihn sein sollte, als die eines anderen

Mannes für denselben ist, und die Arbeiter selbst sind Richter darüber. Die Anwendung dieser Regel ist durch keine Grenzen eingeschlossen. Wenn irgend eine Beschäftigung in sich selbst so beschwerlich oder bedrückend ist, daß, um Freiwillige dafür zu finden, ein Tagewerk auf 10 Minuten reduzirt werden müßte, so würde selbst dies geschehen Wenn sich dann noch Niemand findet, der bereit ist, eine solche Arbeit zu thun, so läßt man sie eben liegen. Im Allgemeinen jedoch ist es Thatsache, daß eine mäßige Reduktion, oder die Gewährung anderer Privilegien hinreichend ist, die nöthigen Freiwilligen für irgend eine der Menschheit nöthigen Beschäftigung anzuziehen. Wenn unumgängliche Schwierigkeiten und Gefahren in einem Gewerbe vorhanden sind, so daß der Widerwille der Bürger durch keine Entschädigung und keine anderweitigen Vortheile beseitigt werden kann, so braucht die Administration dieses Geschäft nur aus der allgemeinen Liste heraus zu nehmen, als „außerordentlich gefährlich" zu bezeichnen, und diejenigen, die es dennoch betreiben wollen, als außerordentlich berechtigt, der Dankbarkeit der Nation zu empfehlen, um von Freiwilligen überlaufen zu werden. Unsere jungen Männer sind ehrbegierig und lassen sich eine solche Gelegenheit nicht leicht durch die Finger schlüpfen. Sie sehen, daß die Abhängigkeit von freier Berufswahl, das Aufgeben aller solcher Beschäftigungen, die ungesund oder mit Gefahr für Körper und Leben verknüpft sind, in sich schließt. Gesundheit und Sicherheit sind die ersten Bedingungen aller Gewerbe. Die Nation macht weder Tausende von Arbeitern zu Krüppeln, noch schlachtet sie sie hin, wie es die Privat-Kapitalisten und Korporationen Ihrer Zeit thaten."

„Wie aber kommen Sie zu einer Entscheidung zwischen

den Freiwilligen, wenn deren mehr sich zu einem besonderen Gewerbe melden, als Raum für sie ist?" fragte ich.

„Diejenigen werden bevorzugt, die die größte Kenntniß in dem Fache, das sie zu betreiben wünschen, erlangt haben. Niemandem, der während mehrerer Jahre fest darauf besteht, zu zeigen, was er in irgend einem gewissen Gewerbe leisten könne, wird die Gelegenheit entzogen. Inzwischen bleibt für einen Mann, der zuerst nicht zu dem Geschäfte, für welches er Neigung zeigt, zugelassen werden kann, die Wahl zwischen mehreren, ähnlichen Beschäftigungen, für welche er eine gewisse, wenn auch nicht die höchste Fähigkeit beweist. Es wird überhaupt von Jedem erwartet, daß er seine eignen Fähigkeiten so ausbildet, daß er nicht nur für ein Fach, sondern für ein zweites und drittes befähigt wird. Wenn alsdann, entweder am Beginne seiner Laufbahn, oder späterhin, wenn durch den Fortschritt in Erfindungen, oder durch irgend welche andere Verhältnisse ein Wechsel eingetreten ist, er unfähig geworden sein sollte, seinem ersten Berufe zu folgen, so kann er dann noch immerhin eine verhältnißmäßig zusagende Beschäftigung finden. Dieses Prinzip einer zweiten Berufswahl ist in unserem System von großer Wichtigkeit. Ich will noch hinzufügen, daß die Administration, wenn ein Mangel an Freiwilligen in einem gewissen Gewerbe eintritt, oder die Nothwendigkeit plötzlich sich herausstellt, dieselbe mit größerer Macht zu betreiben, immer noch die Gewalt hat, spezielle Freiwillige einzuberufen, oder von einem anderen Gewerbe heranzuziehen. Im Allgemeinen jedoch werden alle Lücken dieser Art durch eine Aushebung von der Klasse ungeschulter oder gewöhnlicher Arbeiter gefüllt."

„Wie wird diese Klasse der gewöhnlichen Arbeiter rekrutirt?" fragte ich, „da doch sicherlich Niemand in dieselbe freiwillig eintritt?"

„Es ist der Grad, zu welchem alle neuen Rekruten während ihrer drei ersten Dienstjahre gehören. Während dieser Zeit kann ein junger Mann irgend einer Arbeit, je nach dem Gutdünken seiner Vorgesetzten, zuertheilt werden, und erst nach Ablauf dieser Frist steht es ihm frei, ein spezielles Fach zu wählen. Von diesen drei Jahren strenger Disziplin ist Niemand ausgenommen, und unsere jungen Leute freuen sich, wenn sie von dieser strengen Schule zur Freiheit der Gewerbswahl übergehen. Wenn Jemand so dumm ist, daß er gar keine Vorliebe für irgend eine Beschäftigung zeigt, so bleibt er einfach ein gewöhnlicher Arbeiter. Solche Fälle jedoch, wie Sie sich leicht denken können, kommen nicht häufig vor."

„Nachdem Jemand einen Stand gewählt und in denselben eingetreten ist," fragte ich, „so bleibt ihm wohl nichts übrig, als sein Leben lang darin zu verbringen?"

„Nicht nothwendiger Weise," erwiderte Dr. Leete. „Obwohl ein häufiger und launenhafter Berufswechsel nicht ermuthigt oder gestattet wird, so steht es einem jeden Arbeiter dennoch frei, unter gewissen Bedingungen und in Folge gewisser Ereignisse zu einem anderen Industriezweige überzugehen, wenn er glaubt, daß er für denselben sich besser eigne, als für den früher gewählten. In diesem Falle wird seine Bewerbung, als wünsche er das erste Mal als Freiwilliger einzutreten, und unter denselben Bedingungen angenommen. Ein Arbeiter kann ferner, unter angemessenen Regulationen, jedoch nicht zu häufig, einem Etablissement derselben Industrie, in einer anderen Provinz des Landes, zuertheilt werden, wenn er eine solche Versetzung aus irgend welchen Gründen wünscht. Unter Ihrem System konnte ein unzufriedener Mann wohl sein Geschäft aufgeben, aber er gab zu gleicher Zeit auch seinen Unterhalt auf, und stellte seine ganze Zukunft in Frage. Wir finden, daß die Anzahl der Leute, die eine gewohnte Beschäftigung für eine neue aufgeben, und alte Freunde und Genossen für neue zu vertauschen wünschen, sehr gering ist. Es ist die Klasse der schlechteren Arbeiter, die den Wechsel eingehen, so oft unsere Regulative es gestatten. Versetzungen und Entlassungen, wenn der Gesundheitszustand dies verlangt, werden natürlich immer bewilligt."

„Als ein industrielles System," sagte ich, „mag dies wohl außerordentlich wirksam sein, doch kann ich noch nicht sehen, wie es für die professionellen Klassen, für die Männer, welche der Nation mit ihren Köpfen, anstatt mit ihren Händen dienen, Sorge trägt; oder glauben Sie etwa ohne Geistesarbeit bestehen zu können? Wie werden alsdann diese geistigen Arbeiter von den anderen, die als Ackerbauer und Handwerker dienen müssen, ausgeschieden? Ich sollte meinen, daß dieser Sonderungs=Prozeß ein sehr delikater sein müsse."

„Das ist er auch," erwiderte Dr. Leete; „die feinfühlendste Probe wird hier in Anwendung gebracht, indem wir die Frage, ob Jemand mit dem Geiste oder mit der Hand arbeiten solle, ihm selbst zur Entscheidung anheimstellen. Am Ende der dreijährigen Dienstzeit, die ein Jeder als gewöhnlicher Arbeiter durchmachen muß, wird es ihm überlassen, nach seinen eignen, natürlichen Anlagen zu entscheiden, ob er sich für eine Kunst oder für einen gelehrten Stand ausbilden will, oder ob er ein Handwerker oder Ackerbauer werden will. Wenn er bei sich fühlt, daß er mehr mit seinem Geiste als mit seinen Muskeln erreichen kann, so ist ihm jede mögliche Gelegenheit gegeben, die Realität seiner muthmaßlichen Anlage zu bewahrheiten, auszubilden, und eventuell einer solchen Nei=

gung Folge zu leisten. Die technischen, medizinischen Schulen, sowie die der Malerei, der Musik, der Schauspielerkunst und aller höheren Studien sind allen Aspiranten bedingungslos geöffnet."

„Und sind diese Schulen nicht überfüllt mit jungen Leuten, die sich der Arbeitskraft entziehen wollen?"

Dr. Leete lächelte verächtlich. „Seien Sie versichert," sagte er, „daß nicht ein Einziger in eine solche Schule eintritt, um sich der Arbeit zu entziehen. Dieselben sind so eingerichtet, daß sie nur für denjenigen von Werth sind, der eine außerordentliche Anlage für die Zweige, die sie lehren, zeigt, und Einer, der diese Anlagen nicht besitzt, würde es leichter finden, zweimal so lange in seinem Gewerbe zu arbeiten, als zu versuchen, mit der Klasse voranzukommen. Es kommt wohl vor, daß Jemand seinen Beruf in ehrlicher Weise verfehlt; sobald er jedoch findet, daß er den Ansprüchen der Schule nicht Genüge leisten kann, so tritt er aus und kehrt zum gewerblichen Dienste zurück. Ein solcher Rückzug ist ganz und gar nicht schimpflich, denn es liegt im allgemeinen Interesse, Jedermann zu ermuthigen, muthmaßliche Talente, welche nur durch die That erprobt werden können, auszubilden. Die wissenschaftlichen Schulen Ihrer Zeit hingen von dem Besuche der Schüler ab, und es scheint ein allgemeiner Brauch gewesen zu sein, unfähigen Personen Diplome zu geben. Unsere Schulen sind nationale Institutionen und ihre Examina passirt zu haben, ist ein Beweis außerordentlicher Befähigung, die alsdann keinem Zweifel mehr unterliegt.

„Die Gelegenheit, sich für ein gelehrtes Fach auszubilden," fuhr der Doctor fort, „ist Jedem geboten, bis er das Alter von dreißig Jahren erreicht hat. Nachdem eine Person dieses Alter überschritten, wird er nicht mehr als Student

Ein Rückblick.

angenommen, weil die Zeit, in welcher er der Nation in seinem Fache dienen kann, ehe er das Alter der Entlassung erreicht hat, zu kurz ist. Zu Ihrer Zeit mußten junge Leute ihren Stand wählen, wenn sie noch sehr jung waren, und sie verfehlten deshalb in sehr vielen Fällen ihren Beruf; heute erkennt man es an, daß natürliche Anlagen sich bei Manchen später entwickeln als bei Anderen, und während deshalb Jemand schon zu vierundzwanzig Jahren sich für einen Stand entscheiden kann, bleibt die Wahl noch fünf Jahre länger offen."

Eine Frage, welche ich schon dutzende Male auf den Lippen hatte, fand jetzt Ausdruck, eine Frage, welche einen Punkt, der zu meiner Zeit als der schwierigste, hinsichtlich einer endlichen Lösung unserer socialen Wirren betrachtet wurde, berührte.

„Es ist wunderbar," sagte ich, „daß Sie sich bis jetzt noch mit keinem Worte über die Regulirung der Gehälter geäußert haben. Da der Staat der alleinige Arbeitgeber ist, so muß doch die Verwaltung einen Tarif aufstellen und genau bestimmen, wieviel Jedermann verdienen soll, vom Doctor zu dem, der mit der Schaufel in der Hand arbeitet. Zu meiner Zeit wäre dies eine Unmöglichkeit gewesen, und ich kann es mir nicht klar machen, wie die Regulirung jetzt zu Stande gebracht werden kann, wenn nicht die menschliche Natur sich verändert hat. Zu meiner Zeit war Niemand mit seinem Einkommen oder Verdienste zufrieden. Selbst, wenn er fühlte, daß er den vollen Werth seiner Arbeit erhalten, so glaubte er doch, daß sein Nachbar zu viel besäße, was natürlich genau so schlimm war. Wenn die allgemeine Unzufriedenheit in dieser Beziehung, anstatt sich in unzähligen Strikes gegen unzählige Arbeitgeber zu äußern, sich gegen einen einzigen Arbeitgeber, nämlich gegen die

Verwaltung concentrirt hätte, so würde die stärkste Regierung niemals zwei Zahltage überlebt haben."

Dr. Leete lachte herzlich.

„Sehr wahr, sehr wahr," sagte er, „der erste Zahltag würde sicherlich einen allgemeinen Strike zur Folge gehabt haben, und ein Strike gegen die Staats-Verwaltung ist eine Revolution."

„Wie können Sie aber alsdann die Revolution am Zahltage vermeiden," fragte ich. „Hat irgend ein Philosoph ein neues Calculations-System erfunden, wonach der genaue und comparative Werth einer jeden Arbeit, sei es die des Geistes oder der Muskel, der Hände oder der Stimme, des Ohres oder des Auges, zur Zufriedenheit Aller bestimmt werden kann? Oder hat die menschliche Natur sich so geändert, daß Einer für Alle, und Alle für Einen einstehen? Eins von beiden kann nur zur richtigen Erklärung dienen.

„Keins von beiden," antwortete mein Wirth lachend; „und nun, Herr West," fuhr er fort, „Sie müssen nicht vergessen, daß Sie sowohl mein Patient, als mein Gast sind, und müssen mir erlauben, Ihnen Schlaf zu verschreiben, ehe wir uns mehr unterhalten. Es ist drei Uhr vorüber."

„Das Rezept ist ohne Zweifel ein sehr weises," sagte ich, „ich hoffe nur, daß es wirksam sein wird."

„Ich werde dafür sorgen," antwortete der Doctor, und er hielt Wort. Er gab mir ein Weinglas, gefüllt mit einer Flüssigkeit, die mich einschläferte, sobald mein Kopf das Kissen berührt hatte.

Achtes Kapitel.

Als ich erwachte, fühlte ich mich recht erfrischt, und blieb noch eine Zeit lang im Halbschlummer, mich dem Gefühle körperlichen Wohlbehagens überlassend, liegen. Die Erfahrungen des gestrigen Tages, mein Erwachen im Jahre 2000, der Anblick des neuen Bostons, mein Wirth und seine Familie, und die wunderbaren Dinge, die ich gehört hatte, waren aus meinem Gedächtnisse ganz und gar geschwunden. Ich glaubte, ich befände mich in meinem eigenen Schlafgemach, und die halb träumenden, halb wachenden Gebilde meiner Phantasie, die meinen Geist durchschossen, hatten alle Bezug auf die Ereignisse und Erfahrungen meines früheren Lebens. Träumerisch gedachte ich der Begebenheiten des Decorationstages, meines Ausfluges in Begleitung Edith's und ihrer Eltern nach Mount Auburn, und der Mahlzeit, die ich nach unserer Rückkehr zur Stadt mit ihnen eingenommen. Ich erinnerte mich, wie außergewöhnlich schön Edith ausgesehen hatte, und diese Gedanken leiteten mich auf den nächsten, auf unsere Hochzeit. Kaum jedoch hatte meine Einbildungskraft sich in dieses angenehme Thema verwickelt, als mir der Brief einfiel, den ich am vergangenen Abend vom Baumeister empfangen hatte, und welcher mir angezeigt hatte, daß die neuen Strike die Vollendung meines neuen Hauses auf eine unbestimmte Zeit hinziehen dürften. Der Aerger, den mir diese Erinnerung verursachte, weckte mich vollständig auf, es fiel mir ein, daß ich mit dem Baumeister eine Zusammenkunft um 11 Uhr festgesetzt hatte, um über den Strike Rücksprache zu nehmen; ich öffnete meine Augen, um die Uhr am Fuße meines Bettes zu konsultiren. Keine Uhr war jedoch zu sehen, ich bemerkte im Gegentheil, daß ich nicht in meinem Zimmer sei. Ich erhob mich von meinem Lager und blickte wild im Zimmer umher.

Viele Sekunden lang saß ich im Bette und stierte um mich her, ohne im Stande zu sein, den Schlüssel zu meiner persönlichen Identität zu finden. Merkwürdig, daß das Gefühl dieser Unfähigkeit mit einer solchen Angst verbunden war, aber ich war nun einmal so beschaffen. Es giebt keine Worte für die geistige Qual, die ich während dieses hülflosen Suchens nach meinem Selbst in der unbegrenzten Leere durchlebte. Keine andere Erfahrung im Geiste kann diesem Gefühl des absoluten, intellectuellen Stillstandes, diesem Verluste des geistigen Gleichgewichtes gleichkommen, welches während dieses Augenblickes der Verdunkelung des Selbstgefühles mich überraschte. Ich hoffe, daß ich derartiges nie wieder erleben werde.

Wie lange dieser Zustand angehalten, kann ich nicht sagen, er schien eine unendliche Zeit auszufüllen, als wie ein Blitz mir die Erinnerung an alles Geschehene zurückkehrte. Ich erinnerte mich, wer ich sei, wo ich sei, und wie ich hierher gekommen sei; auch daß alle die Scenen des Lebens vom gestrigen Tage, die soeben durch meinen Geist gezogen waren, sich auf eine Generation bezogen, die längst in Staub zerfallen war. Ich sprang vom Bette und stand in der Mitte des Zimmers, ich preßte meine Schläfe mit aller Gewalt mit beiden Händen, um sie vor dem Zerspringen zu bewahren. Dann warf ich mich wieder auf mein Bett, grub mein Gesicht in die Kissen und lag unbeweglich. Die unausbleibliche Reaction von der geistigen Erhebung, von dem intellectuellen Fieber, welches die erste Folge meiner folgenschweren Erfahrung gewesen, war eingetreten. Die Gefühlskrisis war mit der vollen Realisation meiner wirklichen Lage und all dem, was sie einschloß, über mich gekommen, und mit zusammengepreßten Zähnen, mit auf- und niederwogender Brust mich an die Bettlade mit verzweifelter Kraft anklammernd, lag ich da und kämpfte gegen den Wahnsinn. Von meinem Geiste schien Alles sich losgelöst zu haben; gewohnte Gefühle, Gedankenverbindungen, Ideen über Personen und Sachen, Alles schien aufgelöst zu sein und den Zusammenhang verloren zu haben; Alles verschmolz zu einem anscheinend unlöslichen Chaos. Kein Haltepunkt war mir gelassen, der Wille allein blieb mir übrig. Aber war irgend ein menschlicher Wille stark genug einer solch wogenden See zuzurufen: Friede, gieb dich zur Ruhe! Ich wagte nicht zu denken, jeder Versuch, mir klar zu machen, was mir zugekommen sei, und zu begreifen, was dies in sich schlösse, verursachte mir Schwindel. Die Idee, daß zwei Personen in mir vereinigt seien, daß meine Identität eine doppelte sei, fing an mich, als die einfachste Lösung des Räthsels, zu bezaubern.

Ich wußte, daß ich nahe daran sei, meinen Verstand zu verlieren. Wenn ich so denkend liegen geblieben, wäre es um mich geschehen gewesen. Ich mußte Zerstreuung irgend welcher Art haben, und wenn sie auch nur durch körperliche Anstrengung hervorgerufen werden konnte. Ich sprang auf, kleidete mich eiligst an, öffnete die Thür meines Zimmers und stieg die Treppe hinab. Da es noch sehr zeitig und der Morgen noch kaum angebrochen war, fand ich Niemanden in dem unteren Geschosse des Hauses. Ein Hut hing in der Halle, ich setzte ihn auf. Ich öffnete die Hausthür, welche mit einer Sorglosigkeit eingehakt war, die da anzeigte, daß Diebstahl nicht zu den Gefahren des modernen Bostons gehörten, und ich fand mich bald im Freien. Zwei Stunden lang ging und lief ich durch die Straßen der Stadt. Nur der Alterthumsforscher, der etwas von dem Gegensatze weiß, den das heutige Boston zu dem Boston des neunzehnten Jahrhunderts bildet, kann annähernd begreifen, welche verwirrende Ueberraschungen mir während dieser Zeit zu Theil wurden. Vom Dache des Hauses gesehen, hatte mir gestern die Stadt fremd geschienen, aber das betraf nur ihre Erscheinung im Allgemeinen. Jetzt, da ich die Straßen durchwanderte, begriff ich erst klar, wie vollständig die Umwandlung gewesen. Die wenigen alten Merkzeichen, die noch übrig geblieben waren, verstärkten den Eindruck, denn ohne diese hätte ich geglaubt, mich in einer fremden Stadt zu befinden. Es kann Jemand seine Geburtsstadt als Kind verlassen, und nach fünfzig Jahren vielleicht zurückkehrend, sie in vielen Stücken verändert finden; das mag ihn überraschen, es wird ihn jedoch nicht verwirren, denn er ist sich des großen Zeitraumes bewußt, der verflossen, und des Wechsels, der sich auch mit ihm zugetragen. Ein solches Gefühl verflossener Zeit lebte jedoch nicht in mir. Soweit mein Bewußtsein es zugab, hatte ich vor wenigen Stunden, gestern noch, diese Straßen durchwandelt, und kaum ein einziges Merkzeichen war der vollständigsten Verwandlung entgangen. Das geistige Bild der alten Stadt war noch so frisch und stark in mir, daß es nicht vor dem Eindrucke der wirklichen Stadt weichen wollte, sondern damit kämpfte, wodurch bald das eine und bald das andere Bild den Ausdruck des Unwahrscheinlichen annahm. Alles, was ich sah, schien verwischt, wie die Gesichter auf einem photographischen Negativ.

Endlich stand ich wieder an der Thür des Hauses, dem

ich entschlüpft war. Meine Füße müssen mich instinktiv zu meiner alten Heimat zurückgetragen haben, denn ich hatte keine klare Idee, dahin zurückgekehrt zu sein. Sie heimelte mich nicht mehr an, als irgend ein anderer Platz in dieser fremden Stadt, noch waren deren Bewohner mir weniger fremd, als es alle anderen Menschen jetzt auf Erden waren. Wäre die Thür des Hauses geschlossen gewesen, so hätte mich der Widerstand daran erinnert, daß ich gar keine Ursache hatte, es zu betreten, und ich würde mich entfernt haben; sie öffnete sich jedoch bei dem leisesten Drucke meiner Hand. Ich ging mit unsicherem Schritt durch den Hausflur und betrat eins der Zimmer, welches sich seitwärts daran schloß.

Ich warf mich in einen Stuhl und bedeckte meine brennenden Augäpfel mit meinen Händen, um die Schrecken des Fremdartigen auszuschließen. Meine geistige Verwirrung war so groß, daß sie wirkliche Uebelkeit verursachte. Wie kann ich die Angst, die ich in diesen Augenblicken empfand, während welchen mein Gehirn zu schmelzen schien, oder das Gefühl der Hülflosigkeit, das mich ergriffen, beschreiben? Ich stöhnte in meiner Verzweiflung laut auf. Ich fühlte, daß, wenn nicht schnelle Hülfe käme, ich meinen Verstand verlieren müßte. Und gerade in diesem Augenblicke kam die Hülfe. Ich hörte das Rauschen eines Kleides und blickte auf. Edith Leete stand vor mir. Ihrem schönen Gesichte entstrahlte das tiefste Mitgefühl.

„O, was ist geschehen, Herr West?" fragte sie. „Ich war hier, als Sie hereinkamen. Ich bemerkte, wie schrecklich niedergeschlagen Sie aussahen, und als ich Sie stöhnen hörte, konnte ich mich nicht länger zurückhalten. Was ist Ihnen zugestoßen? Wo sind Sie gewesen? Kann ich Ihnen helfen?"

Sie hatte mir vielleicht, während sie sprach, mit einer Geberbe des Mitgefühls, ihre Hände entgegen gehalten. Jedenfalls ergriff ich sie mit meinen eignen und klammerte mich mit derselben Verzweiflung an sie fest, mit der ein Ertrinkender die ihm im letzten Augenblicke zugeworfene Leine erfaßt und festhält. Als ich in ihr gefühlvolles Antlitz blickte und sah wie Thränen ihren Augen entquollen, hörten meine Gedanken auf, sich im Kreise zu drehen. Das süße, menschliche Mitgefühl, welches in dem leisen Drucke ihrer Finger lag, gab mir den Halt, welcher mir so sehr von Nöthen war. Es wirkte beruhigend und war gleich einer wunderwirkenden Arznei.

„Gott segne Sie," sagte ich nach wenigen Augenblicken. „Er mußte Sie gerade jetzt zu mir geschickt haben. Ich war in großer Gefahr, wahnsinnig zu werden, wenn Sie nicht gerade jetzt gekommen wären."

„O, Herr West!" rief sie, mit feuchten Augen, „für wie herzlos müssen Sie uns halten! Wie konnten wir Sie so lange allein lassen! Aber es ist jetzt vorbei. Sie befinden sich jetzt wieder besser, nicht wahr?"

„Dank Ihrer Dazwischenkunft, ja," sagte ich, „und wenn Sie noch eine kleine Weile bleiben, so hoffe ich mich vollständig zu sammeln."

„Ich werde gewiß nicht fortgehen," rief sie, während ein leises Zittern ihr Gesicht überflog, das ihr Mitgefühl besser ausdrückte als Worte es konnten, „Sie müssen uns nicht für gar so herzlos halten, wie wir wohl scheinen müssen, da wir Sie so allein ließen. Ich konnte letzte Nacht fast gar nicht schlafen. Ich dachte daran, wie schmerzlich Ihr Aufwachen Sie heut morgen berühren würde; mein Vater jedoch behauptete, daß Sie sehr lange schlafen würden. Er meinte, daß es besser wäre, Ihnen zuerst nicht zu viel Mitleid zu zeigen, sondern Ihnen lieber Zerstreuung aller Art zu verschaffen und Sie fühlen zu lassen, daß Sie bei uns unter Freunden und zu Hause seien."

„Das haben Sie in der That bereits vollbracht," antwortete ich, „aber sehen Sie, hundert Jahre auf ein Mal zu verlieren, ist keine Kleinigkeit, und wenn ich es auch gestern Abend leichter verschmerzt hatte, so berührte mich die Unglaublichkeit dieser Thatsache heute morgen um so mehr."

Während ich so ihre Hände in die meinigen schloß und mit meinen Blicken an den ihrigen hing, konnte ich beinahe schon über meine Lage scherzen.

„Niemand dachte daran, daß Sie so zeitig und allein ausgehen würden," fuhr sie fort. „Aber, Herr West, wo sind Sie gewesen?"

Ich erzählte ihr von den Erlebnissen dieses Morgens, von meinem ersten Aufwachen bis zu dem Augenblicke, wo ich sie vor mir stehend sah, gerade, wie ich es hier erzählt habe. Während des Erzählens schien sie von schmerzlichem Mitleid bewegt zu sein, und obgleich ich eine ihrer Hände losgelassen hatte, versuchte sie es dennoch nicht mir die andere zu entziehen, da sie jedenfalls begriff, wie sehr mich dies beruhigte.

„Ich kann mir wenn auch nur eine kleine Vorstellung machen," sagte sie, „von dem, was Sie gelitten haben müssen. Es muß schrecklich gewesen sein. Können Sie es uns jemals vergeben, daß wir Sie in diesem Kampfe allein gelassen haben?"

„Aber er ist jetzt vorüber; Sie haben ihn für den Augenblick wenigstens verscheucht."

„Und Sie werden ihn nicht wiederkehren lassen?" fragte sie ängstlich.

„Das kann ich nicht ganz versprechen," antwortete ich, „ein solches Versprechen wäre verfrüht, wenn Sie es in

Betracht ziehen, wie fremdartig mir doch noch Alles scheinen wird."

„Aber wollen Sie wenigstens versprechen, daß Sie nicht allein gegen diese Gefühle ankämpfen wollen, daß Sie zu uns kommen und unsere Hülfe suchen und annehmen werden? Wenn wir Ihnen auch nicht ganz helfen können, so ist es sicherlich doch besser, mit uns die Bürde zu theilen, als sie allein zu tragen."

„Wenn Sie es mir erlauben, will ich um Ihre Hülfe in solchen Fällen nachsuchen."

„Ich bitte herzlich darum," rief sie erfreut; „ich werde für Sie thun, was nur in meinen Kräften steht."

„Es wird genügend sein, wenn Sie stets dasselbe Mitgefühl für mich zeigen, das Sie augenblicklich zu erfüllen scheint," erwiderte ich.

„Gut," sagte sie, durch ihre Thränen lächelnd, „es ist abgemacht, daß Sie das nächste Mal, wenn Schwermuth Sie ergreifen sollte, sich an mich wenden und nicht durch die Stadt und zwischen Fremde laufen werden."

Die Annahme, daß wir uns nicht mehr als Fremde gegenüberständen, erschien uns kaum auffallend, so hatten uns meine Leiden und ihre mitleidsvollen Thränen in wenigen Minuten einander nahe gebracht.

„Ich will es gern versprechen," setzte sie hinzu, „daß ich Sie so viel bemitleiden will als Sie es nur wünschen mögen, obgleich dafür ganz und gar keine Ursache vorhanden ist; denn," fuhr sie begeistert fort, „Sie selbst werden binnen Kurzem aufhören sich zu bedauern. Ich weiß es, und Sie werden es bald einsehen lernen, daß die jetzige Welt ein Himmelreich ist im Vergleiche mit Ihrer Zeit, und daß Sie nur von Dank erfüllt sein müßten, dafür, daß Ihr Leben in so wunderbarer Weise für unsere Zeit erhalten worden ist.

Neuntes Kapitel.

Dr. Leete und seine Gemahlin waren augenscheinlich nicht wenig erschreckt, als sie bei ihrem Eintritte ins Zimmer erfuhren, daß ich diesen Morgen ganz allein in der Stadt umhergerannt war. Anderseits waren sie jedoch freudig überrascht, zu finden, daß ich nach einem solchen Experimente so wenig aufgeregt war.

„Ihr Spaziergang muß für Sie sehr interessant gewesen sein," sagte die Frau Doctorin beim Frühstück, zu welchem wir uns bald darauf begeben hatten; „Sie haben sicherlich manches Neue gesehen."

„Ich sah sehr wenig, das nicht neu war," erwiderte ich; „was mich aber mehr als alles Andere überraschte, war, daß ich in der Washington Straße keine Läden und in der State Straße keine Banken angetroffen habe. Was haben Sie mit den Kaufleuten und Banquiers angefangen? haben Sie dieselben etwa aufgeknüpft, wie es die Anarchisten in unserer Zeit schon gern gethan hätten?"

„So schlimm ist es nun nicht gewesen," lachte Dr. Leete. „Wir haben einfach ihre Dienste nicht mehr nöthig, die Kaufmannschaft ist veraltet in der modernen Welt."

„Wer aber verkauft Ihnen all die Sachen, die Sie zu kaufen wünschen?" fragte ich.

„Man kauft weder, noch verkauft man heutzutage; die Vertheilung der Waaren wird auf andere Weise zu Wege gebracht, und da wir kein Geld besitzen, so sind Banquiers überflüssig."

„Fräulein Leete," sagte ich zu Edith gewendet, „ich fürchte, daß Ihr Vater Scherz mit mir treibt, ich will ihn dafür nicht tadeln, denn die Versuchung, in die meine Unschuld ihn führen muß, ist sicherlich sehr stark, dennoch aber giebt es Grenzen, die selbst meine Leichtgläubigkeit in Bezug auf eine mögliche Aenderung in dem gesellschaftlichen System nicht zu überschreiten vermag."

„Mein Vater denkt nicht daran, Scherz zu treiben," versicherte sie lächelnd.

Die Unterhaltung wurde alsbald auf ein anderes Gebiet gelenkt, und zwar, wenn mich mein Gedächtniß nicht trügt, auf die Moden, die im neunzehnten Jahrhundert die Damen-Garderobe beherrschten. Nach dem Frühstück jedoch, als der Doctor mich wieder auf das Dach des Hauses, welches sein Lieblingsplatz zu sein schien, geführt hatte, nahm er denselben Gegenstand wieder auf.

„Sie waren erstaunt," sagte er, „als ich bemerkte, daß wir jetzt ohne Geld und ohne Geschäftsverkehr fertig werden, wenn Sie jedoch nur einen Augenblick darüber nachdenken, werden Sie finden, daß der Kaufmann und Geld nur deshalb Bedürfnisse in Ihrer Zeit waren, weil die Production Privathänden überlassen war, und daß folglich diese jetzt überflüssig sind."

„Ich kann diesen Folgeschluß noch ganz und gar nicht einsehen," erwiderte ich.

„Und er ist doch so einfach," entgegnete der Doctor. „So lange unzählige, verschiedene und von einander unabhängige Personen die verschiedenen, für das Leben und den Wohlstand nöthigen Artikel produzirten, mußte ein endloser Austausch dieser Artikel zwischen den einzelnen Personen stattfinden, damit sich ein Jeder mit dem versorgen konnte, was ihm Noth that, oder was er zu besitzen wünschte. Der geschäftliche Verkehr war dieser Austausch, und Geld war als ein Mittel zum Tausche unentbehrlich. Jedoch von dem Augenblicke an, da der gesammte Staat der alleinige Fabrikant aller Komoditäten wurde, fiel der Austausch zwischen den einzelnen Personen fort. Alles konnte nur von einer Quelle, und von keiner anderen, bezogen werden. Ein System directer Vertheilung von dem nationalen Waarenlager ersetzte den Geschäftsverkehr und Geld hörte alsdann auf eine Nothwendigkeit zu sein."

„Wie aber wird diese Vertheilung betrieben?" fragte ich.

„Der Plan ist so einfach als möglich," erwiderte Dr. Leete. „Ein Kredit, der seinem Antheile an der jährlichen Production des Staates gleichkommt, wird jedem Bürger am Anfange eines jeden Jahres in dem Staats=Konto eingeräumt und eine Kredit=Karte für ihn ausgestellt, vermittelst welcher er in dem nationalen Waarenlager, welches sich in jedem Stadtviertel befindet, geben lassen kann, was er nur wünscht, und wenn er es wünscht. Diese Einrichtung vermeidet, wie Sie sehen, ganz und gar die Nothwendigkeit geschäftlicher Beziehungen irgend welcher Art zwischen einzelnen Personen. Möchten Sie nicht sehen, wie eine solche Kredit=Karte aussieht?

„Sie sehen," fuhr er fort, als ich neugierig ein Stück Pappdeckel, welches er mir gereicht hatte, betrachtete, „daß diese Karte für eine gewisse Anzahl Dollars gut ist. Wir haben das alte Wort beibehalten, aber nicht die Substanz. Das Wort, wie wir es gebrauchen, bezeichnet nicht ein wirkliches Ding, sondern dient nur wie ein algebraisches Zeichen zur Vergleichung der Werthe von Production. Deshalb sind die Preise für alle Artikel in Dollars und Cents festgestellt, gerade wie zu Ihrer Zeit. Der Werth der Gegenstände, die ich mir geben lasse, wird durch den Beamten auf dieser Karte vermerkt, indem er aus diesen Reihen von Vierecken den Preis herauszwickt."

„Wenn Sie jedoch etwas von Ihrem Nachbar zu kaufen wünschen, können Sie alsdann einen Theil Ihres Kredits ihm an Zahlungsstatt übertragen?" fragte ich.

„Unsere Nachbaren," erwiderte Dr. Leete, „haben in erster Reihe ein für alle Mal nichts zu verkaufen, zweitens jedoch kann unser Kredit nicht übertragen werden, da er durchaus persönlich ist. Ehe die Nation eine solche Uebertragung, von der Sie sprechen, honoriren könnte, wäre sie gezwungen, alle Einzelheiten der Transaction zu erforschen, um dadurch im Stande zu sein, die vollständige Rechtmäßigkeit derselben zu garantiren. Wenn kein anderer Grund dafür gesprochen hätte, den Gebrauch des Geldes abzuschaffen, so ist es schon deshalb gut, daß es beseitigt worden ist, weil dessen Besitz ganz und gar nicht das Recht des Besitzes anzeigte. Es hatte denselben Werth in der Hand des Diebes, der es gestohlen, oder des Mörders, der es seinem Opfer geraubt, als in den Händen dessen, der es durch seinen Fleiß sich erworben. Die Leute tauschen heut wohl Gaben der Freundschaft unter einander aus, aber kaufen und verkaufen ist durchaus unverträglich mit der gegenseitigen Menschenfreundlichkeit und Uneigennützigkeit, welche zwischen Bürgern herrschen soll, und mit dem Geiste der Gemeinschaftlichkeit, welcher unser sociales System trägt. Nach unseren Ideen steht Kaufen und Verkaufen in all seinen Tendenzen im Widerspruch mit der Gesellschaft. Sie sind ein Sporn für das Selbstinteresse des Einzelnen auf Kosten seines Nächsten und keine Gesellschaft, deren Bürger in einer solchen Schule erzogen worden sind, kann sich über einen niedrigen Grad von Civilisation erheben."

„Gesetzt aber," fragte ich, „Jemand verbrauche mehr in einem Jahre, als seine Karte ihm zugesteht?"

Ein Rückblick.

„Der Betrag ist so reichlich, daß wir gewöhnlich nicht Alles verbrauchen," erwiderte Dr. Leete. „Wenn jedoch außergewöhnliche Ausgaben sie erschöpfen sollten, können wir einen begrenzten Vorschuß von dem Krebit des nächsten Jahres erhalten. Diese Gewohnheit jedoch wird nicht ermuthigt, und ein hohes Interesse ist darauf gesetzt, um sie zu unterdrücken. Wenn Jemand sich als ein unverbesserlicher Verschwender zeigte, so empfängt er seinen Antheil monatlich oder wöchentlich, anstatt jährlich, und im Falle außerordentlicher Nothwendigkeit ist es ihm gar nicht gestattet, ihn selbst zu verwalten."

„Wenn Sie Ihren Antheil aber nicht verausgeben, so muß sich Ihr Einkommen doch aufhäufen."

„Das ist unter gewissen Bedingungen gestattet, nämlich, wenn eine spezielle Auslage erwartet wird, wenn jedoch keine solche Notiz gegeben wird, so wird vorausgesetzt, daß der Bürger, der seinen Krebit nicht völlig erschöpft, dazu keine Gelegenheit gehabt hat, und der Ueberschuß fließt in die gemeinschaftliche Kasse zurück."

„Ein solches System," bemerkte ich, „ermuthigt die Bürger nicht sehr zur Sparsamkeit."

„Was auch gar nicht nöthig ist," war die Antwort. „Die Nation ist reich und wünscht nicht, daß irgend Jemand sich eine Annehmlichkeit versagen soll. Zu Ihrer Zeit waren die Leute gezwungen Waaren und Geld aufzuspeichern, um sich und ihre Kinder gegen mögliche, kommende Verluste zu schützen; diese Nothwendigkeit stempelte Sparsamkeit zur Tugend, jetzt würde sie kein so lobenswerthes Ziel besitzen, und nach dem Verlust ihrer Nützlichkeit hat sie deshalb aufgehört, als Tugend betrachtet zu werden. Niemand sorgt heute mehr für den nächsten Tag, weder für sich selbst, noch für seine Kinder, da die Nation die Ernährung, die Erziehung und den behaglichen Unterhalt eines jeden Bürgers von der Wiege bis zur Bahre garantirt."

„Das ist eine sehr ins Weite gehende Garantie," sagte ich. „Welche Sicherheit kann der Bürger geben, daß der Werth seiner Arbeit die Nation für ihre Auslagen ihn entschädigt? Die Gesellschaft mag im Großen und Ganzen im Stande sein, alle ihre Glieder zu unterhalten, während jedoch Manche mehr als ihren Unterhalt erwerben; müssen doch Andere wiederum ein Geringeres leisten, und das bringt uns wieder zurück auf die Lohn=Frage, über welche Sie bisher noch nichts gesagt haben. Wie ich mich erinnere, brachen Sie gerade gestern Abend an diesem Punkte ab, und ich wiederhole, daß gerade hier ein nationales, gewerbliches System, wie das Ihrige, seine Haupt=Schwierigkeit finden muß. Wie, frage ich wieder, können Sie in befriedigender Weise die Löhne oder Vergütigungen für eine Menge von Beschäftigungen, so ungleich und so unberechenbar, die im Dienste der Gesellschaft nöthig sind, reguliren? In unserer Zeit bestimmte der Marktpreis den Preis, sowohl für Arbeit, als für Waaren aller Art. Der Arbeitgeber bezahlte so wenig er konnte, und der Arbeiter empfing soviel als seine Arbeit im Markte werth war. Ich gestehe zu, daß in ethischer Beziehung dieses System nicht besonders schön war, aber es gab uns doch im Ganzen eine Formel an die Hand, womit wir eine Frage entscheiden konnten, die jeden Tag zehntausend Mal entschieden werden mußte, wenn die Welt überhaupt vorankommen sollte. Es schien uns, daß kein anderer praktischerer Weg gefunden werden könne."

„In der That," erwiderte Dr. Leete, „es war der einzig praktische Weg unter einem System, welches das Interesse eines jeden einzelnen Gliedes in Feindschaft zu dem eines Anderen brachte, und es würde wirklich bedauernswerth ge-

wesen sein, wenn die Menschheit keinen besseren Plan hätte
ersinnen können, denn der Ihrige war einfach die Anwen=
dung des teuflischen Maxims, „Deine Noth sei mein Vor=
theil," auf die gegenseitigen Beziehungen der Menschen zu
einander. Die Belohnung für irgend einen Dienst hing
nicht von der Schwierigkeit oder Gefährlichkeit desselben ab
(denn in der ganzen Welt wurde die gefährlichste, schwie=
rigste und abstoßendste Arbeit durch die am schlechtesten be=
zahlten Klassen geleistet), sondern lediglich von der Lage
derer, die des Dienstes benöthigt waren."

„Das gebe ich Ihnen gern zu," erwiderte ich, „aber den=
noch war der Plan, die Löhne nach dem Marktpreise zu
reguliren, trotz aller ihm anhängenden Fehler ein außer=
ordentlich praktischer, und ich kann kaum begreifen, daß ein
anderer, der mehr zufrieden stellend ist, überhaupt ersonnen
werden konnte. So lange die Regierung der einzige mög=
liche Arbeitsgeber ist, giebt es natürlich keinen Arbeitsmarkt
oder Marktwerth; es bleibt also der Regierung nichts ande=
res übrig, als den Lohn eines Jeden nach Gutdünken festzu=
stellen. Ich kann mir keine complicirtere Regierungsfunction
vorstellen, noch mir erklären, wie es möglich sein kann, ein
solches System durchzuführen, ohne allgemeine Unzufrieden=
heit hervorzurufen."

„Ich bitte um Entschuldigung," antwortete Dr. Leete,
„aber es scheint mir, daß Sie die Schwierigkeit übertreiben.
Nehmen wir an, daß ein Committee rechtlicher, gebildeter
Männer gewählt wäre, welches die Löhne für alle Arten
von Arbeiten unter einem System wie das unsrige, das Be=
schäftigung für Alle garantirt, während es Jedem die Wahl
seiner Beschäftigung freistellt, abzuschätzen hätte. Sehen
Sie nicht ein, daß, wie irrthümlich auch die erste Abschätzung
gewesen sein möge, die Fehler sich von selbst verbessern

würden? Die best bezahlten Beschäftigungen würden die meisten Applikanten haben, während die weniger begünstigten Arbeiten so lange nur sehr wenige Bewerber haben würden, bis der Fehler verbessert ist. Dies jedoch schweift von unserem System ab, denn während selbst dieser Plan möglich erscheint, so findet er doch keine Anwendung bei uns."

„Wie denn, in des Himmels Namen," fragte ich noch einmal, „reguliren Sie die Löhne?"

Dr. Leete sann einige Augenblicke nach, bevor er antwortete. „Ich bin," sagte er endlich, „soviel mit den früheren Zuständen bekannt, daß ich Ihre Frage genau verstehe, dennoch ist die jetzige Sachlage eine so ganz andere, daß ich nicht recht weiß, wie Ihre Frage zu beantworten. Sie fragen mich, wie wir Löhne reguliren; ich kann nur darauf antworten, daß in der modernen Oekonomie keine Idee vorhanden ist, die dem entspricht, was zu Ihrer Zeit unter Lohn verstanden wurde."

„Ich begreife, was Sie damit sagen wollen. Da kein Geld vorhanden, giebt es auch keine Löhne. Aber" — fuhr ich fort — „der Kredit, den die Regierung dem Arbeiter im Waarenlager eröffnet, entspricht den Löhnen unserer Zeit. Wie wird der Betrag des Kredits, der jedem Arbeiter in seiner betreffenden Branche zukommt, ermessen? Nach welchem Rechtsmaßstabe darf der Einzelne seinen Antheil beanspruchen? Welches ist die Basis der Vertheilung?"

„Rechtsmaßstab?" fragte Dr. Leete. „Sein Recht beruht darauf, daß er ein Mitglied der menschlichen Gesellschaft ist. Die Grundlage, auf welcher seine Ansprüche ruhen, ist die Thatsache, daß er ein Mensch ist."

„Daß er ein Mensch ist?" wiederholte ich ungläubig. „Sollten Sie vielleicht damit sagen wollen, daß alle einen gleichen Antheil am Ganzen haben?"

„Nichts anderes."

Die Leser dieses Buches, die nie ein anderes Arrangement gekannt und die nur durch das Studium geschichtlicher Berichte in Erfahrung gebracht haben mögen, daß in früheren Zeiten ein anderes System obgewaltet hat, können sich unmöglich meine Verblüfftheit und das Erstaunen vorstellen, in das mich die ruhige Antwort meines Wirthes versetzte.

„Sie sehen," sagte er lächelnd, „daß wir nicht nur kein Geld besitzen, um Löhne zu zahlen, sondern daß wir, wie ich sagte, keine correspondirenden Ideen für das Wort Lohn haben."

Ich hatte mich während dieser Zeit in so weit von meinem Erstaunen erholt, daß ich, ein Mann des 19ten Jahrhunderts, alle jene Kritik zum Ausdruck bringen konnte, die einer solchen erstaunlichen Einrichtung am schnellsten entgegengesetzt werden konnte. „Ist derjenige, der doppelt so viel als sein Nachbar arbeitet, oder der geschickte Arbeiter damit zufrieden, daß er dem untauglichen gleichgestellt wird," rief ich aus.

„Wir haben nicht den geringsten Grund über Ungerechtigkeit zu klagen," erwiderte Dr. Leete, „da wir von dem Einen genau dasselbe wie von dem Andern verlangen."

„Wie kann das sein, möchte ich gern wissen, da die Fähigkeiten nicht zweier Personen gleich sind?"

„Nichts ist einfacher," erwiderte der Doctor. „Wir verlangen von Jedem dieselbe Anstrengung, d. h. wir verlangen von ihm, daß er das Beste leistet, dessen er fähig ist."

„Und wenn ein Jeder leistet, was er kann," rief ich, „so wird doch das Product des Einen oft zweimal so groß als das eines Andern sein."

„Sehr wahr," antwortete Dr. Leete, „aber die Größe des resultirenden Productes hat ganz und gar nichts mit der Frage selbst zu thun, die eine Frage des Verdienstes ist. Verdienst ist eine moralische Frage, und die Größe des erzielten

Productes ist eine materielle Quantität. Es würde eine außergewöhnliche Logik sein, die eine moralische Frage nach einem materiellen Maßstabe bemessen wollte. Die Größe der Anstrengung allein hängt mit der Verdienst=Frage zusammen. Alle, die ihr Bestes leisten, leisten dasselbe. Nur die Befähigung eines Mannes, wie göttlich sie auch sein mag, kann das Maß seiner Pflicht feststellen. Der talentirte Mensch, der nicht Alles leistet, wozu ihn seine Anlagen befähigen, wird, selbst wenn er mehr leistet als der talentlose, der sein Bestmöglichstes thut, für einen verdienstloseren Arbeiter gehalten als jener und bleibt ewig der Schuldner seiner Mitwelt. Der Schöpfer hat jedem Menschen seine Aufgaben zuertheilt mittelst des Talentes, das er ihm verliehen. Wir verlangen einfach, daß er sie vollfülle."

„Das ist freilich eine recht hübsche Philosophie," warf ich ein, „nichtsdestoweniger scheint es hart zu sein, daß der Eine, der zweimal so viel leistet als ein Anderer, selbst wenn Beide ihr Bestes thun, nur denselben Antheil am Gewinn haben soll."

„Scheint das Ihnen in der That?" fragte der Doctor. „Gestatten Sie mir, Ihnen zu sagen, daß mir dies sehr curios vorkommt. Die Leute heutzutage denken, daß derjenige, der mit derselben Anstrengung zweimal so viel als ein Anderer leisten kann, anstatt dafür belohnt zu werden, bestraft werden sollte, falls er es nicht leistet. Das Pferd, das im 19ten Jahrhundert eine größere Last zog als eine Ziege, wurde, wie ich voraussetzen muß, dafür belohnt. Wir würden es peitschen, wenn es, da es um so viel stärker ist, nicht um so viel mehr zöge. Es ist doch merkwürdig, wie selbst ethische Maßstäbe dem Wechsel anheim fallen." Der Doctor sagte dies mit einem solchen Anfluge von Ironie, daß auch mir ein Lächeln entlockt wurde.

„Die einzige Ursache, weshalb wir Menschen für ihre Anlagen belohnten, während wir von Thieren nicht mehr verlangten als sie leisten konnten," sagte ich nach einigem Nachdenken, „war, daß die Thiere, als vernunftlose Geschöpfe, von selbst Alles leisteten, dessen sie fähig waren, während Menschen nur dadurch dazu angehalten werden konnten, daß sie eine Belohnung nach dem Maßstabe ihrer Leistung empfingen. Das führt mich wiederum darauf zurück, zu fragen, ob, wenn nicht die menschliche Natur sich in diesen hundert Jahren geändert habe, Sie nicht in dieselbe Nothwendigkeit versetzt sind."

„Das sind wir in der That," — war die Antwort. „Die menschliche Natur hat sich nicht im Geringsten geändert. Sie ist immer noch so eingerichtet, daß es spezieller Reizmittel in der Form von Preisen und Vortheilen aller Art bedarf, um die beste Leistung der Menschen im Durchschnitte hervorzulocken."

„Welche Reizmittel aber," fragte ich, „kann es für einen Menschen geben, sein Bestes zu thun, wenn, er mag viel oder wenig leisten, sein Einkommen sich gleich bleibt? Edle Naturen mögen vielleicht durch Hingabe für das Gemeinwohl dazu bewogen werden, ihr Bestes zu leisten, der Mittelschlag wird aber keine Anstrengung machen, da ja dadurch weder sein Einkommen vermehrt oder vermindert wird."

„Glauben Sie das wirklich?" fragte mein Gefährte. „Scheint Ihnen die menschliche Natur so unfähig eines anderen Motives, als Furcht vor Mangel oder Liebe zum Luxus, daß sie annehmen, Sicherheit und Gleichheit des Lebensbedarfes lasse dieselbe ohne jeden möglichen Sporn, das Höchste zu leisten? Selbst Ihre eigenen Zeitgenossen theilten diese Meinung nicht, obgleich sie es sich einbildeten. Wenn es sich um das Höchste handelte, um ganz besondere und gewaltige Anstrengungen oder Selbstaufopferung, da verließen sie sich auf ganz andere Reizmittel. Nicht höhere Löhne, sondern Ehre und die Hoffnung auf die Dankbarkeit der Nachwelt, Patriotismus und die Inspiration der Pflicht waren die Beweggründe, die sie als Preise den Soldaten vorhielten, wenn es galt für das Vaterland zu sterben, und es hat nie eine Zeit gegeben, in welcher diese Motive nicht das Beste und Edelste im Menschenherzen bewegt und zu Tage gefördert hätten. Aber dies ist es nicht allein. Wenn Sie die Liebe zum Golde, welche zu Ihrer Zeit die allgemeine Triebfeder aller Thätigkeit war, analisiren, so werden Sie finden, daß Furcht vor Mangel oder Begehr nach Luxus nur eins der vielen Motive war, die die Sucht nach Gelderwerb repräsentirte; die anderen, und bei weitem stärkeren, waren das Streben nach Macht, nach gesellschaftlicher Stellung, nach Anerkennung der Fähigkeit, die sich im Erfolge ausdrückten. Sie sehen also, daß, obwohl wir die Armuth und die Furcht davor, sowie außergewöhnlichen Luxus und die Hoffnung darauf beseitigt haben, wir die größere Menge der Motive, die der Liebe zum Golde in früheren Zeiten unterlag, unberührt gelassen haben, und daß diese, nach wie vor, einen Jeden zu den höchsten Anstrengungen antreiben. Die gröberen Triebe nur sind durch höhere ersetzt worden, die der Lohnarbeiter Ihrer Zeit gar nicht kannte. Jetzt, da die Industrie irgend welcher Art nicht länger Selbstdienst ist, sondern Dienst, der Nation geleistet, spornt Patriotismus und Menschenliebe den Arbeiter an, wie zu Ihrer Zeit den Soldaten. Die industrielle Armee ist ein wirkliches Heer, nicht blos in Folge ihrer vollkommenen Organisation, sondern in Folge des Feuers der Selbstaufopferung, welches jedes einzelne Glied derselben belebt.

„Wie Sie jedoch das Motiv der Vaterlandsliebe mit der

Liebe zum Ruhme zu verstärken pflegten, um die Tapferkeit der Soldaten zu erhöhen, so thun auch wir es. Da unser industrielles System sich auf das Prinzip stützt, daß dieselbe Einheit der Anstrengung von Jedem verlangt wird, so werden Sie begreifen, daß die Mittel, wodurch wir unsere Arbeiter anspornen, einen wesentlichen Theil unseres Planes ausmachen. Bei uns ist Fleiß im nationalen Dienste der einzige und sichere Weg zu öffentlicher Anerkennung, Auszeichnung und amtlicher Gewalt. Der Werth der Verdienstlichkeit eines Mannes um das Gemeinwohl bestimmt seinen Rang. Im Vergleiche mit dem Erfolge unserer gesellschaftlichen Einrichtung, die Menschen eifrig für ihren Dienst zu erhalten, scheint uns Ihre Methode verzehrender Armuth und verschwenderischen Luxus, auf welche man sich zu Ihrer Zeit verließ, schwach, unsicher und barbarisch. Selbst zu Ihrer Zeit stachelte Ehrsucht die Menschen zu verzweifelnderen Anstrengungen an, als selbst die Liebe zum Golde."

„Es würde mich außerordentlich interessiren, etwas Näheres über diese socialen Einrichtungen zu erfahren."

„Der Plan in seinen Einzelheiten," sagte der Doctor, „ist freilich etwas ausgedehnt, denn auf ihn stützt sich die gesammte Organisation der industriellen Armee; einige Worte werden Ihnen jedoch eine allgemeine Idee davon geben."

In diesem Augenblicke wurde unsere Unterhaltung durch das Erscheinen Edith's unterbrochen. Sie war zum Ausgehen angekleidet und war gekommen, um mit ihrem Vater Rücksprache über einige Bestellungen zu nehmen, die er ihr aufgetragen.

„Vielleicht würde es Herrn West interessiren," rief er ihr jetzt zu, als sie sich zu entfernen im Begriffe stand, „das Waarenlager unseres Bezirks mit Dir zu besichtigen? Ich habe ihm von unserem Vertheilungsſyſtem erzählt; er wird es vielleicht gern in voller Thätigkeit ſehen wollen.

„Meine Tochter," ſetzte er ſich zu mir wendend hinzu, „iſt eine unermüdliche Einkäuferin und kann Ihnen mehr über den Laden erzählen als ich es kann."

Der Vorſchlag wurde natürlich meinerſeits mit Freuden angenommen. Edith hatte die Liebenswürdigkeit, zu ſagen, daß auch ihr meine Begleitung genehm ſei, und ſo verließen wir Beide das Haus.

Zehntes Kapitel.

„Wenn ich Ihnen die Art und Weise, wie wir unsere Einkäufe besorgen, erklären soll," sagte meine Gefährtin, als wir die Straße entlang gingen, „so müssen Sie mir die Ihrige erklären. Ich habe über diesen Gegenstand viel gelesen, bin aber nie im Stande gewesen, ihn zu verstehen. Sie hatten z. B. eine so große Anzahl von Läden, von denen ein jeder verschiedentlich assortirt war; wie konnte eine Dame sich zu irgend einem Einkaufe entschließen, ehe sie alle Läden besucht hatte? Denn, ehe sie dies gethan, konnte sie doch nicht wissen, was alles vorhanden war und ihrer Wahl anheimstand."

„Es war genau so, wie Sie sagen," erwiderte ich. „Das war die einzige Weise, wie sie zu einem Entschlusse gelangen konnte."

„Mein Vater nennt mich eine unermüdliche Ladenbesucherin, aber ich würde sehr bald ermüdet sein, wenn ich ein Gleiches zu thun hätte."

„Der Zeitverlust, der durch den Besuch der vielen Läden entstand, wurde von Denjenigen sehr beklagt, die anderweitig sehr beschäftigt waren," sagte ich; „für die Damen der unbeschäftigten Klassen jedoch war dieses System eine Gnade von Gott; es half ihnen die Zeit todtzuschlagen."

„Gesetzt aber," fragte Edith, „daß tausend Läden in einer Stadt waren, von denen vielleicht hundert denselben Artikel führten, wie konnte selbst die Müßigste Zeit finden, die Runde zu machen?"

„Sie konnte in der That nicht alle besuchen," erwiderte ich. „Diejenigen, die viel einzukaufen hatten, lernten im Laufe der Zeit, wo das, was sie suchten, am besten zu finden sei. Diese machten eine Wissenschaft daraus, und kauften vortheilhaft, für den geringsten Preis stets das Meiste und Beste. Es bedurfte jedoch langer Erfahrung, eine solche Kenntniß zu erlangen. Diejenigen, die zu beschäftigt waren, oder zu wenig Gelegenheit, Einkäufe zu machen, hatten, ließen es auf ihr gutes Glück ankommen; sie gingen zum ersten Besten und erhielten fast immer das Wenigste und Schlechteste für den höchsten Preis. Es war der reine Zufall, wenn Jemand, der im Einkaufen nicht erfahren war, den Werth seines Geldes zurückempfing."

„Warum ließen Sie sich aber eine solche unbequeme Einrichtung gefallen, wenn Sie ihre Fehler so deutlich sahen?" fragte Edith.

„Es ging damit, wie mit allen unseren gesellschaftlichen Einrichtungen," erwiderte ich; „so deutlich wir auch die Fehler einsahen, so fanden wir doch kein Mittel, dieselben zu beseitigen."

„Hier ist der Laden unseres Stadtviertels," rief Edith, als wir durch das große Portal eines prachtvollen Gebäudes schritten, welches ich schon vorher, während meines Morgen-Spazierganges, bemerkt hatte. Das Aeußere des Gebäudes zeigte auch nicht das Geringste an, wodurch ein Repräsentant des 19ten Jahrhunderts es für einen Laden gehalten hätte. Es gab keine großen Schaufenster, mit darin ausgestellten Waaren, noch war irgend ein anderer Kunstgriff angewandt, Käufer anzulocken. Auch war kein Schild zu sehen, welches angezeigt hätte, was für ein Geschäft hier betrieben wird. An Stelle dessen erblickte ich über dem Portale eine Gruppe majestätischer Statuen, deren Central-Figur die Göttin der

Fülle mit ihrem Füllhorn war. Wenn man von dem Gedränge der ein= und ausgehenden Personen schließen durfte, so war das Verhältniß der Geschlechter unter den Einkaufenden dasselbe wie im 19ten Jahrhundert. Während wir eintraten, erklärte mir Edith, daß dieses eins jener großen Vertheilungs=Etablissements sei, von denen je eins in jedem Stadtviertel sich befinde, so daß Niemand mehr als fünf bis zehn Minuten zu gehen hätte, um es zu erreichen. Zum ersten Male betrat ich das Innere eines öffentlichen Gebäudes des 20ten Jahrhunderts, und der Anblick machte natürlich einen tiefen Eindruck auf mich. Ich befand mich in einer unendlich großen Halle voller Licht, welches nicht nur durch die Fenster an allen Seiten, sondern durch einen Dom, der zu einer Höhe von hundert Fuß sich wölbte, hereinstrahlte. Im Mittelpunkte spielte ein prachtvoller Springbrunnen, der die Luft mit köstlicher Frische erfüllte. Die Wände und Decke waren in zarten Schattirungen gemalt, die berechnet waren, das Licht, welches das Innere überfluthete, zu mildern, ohne es zu absorbiren. Um den Springbrunnen waren Stühle und Sophas aufgestellt, auf welchen viele Personen, sich unterhaltend, saßen. An den Wänden war angeschrieben, welche Klassen von Waaren die davorstehenden Ladentische enthielten. Edith richtete ihre Schritte nach einem dieser Tische, auf welchen Muster von Muslin in einer erstaunenswerthen Mannigfaltigkeit ausgelegt waren, und begann, dieselben in Augenschein zu nehmen.

„Wo ist der Ladendiener?" fragte ich, denn es stand keiner hinter dem Ladentische, und es schien auch Niemand zu kommen, den Kunden zu bedienen.

„Ich bedarf des Ladendieners jetzt noch nicht," sagte Edith, „denn ich habe ja noch nicht gewählt."

„Zu meiner Zeit," sagte ich, „war es die erste Aufgabe

des Verkäufers, dem Kunden zu helfen, seine Auswahl zu machen."

„Was! dem Kunden zu sagen, was er wünsche?"

„Ja, und noch öfter ihn zu überreden das zu kaufen, was er nicht wünschte."

„Fanden dies die Damen nicht impertinent?" fragte Edith verwundert. „Was ging es die Ladendiener an, ob die Leute kauften oder nicht."

„Es ging sie gar viel an," erwiderte ich. „Sie waren angestellt, die Waaren los zu werden, und man erwartete von ihnen, daß sie, ohne gerade offene Gewalt anzuwenden, ihr Bestmöglichstes thun sollten, ein solches Resultat zu erzielen."

„Ach ja, wie dumm ich doch bin, so etwas zu vergessen," sagte Edith. „Die Ladenbesitzer und die Ladendiener waren zu Ihrer Zeit darauf angewiesen, ihren Lebensunterhalt durch den Verkauf der Waaren zu gewinnen. Das ist jetzt ganz anders. Die Waaren gehören der Nation. Sie sind hier ausgestellt für Diejenigen, die sie bedürfen, und der Ladendiener hat einfach Ihre Aufträge entgegenzunehmen; es liegt jedoch weder im Interesse des Bediensteten oder der Nation, eine Elle oder ein Pfund irgend eines Artikels an irgend Jemanden los zu werden, der desselben nicht bedarf." Sie lächelte während sie hinzufügte, „wie komisch das doch gewesen sein mußte, wenn ein Ladendiener Jemanden überreden wollte, zu kaufen, was er nicht wünschte, oder worüber er zweifelhaft war."

„Ohne Sie bestimmen zu wollen, könnte jedoch ein Ladendiener des 20sten Jahrhunderts sich immerhin dadurch nützlich machen, daß er Ihnen Aufklärung über die Waaren giebt," warf ich ein.

„Ganz und gar nicht," sagte Edith, „das ist nicht sein

Amt. Diese gedruckten Karten, für die die Regierung verantwortlich ist, geben uns alle die Informationen, deren wir benöthigt sind."

Ich sah alsdann, daß an jedem Muster eine Karte befestigt war, welche vollständig angab, wie und woraus die Waaren hergestellt seien, und was der Preis. Auch nicht der geringste Punkt war zweifelhaft gelassen.

„Der Ladendiener hat alsdann nichts in Betreff der Waaren zu sagen, die er verkauft?" fragte ich.

„Ganz und gar nichts, er braucht nicht das Geringste darüber zu wissen, es wird nichts weiter von ihm erwartet, als daß er höflich ist und genau die Aufträge ausführt."

„Wie viele Lügen dieses einfache Arrangement doch erspart," rief ich aus.

„Wollen Sie damit sagen, daß die Laberdiener Ihrer Zeit ihre Waaren fälschlich priesen?"

„Behüte Gott," erwiderte ich, „denn es gab sehr viele, die es nicht thaten, und diese verdienten spezielles Lob; denn wenn das tägliche Brod für Weib und Kinder von dem Betrag der Waaren abhing, die er verkaufen konnte, lag die Versuchung sehr nahe, den Kunden zu betrügen, oder ihn sich selbst betrügen zu lassen. Aber, mein Fräulein, ich bringe Sie durch mein Geschwätz ganz von Ihrem Geschäfte ab."

„Durchaus nicht, ich habe meine Wahl getroffen." Damit berührte sie einen Knopf und in wenigen Augenblicken erschien ein Ladendiener. Er schrieb ihren Auftrag auf eine Tafel mit einem Stift, welcher zwei Copien herstellte, von denen er ihr die eine gab, während er die andere in eine kleine Dose that und in eine Röhre steckte.

„Das Duplikat meiner Bestellung," sagte Edith, als sie sich vom Ladentische entfernte, und nachdem der Ladendiener

ben Werth ihres Einkaufes aus ihrer Kredit=Karte heraus=
gezwickt hatte, „wird mir gegeben, damit irgend ein Irrthum
leicht gefunden und verbessert werden kann."

„Sie hatten Ihre Wahl sehr schnell getroffen," sagte ich,
„darf ich fragen, wie Sie wußten, ob Sie nicht in einem
anderen Laden hätten finden können, was Ihnen besser con=
venirt hätte? Wahrscheinlich sind Sie gezwungen, in Ihrem
eignen Viertel zu kaufen."

„O nein," erwiberte sie, „wir kaufen, wo es uns beliebt,
meistens jedoch nahe bei. Aber ich hätte nichts bezweckt,
wenn ich auch andere Läden besucht hätte. Die Waaren in
allen sind dieselben und zwar Muster aller Artikel, die die
Vereinigten Staaten produzirten oder importirten. Deshalb
konnte ich mich so geschwind entscheiden, ohne einen zweiten
Laden besucht zu haben."

„Und ist dies nur ein Laden, in dem Muster ausgestellt
sind? Ich sehe wirklich Niemand, der Waaren abschneidet
oder Pakete adressirt."

„Alle unsere Läden enthalten nur Muster, mit Ausnahme
einiger wenigen Artikel. Alle anderen Waaren befinden sich
in dem großen Central=Waarenlager der Stadt, zu welchem
sie direkt von der Fabrik geschafft werden. Wir bestellen
nach Muster. Die Ordre wird nach dem Waarenlager
gesandt und von dort besorgt."

„Das erspart außerordentlich viel Arbeit," sagte ich. „In
meiner Zeit verkaufte der Fabrikant an den Großhändler,
der Großhändler an den Kleinhändler, und die Waaren
mußten jedes Mal umgeladen werden. Sie ersparen ein
einmaliges Umladen, sowie ben Kleinkrämer mit seinem
großen Profit und seinem Heere von Ladendienern. Dieser
Laden ist also nur das Musterlager eines Engros=Geschäftes
und beschäftigt nicht mehr Leute, als ein Großhändler be=

Ein Rückblick.

schäftigt haben würde. Bei unserem Systeme, Waaren umzuladen, Kunden zu überreden sie zu kaufen, sie abzuschneiden und zu verpacken, würden zehn Ladendiener nicht das zu Wege gebracht haben, was jetzt ein einziger thut. Die Ersparnisse müssen enorm sein."

„In der That," sagte Edith, „wir haben es nie anders gekannt, ersuchen Sie doch meinen Vater, Sie einmal zum Central=Waarenlager zu nehmen, wo die Aufträge von den verschiedenen Läden der ganzen Stadt ankommen, und die Waaren verpackt und abgesendet werden. Vor kurzer Zeit nahm er mich mit, und es bot einen wundervollen Anblick. Das System ist durchaus vollkommen. Sie sehen dort in einer Art von Käfig einen Bediensteten. Die Aufträge, wie sie in den verschiedenen Departements einlaufen, werden durch eine Rohrpost zu ihm geschickt. Seine Gehülfen sortiren diese, und schließen jede Klasse in eine eigene dafür bestimmte Büchse. Der absendende Beamte hat über ein Dutzend pneumatischer Röhren zu bestimmen, von welchen eine jede mit dem correspondirenden Departement des Waarenlagers in Verbindung steht. Er steckt die Büchse mit den Aufträgen in die dafür bestimmte Röhre und in wenigen Augenblicken fällt sie in ein Behältniß des Waarenlagers, mit allen Aufträgen derselben Art, die von den anderen Musterläden einlaufen. Die Bestellungen werden abgelesen, verzeichnet und mit Blitzesschnelle ausgeführt. Ballen von Zeug hängen auf Spindeln und werden durch Maschinen gedreht. Mit einer Maschine wird so lange davon abgeschnitten, bis der Ballen verbraucht ist und durch einen anderen ersetzt wird. In ähnlicher Weise wird mit anderen Artikeln verfahren. Die Pakete werden alsdann in größeren Röhren nach den Stadtvierteln, und von da in die Häuser versandt. Wie schnell dies Alles geschieht, werden

Sie begreifen, wenn ich Ihnen sage, daß meine Bestellung wahrscheinlich eher zu Haus sein wird, als ich sie von hier dorthin getragen haben konnte."

„Wie machen Sie es aber in den nicht so dicht bevölkerten, ländlichen Distrikten?" fragte ich.

„Das System ist dasselbe," erklärte Edith. „Die Musterladen eines jeden Dorfes stehen in Verbindung mit dem Waarenlager des Kreises, welches oftmals zwanzig Meilen weit entfernt ist. Die Sendung durch die Rohrpost geschieht so schnell, daß der Zeitverlust nur sehr gering ist. Um Ausgaben zu ersparen, sind verschiedene Dörfer in manchen Kreisen nur durch ein und dieselbe Röhrenlinie mit dem Waarenlager verbunden, und dann tritt ein Zeitverlust ein, indem ein Dorf auf das andere warten muß. Manchmal vergehen zwei bis drei Stunden, ehe die bestellten Waaren anlangen. In dem Orte, in dem ich mich letzten Sommer aufhielt, war dies der Fall, und ich fand es sehr unbequem."*

„Die Läden auf dem Lande," warf ich ein, „mögen aber auch wohl in vielen anderen Beziehungen den Läden in den Städten nachstehen."

„Nicht im Geringsten," antwortete Edith, „sie sind genau so gut. Das Musterlager des kleinsten Dorfes ist genau diesem gleich und giebt eine Auswahl aller Artikel, die die Nation anfertigt, denn das Kreis-Waarenlager bezieht von denselben Quellen, durch die das Stadt-Waarenlager versorgt wird."

Als wir nach Hause gingen, fiel mir die große Verschiedenheit in dem Maßstabe und der Kostbarkeit der Häuser auf. „Wie," fragte ich, „kann dieser Unterschied mit der

---

* Seitdem das Obige gesetzt ist, wird mir die Mittheilung, daß der Vertheilungsdienst in den Kreisbezirken bereits verbessert ist, und daß in sehr kurzer Zeit ein jedes Dorf seine eigne Röhrenlinie haben wird.

Thatsache in Einklang gebracht werden, daß alle Bürger dasselbe Einkommen haben?"

„Obgleich," erklärte Edith, „das Einkommen dasselbe ist, bestimmt dennoch das Belieben einer Person, wie es verwendet werden soll. Einige lieben schöne Pferde, Andere, wie ich, schöne Kleider, und wieder Andere eine wohlbesetzte Tafel. Die Miethe, welche die Nation für diese Häuser erhält, ist verschieden, je nach der Größe, Eleganz und Lage, so daß Jeder finden kann, was ihm paßt. Die großen Häuser sind gewöhnlich von großen Familien bewohnt, in welchen Mehrere zur Miethe beitragen, kleinere Familien, wie die unsere, finden kleinere Häuser bequemer und billiger. Es hängt ganz von dem Geschmack und der Behaglichkeit eines Jeden ab, wo er wohnen will. Ich las, daß in alten Zeiten Leute oftmals ein großes Haus hielten, ohne daß sie die Ausgaben bestreiten konnten, und nur aus Prahlerei, damit andere Leute glauben sollten, sie wären reicher als sie wirklich waren. War das wirklich der Fall, Herr West?"

„Ich werde das wohl zugestehen müssen," erwiderte ich.

„Sehen Sie, so was könnte heute nicht vorkommen, da das Einkommen eines Jeden bekannt ist, und man weiß, daß, wenn auf der einen Seite verschwendet wird, auf der anderen erspart werden muß."

Elftes Kapitel.

Als wir das Haus erreichten, war Dr. Leete noch nicht zurückgekehrt; auch Frau Leete war nicht zu sehen. „Lieben Sie Musik, Herr West?" fragte Edith.

Ich versicherte ihr, daß Musik, meiner Meinung nach, das halbe Leben sei.

„Ich sollte für diese Frage mich entschuldigen," antwortete sie. „Dies ist eine Frage, die wir heutzutage an Niemanben richten; aber ich habe gelesen, daß sich zu Ihrer Zeit selbst unter der gebildetsten Klasse Leute fanden, die für Musik keinen Sinn hatten."

„Als Entschuldigung hierfür," antwortete ich, „müssen Sie in Erwägung ziehen, „daß wir gar manche absurde Arten von Musik besaßen."

„O ja, ich weiß das wohl," erwiderte Edith; „ich glaube, ich selbst würde manche Musik nicht nach meinem Geschmacke gefunden haben. Möchten Sie also gern unsere jetzige Musik hören, Herr West?"

„Nichts würde mir größeres Vergnügen bereiten, als Ihnen zuzuhören," sagte ich.

„Mir zuzuhören!" rief sie lachend. „Glaubten Sie, daß ich ein Instrument spielen könne oder Ihnen etwas vorsingen würde?"

„Ich hoffte, daß dies der Fall sein würde," antwortete ich.

Sie bemerkte meine Verlegenheit, dämpfte ihre heitere Laune und begann mir den Sachverhalt zu erklären:

„Wir singen Alle ein Wenig, aber nur, um die Stimme zu vervollkommnen. Manche lernen zu ihrem eignen Vergnügen auch Instrumental=Musik; aber die professionelle Musik ist so viel großartiger und vollkommner als die unserer Dilettanten; auch ist sie uns ohne jede Schwierigkeiten geboten, sobald wir sie zu hören wünschen, so daß es uns gar nicht einfällt, unser Singen oder Spielen Musik zu nennen. Alle wirklich guten Sänger oder Instrumentalisten sind im musikalischen Dienste. Wir Anderen lassen uns gar nicht hören. Aber wünschen Sie wirklich Musik zu hören?"

Ich versicherte ihr, daß dies mein Wunsch sei.

„Kommen Sie in das Musikzimmer," sagte sie dann, und ich folgte ihr in ein Zimmer, welches ganz in Holz und ohne Tapeten ausgelegt war, selbst der Boden war von polirtem Holze gefertigt. Ich hatte mich auf neue Arten musikalischer Instrumente gefaßt gemacht, aber ich sah in dem Zimmer auch gar nichts, das selbst mit Hülfe der größten Einbildungskraft für ein Instrument hätte angesehen werden können. Es war augenscheinlich, daß mein perplexes Aussehen Edith außerordentliches Vergnügen bereitete.

„Bitte, sehen Sie nach, was heute gespielt wird," sagte sie, indem sie mir eine Karte reichte, „und bestimmen Sie, was Sie zu hören belieben. Vergessen Sie nicht, daß es jetzt fünf Uhr ist."

Das Datum der Karte war das des 12ten September 2000. Sie enthielt das längste Programm, das ich je gesehen hatte, und die Mannigfaltigkeit entsprach seiner Länge. Es umfaßte Solos, Duette und Quartette für Vocal= und Instrumental=Musik, sowie Concerte, die für Orchestral=Musik geschrieben waren. Die reiche Fülle dieses Programmes verwirrte mich, bis Edith's rosige Fingerspitzen auf eine Abtheilung hindeuteten, die mit den Worten „5 Uhr Nachmittag" überschrieben war und mehrere Concertstücke enthielt; dann erst bemerkte ich, daß dieses wunderbare Programm den ganzen Tag ausfüllte und in vierundzwanzig Abschnitte getheilt war, die mit den Stunden correspondirten. Der Abschnitt, der mit 5 Uhr Nachmittag überschrieben war, enthielt nur wenige Stücke, und ich entschloß mich für einen Orgelvortrag.

„Ich freue mich, daß Sie für die Orgel eingenommen sind," sagte Edith, „es giebt kaum irgend eine Musikart, die meiner jedesmaligen Stimmung besser zusagte als diese."

Auf ihren Wunsch wählte ich einen bequemen Stuhl. Sie durchschritt das Zimmer, berührte, soviel ich sehen konnte, eine oder zwei Schrauben, und sofort war das Zimmer mit den Tönen einer großartigen Orgelcomposition angefüllt; angefüllt, aber nicht überfüllt, denn die Stärke der Töne war auf eine gewisse Weise, genau für die Dimension des Zimmers modulirt. Ich wagte kaum zu athmen und hörte bis zum Schlusse andächtig zu. Solche Musik, vorgetragen mit solcher Vollkommenheit, hatte ich niemals zu hören erwartet.

„Prachtvoll!" rief ich, als die letzte große Tonwelle brach und langsam zerfloß. „Ein Bach muß diese Orgel gespielt haben, aber wo ist die Orgel?"

„Haben Sie nur noch einen Augenblick Geduld," entgegnete Edith, „ich möchte gern, daß Sie diesen Walzer hören, ehe Sie weitere Fragen stellen, ich halte ihn nämlich für außerordentlich reizend," und während sie noch sprach, erfüllten Violinentöne das Zimmer mit dem Zauber einer Sommernacht.

Als endlich auch diese Musik endete, sagte sie: „In dieser Musik ist auch nicht das mindeste Wunderbare, wie Sie zu glauben scheinen. Geister oder Elfen haben nichts damit zu thun, sondern gute, ehrliche und außerordentlich geübte Menschenhände. Wir haben einfach die Idee der Arbeits=Erleichterung durch Zusammenwirken auch in unseren musikalischen Dienst, ganz so wie in jeden anderen, eingeführt. Es giebt eine Anzahl Musik=Zimmer in der Stadt, deren Akustik den verschiedenen Musikarten angemessen ist. Diese Hallen sind durch Telephone mit allen den Häusern der Stadt verbunden, deren Bewohner die kleine Beisteuer, die dafür erhoben wird, zu zahlen belieben, und Sie mögen sicher sein, daß es Niemanden giebt, der dies nicht gern thut. Das Corps der Musiker, das jeder Halle zugestellt ist, ist so groß, daß, obgleich kein einzelner Musiker, auch keine Gruppe von Musikern mehr als eine kurze Zeit spielt, das Programm eines jeden Tages die vollen vierundzwanzig Stunden ausfüllt. Auf dieser Karte für den heutigen Tag können Sie, wenn Sie genau darauf achten, verschiedene Programme von vier solcher Concerte bemerken. Ein jedes umfaßt eine andere Klasse von Musik; aber alle werden auf einmal abgehalten, so daß Sie irgend eines dieser Stücke, die jetzt gespielt werden und welches sie vorziehen mögen, dadurch hören können, daß Sie einfach auf einen der Knöpfe drücken, dessen Draht Ihr Haus mit der Halle, in der es gespielt wird, in Verbindung setzt. Die Programme sind so sorgfältig bearbeitet, daß die Stücke, die zu derselben Zeit in verschiedenen Hallen gespielt werden, Ihnen nicht nur die Wahl zwischen Instrumental= und Vocal=Musik, sondern auch zwischen den verschiedenen Arten von Instrumenten lassen. Es ist Ihnen aber auch zu gleicher Zeit die Wahl zwischen Motiven anheimgestellt, zwischen sentimentalen und lustigen Stücken, so daß jedem Geschmacke und jeder Stimmung Rechnung getragen ist."

"Mein Fräulein," sagte ich, "wenn wir eine so wunderbare Einrichtung erfunden hätten, eine Einrichtung, die nicht nur einen Jeden mit Musik in seinem Hause versorgt hätte, sondern die durch die Vollkommenheit der Qualität und die Unendlichkeit in Quantität derselben, jede Stimmung befriedigt hätte, die schließlich es uns erlaubt hätte, Musik nach Wunsch beginnen und aufhören zu lassen, so würden wir sicherlich geglaubt haben, daß das Ende aller menschlicher Glückseligkeit erreicht sei, und wir würden aufgehört haben, nach weiteren Verbesserungen zu streben."

„Ich kann es mir gar nicht vorstellen," erwiderte Edith, „wie diejenigen unter Ihnen, denen Musik eine Nothwendigkeit war, das frühere System auch nur ertragen konnten. Musik, die in der That werth war, gehört zu werden, muß gänzlich außerhalb dem Bereiche der Massen gelegen haben, und selbst für die begünstigten Klassen mußte sie nur gelegentlich unter mannigfachen Uebelständen und unendlichen Kosten erreichbar gewesen sein. Selbst dann konnten Hörer sich ihrer nur während eines kurzen Zeitraumes, der eigenmächtig von irgend Jemanden festgestellt war, erfreuen. Ihre Concerte und Opern z. B. müssen eine Qual gewesen sein. Um einige Musikstücke zu hören, die Ihnen behagten, mußten Sie Stunden lang dasitzen und sich Sachen anhören, die Ihnen gleichgültig waren. An der Tafel kann ein Jeder diejenigen Gerichte unberührt lassen, die ihm nicht zusagen; der Hungrigste selbst würde die beste Tafel verschmähen, wäre er gezwungen, alles zu essen, was ihm vorgesetzt wird. Ist aber nicht unser Gehör gerade so feinfühlend wie unsere Zunge? Fast möchte ich meinen, daß diese Schwierigkeiten, wirklich gute Musik zu genießen, Sie für jede Musik abgestumpft hat, und Sie das Spielen und Singen in Ihren häuslichen Zirkeln von Personen, die kaum die Anfangsgründe der Kunst sich zu eigen gemacht hatten, ertragen ließ."

„Sie haben recht," erwiderte ich seufzend. „Für die Meisten von uns gab es nur solche Musik oder gar keine."

„Dann wundert es mich nicht," warf Edith ein, „daß die Leute zu Ihrer Zeit Musik so wenig liebten; ich würde sie sicherlich auch verschmäht haben."

„Habe ich Sie recht verstanden?" fragte ich, „daß dieses musikalische Programm sich auf alle vierundzwanzig Stunden des Tages erstreckt? Dieser Karte nach, scheint dies der Fall zu sein; wer will aber Musik zwischen Mitternacht und Morgen hören?"

„Sehr Viele," antwortete Edith. „Wir binden uns überhaupt nicht an die Zeit, und wenn auch Musik von Mitternacht bis zum Morgen hin nicht von Vielen gehört wird, so ist sie doch ein Segen für die Schlaflosen, die Kranken und Sterbenden. Alle unsere Schlafzimmer haben ein Telephon am Kopfende des Bettes angebracht, wodurch irgend eine Person, die an Schlaflosigkeit leidet, nach Geschmack sich Musik verschaffen kann, gerade wie es seiner augenblicklichen Stimmung convenirt."

„Ist eine solche Einrichtung auch in dem Zimmer, das Sie die Güte hatten mir zuzutheilen?"

„Sicherlich; und wie gedankenlos, wie sehr gedankenlos war ich doch, daß ich nicht daran gedacht habe, Sie davon gestern Abend in Kenntniß zu setzen! Mein Vater wird Ihnen jedenfalls, ehe Sie heute Abend zu Bett gehen, den Mechanismus erklären. Das Telephon wird durch ein bewegliches Rohr bis an Ihr Ohr geleitet und unter den Einflüssen guter Musik werden Sie gegen alle jene beängstigenden Gefühle, die Sie gestern bedrückten, sicher gestellt sein, im Falle dieselben wiederkehren sollten."

An demselben Abend befragte uns Dr. Leete um unseren Besuch, den wir dem Laden abgestattet, und im Laufe des

Vergleichs des 19ten mit dem 20ten Jahrhunderte wurde auch die Erbschaftsfrage berührt.

„Ich vermuthe," sagte ich, „daß das Uebertragen von Eigenthum durch Erbschaft nicht erlaubt ist."

„Im Gegentheil," antwortete Dr. Leete, „es ist gar kein Grund vorhanden, weshalb Erbschaft verboten sein sollte. Sie werden finden, Herr West, wenn Sie uns erst besser kennen werden, daß wir uns einer viel größeren Freiheit erfreuen als die, welche zu genießen Sie gewohnt waren. Das Gesetz bestimmt, daß ein Jeder in der Nation eine festgesetzte Zeit lang dienen müsse, anstatt ihm, wie es zu Ihrer Zeit der Fall war, die Wahl zwischen arbeiten, stehlen, oder hungern zu lassen. Wenn wir dieses eine, fundamentale Gesetz ausnehmen, welches an und für sich nur die Verkörperung des Naturgesetzes, des Gesetzes des Paradieses, ist, und welches durch den Druck, den es auf die Menschen ausübt, dieselben gleich macht, so hängt unser System von keiner Gesetzgebung ab, sondern ist durchaus auf den freien Willen, auf die logische Folgerung der Wirkung menschlicher Natur unter rationalen Verhältnissen basirt. Die Erbschaftsfrage illustrirt gerade diesen Punkt. Die Thatsache, daß der Staat der einzige Kapitalist und Landeigenthümer ist, beschränkt natürlich den Besitz des Einzelnen auf seinen jährlichen Kredit und auf seine persönlichen Effecten, die er sich vermittelst desselben angeeignet haben mag. Sein Kredit hört, wie zu Ihrer Zeit eine Pension, mit seinem Tode auf, eine bestimmte Summe ausgenommen, die für ein anständiges Begräbniß bewilligt ist. Was er sonst besitzt, kann er hinterlassen, wem es ihm gefällt."

„Was verhindert alsdann," fragte ich, „daß im Laufe der Zeit sich werthvolle Güter in den Händen Einzelner so aufhäufen, daß ein Conflict mit der Gleichheit in den Umständen der Bürger eintritt?"

Ein Rückblick.

„Das gleicht sich Alles von selbst und in der einfachsten Weise aus," war die Antwort.

„In der gegenwärtigen Einrichtung der Gesellschaft werden Aufhäufung von Personal-Eigenthum zur Bürde, sobald sie das Maß wahrer Behaglichkeit übersteigen. Wenn zu Ihrer Zeit Jemand sein Haus mit Gold- und Silberwaaren, mit feinem Porzellan, mit kostbaren Möbeln und anderen ähnlichen Dingen überlud, so wurde er für reich gehalten, denn alle diese Sachen repräsentirten einen Geldwerth, und konnten zu irgend einer Zeit in Geld umgesetzt werden. Wenn heute einem Manne durch den Tod von hundert Verwandten, die zufälliger Weise an einem Tage sterben sollten, hundert Legate zufallen sollten, so würde man ihn für sehr unglücklich halten. Da diese Artikel nicht verkäuflich sind, so haben sie für ihn keinen anderen Werth als den ihrer wirklichen Brauchbarkeit oder des Vergnügens, den ihr Anblick gewährt. Da sein Einkommen ferner dasselbe bleibt, so würde es seinen Kredit erschöpfen, wenn er Häuser miethen müßte, um diese Güter aufzustellen, sowie auch für die Dienste Derjenigen zu zahlen, die sie in Ordnung zu halten hätten. Sie können sich fest darauf verlassen, daß eine solche Person keine Zeit verlieren würde, um diese Artikel, deren Besitz ihn nur ärmer machen würde, unter seine Freunde zu vertheilen, und daß keiner dieser Freunde mehr annehmen würde, als ihm Raum und Zeit erlaubt. Sie sehen also, daß es lächerlich sein würde die Erbschaft-Uebernahme von persönlichem Eigenthume zu verbieten, um dadurch Aufhäufung zu vermeiden, da jeder Bürger schon von selbst darauf achtet, daß er nicht überladen wird. Sie sind, in Bezug darauf, so vorsichtig, daß sie beim Tode naher Verwandten sofort auf deren Effecten verzichten, und sich nur einige besondere Gegenstände als Andenken vorbehalten. Die Nation übernimmt alsdann alle die Gegenstände, auf die Verzicht geleistet wird, und wenn sie noch von irgend welchem Werthe sind, so bringt sie dieselben noch ein Mal in Circulation."

„Sie sprachen soeben," sagte ich, „von der Bezahlung für Dienste, Häuser in Ordnung zu halten; das bringt mich auf eine Frage, die mir schon mehrere Male auf der Zunge schwebte. Wie haben Sie das Problem häuslicher Dienstbarkeit gelöst? Wer giebt sich dazu hin, häusliche Dienste zu leisten in einer Communität, in der Alle denselben gesellschaftlichen Rang einnehmen. Unsere Damen fanden es beschwerlich genug, Dienstmädchen zu finden, zur Zeit selbst, als von gesellschaftlicher Gleichstellung gar nicht die Rede war."

„Gerade weil wir einander gesellschaftlich gleichstehen, gerade weil diese Gleichstellung durch Nichts verdunkelt werden kann, und gerade weil jeder Dienst ehrenwerth ist in einer Gesellschaft, deren Grundprinzip es ist, daß abwechselnd Einer dem Andern dienen muß, könnten wir mit Leichtigkeit ein Corps von Domestiken, wie Sie es nie erträumt haben würden, ins Leben rufen, wenn wir deren bedürften," antwortete Dr. Leete, „aber wir bedürfen ihrer eben nicht."

„Wer besorgt alsdann Ihre Hausarbeit?" fragte ich verwundert.

„Wir kennen keine Hausarbeit," entgegnete Frau Leete, an die ich meine Frage gerichtet hatte. „Unsere Wäsche wird in öffentlichen Waschanstalten, und unsere Küche in öffentlichen Küchen zu außerordentlich billigen Preisen besorgt. Unsere Kleidung wird außerhalb des Hauses in öffentlichen Werkstätten gemacht und ausgebessert. Electricität giebt uns Feuer und Beleuchtung. Wir wählen Häuſer, die nicht größer ſind als wir ſie nöthig haben, und möbliren ſie in ſolcher Weiſe, daß wir die allergeringſte Mühe haben, ſie in Ordnung zu halten. Wir bedürfen keiner Domeſtiken."

„Der Umſtand," ſagte Dr. Leete, „daß Sie in den ärmeren Klaſſen einen unerſchöpflichen Vorrath von Sklaven hatten, denen Sie allerlei ſchmerzliche und unangenehme Arbeiten auflegen konnten, machte Ihr Zeitalter gleichgültig gegen Erfindungen, die Nothwendigkeit ſolcher Bedienſteten zu vermeiden. Jetzt, da wir abwechſelnd Alle der Geſellſchaft dienen müſſen, findet jeder Einzelne in der Nation ein perſönliches Intereſſe darin, die Bürde durch Erfindungen aller Art zu erleichtern. Dieſer Umſtand hat einen wunderbaren Aufſchwung all denjenigen Erfindungen gegeben, die Erſparniſſe in der Arbeit erzielen, und die Vereinigung der größtmöglichſten Bequemlichkeit mit der wenigſt möglichſten Beläſtigung in der Einrichtung eines Hausbaltes war eines der erſten Reſultate. Im Falle ſpezieller Vorkommniſſe im Haushalte," fuhr Dr. Leete fort, „z. B. wenn das Haus durchgehend gereinigt oder renovirt werden muß, oder auch wenn Krankheit in einer Familie vorkommt, können wir immer Hülfe von der induſtriellen Armee beziehen."

„Wie aber bezahlen Sie dieſe Dienſte, da Sie doch kein Geld haben?"

„Wir bezahlen dieſe Leute nicht, aber an ihrer Stelle die Nation. Man erhält ihre Dienſte, indem man ſich an ein dafür eingerichtetes Bureau wendet, und der Werth ihrer Arbeit wird aus der Kredit-Karte des Nachſuchenden herausgezwickt."

„Welch ein Paradies für das weibliche Geſchlecht muß dieſe Welt ſein," rief ich aus. „Zu meiner Zeit waren ſelbſt diejenigen, die über Reichthum und viele Diener zu gebieten hatten, nicht frei von Haushaltssorgen, während die Frauen des Mittelstandes und der ärmeren Klassen als Märtyrer dieser Sorgen lebten und starben."

„Ja," sagte Frau Leete, „ich habe Verschiedenes darüber gelesen, und genug, um mich davon zu überzeugen, daß, so elend auch die Lage der Männer zu ihrer Zeit war, so war deren Loos ein bei Weitem glücklicheres, als das ihrer Mütter und Frauen."

„Die breiten Schultern der Nation," fügte Dr. Leete hinzu, „tragen jetzt federleicht die Bürde, die die Frauen Ihrer Zeit zu Boden drückte. Das Elend derselben entsprang, wie alles andere Elend, der Unfähigkeit zusammen zu wirken, die wiederum die Frucht des Individualismus war, auf den sich Ihr gesellschaftliches System gründete. Es entsprang Ihrer Unfähigkeit, einzusehen, daß Sie einen zehnmal so großen Nutzen aus Ihren Nebenmenschen ziehen konnten, wenn Sie sich mit ihnen vereinigten, als wenn Sie mit ihnen im Kampfe lägen. Es wundert mich nicht, daß Sie nicht im Stande waren, behaglicher zu leben; was mich wundert, ist, daß Sie überhaupt in Gemeinschaft leben konnten, da zugestandener Maßen ein Jeder darauf ausging, den Andern zum Sklaven zu machen und sein Besitzthum sich anzueignen."

„Halt ein, Vater," unterbrach Edith lachend. „Wenn Du so heftig wirst, muß Herr West ja glauben, daß Du ihn scheltend zur Rechenschaft ziehst."

„Gesetzt, Sie brauchen einen Arzt," fragte ich, „wenden Sie sich dann einfach an das respective Bureau, und müssen Sie alsdann denjenigen nehmen, den man Ihnen sendet?"

„Diese Regel würde sich nicht bewähren, in so weit Aerzte ihr unterworfen sind," erwiderte Dr. Leete. „Der Erfolg des Arztes steht in genauem Zusammenhange mit der Kenntniß, die er von der Konstitution und den besonderen Eigenthümlichkeiten des Patienten hat. Der Kranke darf deshalb einen gewissen Arzt herbeirufen, gerade wie das in Ihrer Zeit der Fall war. Der einzige Unterschied ist nur, daß, anstatt die Bezahlung für sich selbst einzustreichen, der Arzt sie für die Nation collectirt, indem er den festgesetzten Preis aus der Kredit=Karte des Kranken herauszwickt."

„Ich stelle mir vor," sagte ich, „daß, da die Bezahlung dieselbe ist, und der Arzt keinen Kranken verschmähen darf, die guten Aerzte überlaufen sind, während die schlechten ein leichtes Leben haben."

„Wenn Sie zuerst die anscheinende Eitelkeit in der Bemerkung eines emeritirten Arztes gütigst übersehen wollen," erwiderte lächelnd Dr. Leete, „so haben wir gar keine schlechten Aerzte. Zu Ihrer Zeit war es einem Jeden, der sich einige Brocken medizinischer Ausdrücke angeeignet hatte, gestattet, an den Körpern der Bürger zu experimentiren. Jetzt ist dies nicht der Fall. Nur die Studenten, die ein außerordentlich strenges Examen bestanden und ihre Fähigkeit für das ärztliche Fach bewiesen, erhalten die Erlaubniß zu practiciren. Dann auch versucht heute kein Arzt auf Unkosten anderer Aerzte seine eigene Praxis zu vergrößern, wie das zu Ihrer Zeit der Fall war. Das Motiv dafür ist ja nicht mehr vorhanden. Endlich ist jeder Arzt verpflichtet, regelmäßig Bericht über seine Arbeit dem medizinischen Bureau einzureichen, und wenn er nicht genügend beschäftigt ist, so wird dafür gesorgt, daß er es ist."

Zwölftes Kapitel.

Die Fragen, welche zu stellen ich mich genöthigt sah, ehe ich mir nur einen annähernd richtigen Begriff von den Einrichtungen des 20sten Jahrhunderts machen konnte, waren, gleich der guten Laune und Geduld des Doctors, unerschöpflich. Wir unterhielten uns noch mehrere Stunden lang, nachdem die Damen uns verlassen hatten. Ich brachte in der Unterhaltung meinen Wirth zu dem Punkte zurück, an welchem wir diesen Morgen dieselbe abgebrochen hatten, und ich drückte meine Neugier aus, zu erfahren, wie die Organisation der industriellen Armee einen genügenden Reiz gewähren könnte, um den Arbeiter zum Fleiße anzuhalten, nachdem die Sorge um den Lebensunterhalt von ihm genommen worden sei.

„Sie müssen zuerst ins Auge fassen," antwortete Dr. Leete, „daß der Reiz zur Thätigkeit nur eines der Ziele ist, nach welchem die Organisation unserer Armee strebt. Ein anderes, von gleich großer Bedeutung ist, Offiziere für die niederen und höheren nationalen Aemter zu finden, deren Fähigkeiten erprobt und deren Carriere dafür gut steht, daß sie ihre Untergebenen zur Aufbietung aller Kräfte anhalten und kein Faulenzen dulden werden.

„Mit Bezug auf diese zwei Ziele ist unsere industrielle Armee in folgender Weise eingetheilt. Zuerst kommt die Klasse der gewöhnlichen Arbeiter, Männer jedes Gewerbes. Sie umfaßt alle Rekruten während ihrer ersten drei Dienstjahre. Dieser Grad ist eine Art Schule und dabei eine sehr strenge, in welcher die jungen Leute zum Gehorsam, zur Unterwürfigkeit und zur Pflichttreue angehalten werden. Während die Mannigfaltigkeit der Arbeiten, welche von dieser Klasse verrichtet werden, ein systematisches Aufsteigen der Arbeiter, welches später möglich wird, nicht erlaubt, so wird dennoch das Betragen eines Jeden gebucht und außerordentliche Aufmerksamkeit mit Vorzügen belohnt, die in gleichem Maßstabe mit den Strafen stehen, welche Unachtsamkeit nach sich zieht. Es liegt jedoch durchaus nicht in unserem Plan zu erlauben, daß jugendlicher Leichtsinn, wenn solcher nicht außerordentlich strafbar ist, die künftige Laufbahn eines jungen Mannes zerstöre. Allen, die diesen klassifizirten Grad ohne Schande überstanden haben, steht die Wahl einer Lebensbeschäftigung frei.

„Nachdem sie ein Fach erwählt haben, treten sie als Lehrlinge in dasselbe ein. Die Länge der Lehrjahre hängt natürlich von der Beschäftigung ab. Nach Ablauf der Lehrzeit tritt der Lernende in die Reihe der Arbeiter und wird als Mitglied seiner Zunft oder seines Standes betrachtet. Nun aber wird nicht nur das Betragen eines jeden Lernenden, seine Fähigkeit und sein Fleiß genau verzeichnet, sowie ihm die verdiente Auszeichnung gewährt, sondern die Gelegenheit, sich hervorzuthun, hängt von dem Durchschnitt ab, der aus der Conduitenliste gezogen wird, die über seine Lehrjahre und seine spätere Stellung in der Arbeiterwelt Auskunft giebt. Die innere Einrichtung der verschiedenen Industrieen, seien sie gewerblich oder dem Ackerbau zugehörig, ist zwar verschieden je nach der Eigenthümlichkeit der Sachlage, im Allgemeinen jedoch findet sich ein Grundzug darin vor, nämlich, daß die Arbeiter in drei Grade, je nach ihren Fähigkeiten, eingetheilt sind und daß diese Grade wieder in zwei Klassen zerfallen. Je nachdem ein junger Mann sich als Lehrling bewährt hat, wird er in den ersten, zweiten oder dritten Grad der Arbeiter eingereiht. Nur die Begabtesten springen von der Lehrlingsstufe sogleich zu dem ersten Arbeitergrade über, die Mehrzahl bleibt in den unteren Graden hängen und steigt nach und nach bei den zeitlichen Versetzungen aufwärts. Diese Versetzungen finden in jedem Industrie-Zweige in Zwischenräumen statt, die der Länge der Lehrzeit in diesem Gewerbe entsprechen, so daß Verdienst nie lange auf Versetzung zu warten braucht, während Niemand träge stehen bleiben kann, ohne zu einem niederen Range herabzusinken. Ein besonderer Vortheil ist dem höchsten Grade darin gewährt, daß er es dem Arbeiter erlaubt, sich irgend einen der verschiedenen Zweige seines Gewerbes als Specialität zu wählen. Es liegt natürlich nicht in unserer Absicht, daß einer dieser Zweige schwerer oder leichter als ein anderer gemacht wird, dennoch ist oft ein großer Unterschied zwischen ihnen bemerkbar, und das Privilegium der Wahl wird dadurch außerordentlich werthvoll. Die Wünsche des schlechtesten Arbeiters selbst werden so viel als möglich in der Arbeit, die ihm zuertheilt wird, berücksichtigt, weil davon nicht nur sein eignes Glück abhängt, sondern der Nutzen, den er dem Staate gewährt, dadurch vergrößert wird. Die Wünsche der Arbeiter eines niedrigen Grades werden jedoch nur berücksichtigt, nachdem die der oberen Grade gewährt worden sind, und ein solcher Arbeiter muß sich alsdann mit einer zweiten oder dritten Wahl begnügen oder sogar einen ihm willkürlich zuertheilten Platz annehmen, wenn man seiner dafür bedarf. Dieses Privilegium der Wahl steht mit jeder Versetzung im Zusammenhang, sodaß, wenn Jemand aus seinem Grade in einen niedrigeren herabsinkt, er zu gleicher Zeit die Arbeit, die ihm behagt, mit einer anderen, die ihm vielleicht nicht behagt, zu vertauschen gezwungen ist. Die Resultate jeder Versetzung

Ein Rückblick.

und die Stellung, die ein Jeder in seinem Gewerbe einnimmt, werden jährlich in den öffentlichen Zeitungen berichtet und diejenigen, welche zu einem höheren Rang erhoben worden sind, empfangen den Dank der Nation und werden öffentlich mit dem Kennzeichen ihres neuen Ranges belehnt."

„Wie sieht ein solches Kennzeichen wohl aus?" fragte ich.

„Jedes Gewerbe hat sein sinnbildliches Zeichen," erwiderte Dr. Leete, „und dieses wird in der Form eines Ordens, so klein, daß man ihn nicht sehen kann, wenn man nicht genau weiß, an welcher Stelle ihn zu suchen, von den Arbeitern getragen, mit Ausnahme öffentlicher Festlichkeiten, an welchem eine bestimmte Uniform angelegt wird. Dieser Orden ist der Form nach derselbe, für alle Grade derselben Industrie, aber während er für den dritten Grad aus Eisen verfertigt ist, wird im zweiten Grade Silber und im ersten Gold gewährt.

„Abgesehen davon, daß ein Mann angespornt wird sich anzustrengen, weil die höchsten Stellungen in der Nation nur der befähigsten Klasse von Leuten zugänglich sind, und daß der Rang in der Armee die einzige Art und Weise der Auszeichnung für die ungeheure Mehrzahl derer ist, die keine Neigung für Kunst, Literatur oder Gelehrsamkeit entwickeln, so giebt es noch Auszeichnungen geringerer Art, die aber von gleicher Wirksamkeit sind, in der Form von speziellen Vorrechten und Erleichterungen, deren sich die höheren Klassen erfreuen. Während diese Vorrechte geeignet sind, so wenig wie möglich den Neid der minder Erfolgreichen zu erregen, besitzen sie doch die Kraft, beständig den Wunsch, den nächst höheren Grad zu erreichen, Jedermann vor Augen zu halten. Es ist, wie man leicht sehen kann, von Wichtigkeit, daß nicht nur die guten, sondern auch die mittelmäßigen und schlechten

Arbeiter im Stande sein sollten einen gewissen Ehrgeiz, sich emporzuschwingen, zu entwickeln. Da thatsächlich die Zahl der Letzteren um so viel größer ist, ist es sogar viel wichtiger, daß das Eintheilungssystem diese nicht abschrecke, während es die Anderen anreizt. Zu diesem Zwecke sind die Grade in Klassen eingetheilt. Da nun diese Grade und Klassen bei jeder Versetzung numerisch gleich sind, so ist, wenn man die Beamten und die unklassifizirten und Lehrlings=Grade abrechnet, zu keiner Zeit mehr als ein Neuntel der industriellen Armee in der niedrigsten Klasse, und die Meisten derselben sind Leute, die eben erst ihre Lehrzeit beendigt haben und emporzusteigen beabsichtigen. Diejenigen, welche während ihrer ganzen Dienstzeit in der niedrigsten Klasse bleiben, bilden nur einen verschwindenden Bruchtheil der industriellen Armee und sind voraussichtlich jedes feineren Gefühles hinsichtlich ihrer Stellung, wie auch der Fähigkeit, solche zu verbessern, vollständig baar.

„Es ist sogar nicht nothwendig, daß ein Arbeiter, um die Beförderung zu einem höheren Grad zu erringen, Ruhmsucht besitze. Während jede Beförderung ein ausgezeichnetes Zeugniß als Arbeiter bedingt, so wird ein Zeugniß, welches zwar gut ist, aber für eine Beförderung dennoch nicht hinreicht, mit ehrenvoller Anerkennung und verschiedenartigen Prämien belohnt; dasselbe geschieht bei einzelnen, besonders hervorragenden Handlungen in den verschiedenen Gewerbszweigen. Es giebt viele kleinere Auszeichnungen nicht nur innerhalb der Grade, sondern auch der Klassen, von denen jede als Sporn für eine ganze Gruppe dient. Auf diese Weise bleibt kein Verdienst völlig unbelohnt. Die Disciplin der Armee ist anderseits viel zu streng, als daß Vernachlässigung der Arbeit, schlechte Arbeit oder Verweigerung von Dienstleistungen seitens Männer, die unfähig für edlere Motive sind, geduldet würde. Ein Mann, der fähig ist seine Pflicht zu thun, sich aber weigert die ihm auferlegte Arbeit zu leisten, wird zur Gefängnißstrafe bei Wasser und Brot verurtheilt und so lange darin gehalten, bis er sich willig zeigt. Der unterste Grad der Offiziere der industriellen Armee, aus Hülfs-Aufsehern bestehend, wird mit Leuten, die zwei Jahre lang in der ersten Klasse des ersten Grades gedient haben, besetzt. Wenn dadurch die Menge der Aspiranten zu groß wird, so wird nur die erste Gruppe dieser Klasse für wahlfähig erklärt. Niemand kommt also dazu, Anderen zu befehlen, ehe er selbst dreißig Jahre alt geworden ist. Nachdem Jemand zum Offiziersrang emporgestiegen, so wird er nicht mehr nach seiner eignen Arbeit, sondern nach der, der ihm untergebenen Leute, klassifizirt. Die Aufseher werden aus der Reihe der Hülfs-Aufseher ernannt, und dieselbe Strenge, die nur einen kleinen Kreis Wahlfähiger zuläßt, beachtet. Bei der Besetzung noch höherer Aemter ist man durch ein anderes Prinzip geleitet, welches, jetzt zu erklären, zu viel Zeit nehmen würde.

„Ein solches System der Klassifikation, wie ich es jetzt beschrieben habe, würde sich als unbrauchbar bewiesen haben, wäre es in den kleinen gewerblichen Firmen Ihrer Zeit angewendet worden, weil in diesen oft weniger Arbeiter beschäftigt waren als wir Klassen besitzen. Sie dürfen nicht vergessen, daß unter der nationalen Organisation der Arbeit alle Gewerbe im großen Maßstabe und von einer großen Menge von Leuten betrieben werden; daß z. B. viele Ihrer Landgüter oder Werkstätten jetzt in die Hände einer einzigen Verwaltung gegeben sind. Und nun, Herr West, will ich es Ihrer Entscheidung überlassen, nachdem ich Ihnen nur den Umriß unserer gewerblichen Einrichtung gegeben, ob Diejenigen, die eines speziellen Reizmittels benöthigt sind, um ihr möglichst Bestes zu leisten, dasselbe in unserem System entbehren. Scheint es Ihnen nicht, daß Leute, die früher durch die Umstände gezwungen waren zu arbeiten, ob sie wollten oder nicht, unter unserem System bei Weitem mehr angespornt sind, das Beste zu leisten?"

Ich erwiderte, daß es mir scheine, die Reizmittel, wenn irgend Etwas dagegen eingewendet werden könne, seien viel zu stark; der Schritt, den die jungen Leute einzuhalten gezwungen sind, sei ein viel zu schneller, und diese Ansicht ist bei mir dieselbe geblieben, nachdem ich durch längeren Aufenthalt mich mit dem ganzen Gegenstande besser vertraut gemacht habe.

Dr. Leete rieth mir jedoch an, zu bedenken, daß alle meine Einwendungen schon deshalb grundlos seien, weil der Unterhalt des Arbeiters nicht im Geringsten von seinem Range abhängig ist, daß Furcht vor der Zukunft seine Enttäuschungen niemals verstärkt, daß die Arbeitszeit eine kurze ist, die Ferienzeit regelmäßig wiederkehrt, und daß endlich der Wettkampf mit dem fünfundvierzigsten Jahre, in der Mitte des Lebens aufhört.

„Zwei oder drei andere Punkte muß ich noch hinzufügen," sagte er, „damit Sie mich nicht mißverstehen. Sie dürfen, erstens, nicht übersehen, daß unser System, welches dem besseren Arbeiter einen Vorzug einräumt, in keiner Weise gegen die Grundidee unserer gesellschaftlichen Einrichtung widerstößt, nämlich, daß Alle, die ihr Bestes leisten, als gleichverdienstlich betrachtet werden, gleichgültig, ob dieses Beste groß oder klein ausfällt. Ich habe Ihnen gezeigt, daß unser System so eingerichtet ist, sowohl den Schwächeren wie den Stärkeren mit der Hoffnung, emporzusteigen, zu ermuthigen. Wenn jedoch die Stärkeren als Führer gewählt werden, so wirft das kein nachtheiliges Licht auf ben Schwächeren, sondern es geschieht im Interesse des Gemeinwohles.

„Sie müssen ja nicht glauben, daß, weil wir Wetteifer als einen Sporn in unser System zugelassen haben, wir der Ansicht sind, daß sich derselbe der besseren Menschenklasse empfiehlt und ihrer würdig ist. Edle Menschen finden das Motiv zu ihrer Thätigkeit in sich und nicht außerhalb ihrer selbst, sie messen ihre Pflicht nach ihrer eignen Befähigung, nicht nach er Anderer. So lange das, was sie erringen, im Verhältniß zu ihren Kräften steht, würden sie es für lächerlich halten, Lob oder Tadel zu erwarten, weil es zufälliger Weise groß oder klein ausgefallen ist. Solchen Naturen erscheint dieser Wettstreit aus philosophischen Gründen verächtlich, sowie in moralischer Beziehung verwerflich, weil er Neid an Stelle von Bewunderung, und Selbstüberhebung an Stelle von Bedauern, unserem Verhalten anderen Erfolgreichen und Unerfolgreichen gegenüber, unterschiebt. Alle Menschen, selbst am Ende dieses 20sten Jahrhunderts gehören noch nicht dieser höheren Klasse an, und die Reizmittel, die nöthig sind, um diese anzuspornen, müssen ihrer niedrigeren Natur angemessen sein. Wetteifer ist deshalb für diese ein beständiger Sporn. Alle diejenigen, die dieses Motives bedürfen, empfangen es, diejenigen hingegen, die darüber erhaben sind, bedürfen es nicht.

„Auch muß ich bemerken," fuhr der Doctor fort, „daß wir für diejenigen, die ihrer geistigen und körperlichen Mängel wegen nicht der Hauptarmee eingereiht werden können, einen besonderen Grad haben, der nicht mit den anderen verbunden ist, eine Art von Invaliden=Corps, dem eine leichtere Klasse von Arbeiten, ihrer Kraft angemessen, zugewiesen ist. Alle diejenigen, die geistig oder körperlich krank sind, unsere Taubstummen, unsere Lahmen und Blinden, unsere Krüppel und selbst die Irrsinnigen gehören zu diesem Invaliden=Corps und tragen dessen Abzeichen. Die stärksten unter ihnen verrichten oft die Arbeit eines Mannes, die schwächsten natürlich leisten Nichts. Niemand jedoch unter ihnen, der irgend etwas zu thun im Stande ist, zieht sich freiwillig davon zurück. In lichten Augenblicken wünschen selbst Irrsinnige sich nützlich zu machen, so gut sie können."

„Die Idee des Invaliden=Corps," sagte ich, „ist wirklich recht hübsch. Selbst ein Barbar des 19ten Jahrhunderts muß das zugestehen; sie ist die angenehmste Weise das Almosen zu verhüllen und muß dasselbe dem Empfänger erleichtern."

„Almosen?" wiederholte Dr. Leete, „glauben Sie, daß wir die Klasse der Unfähigen, von der wir sprachen, als bedürftig eines Almosen betrachten?"

„Natürlich," rief ich, „da solche Leute doch unfähig sind, sich selbst zu unterhalten."

„Wer ist fähig, sich selbst zu unterhalten?" fragte der Doctor. „In der civilisirten Welt kann von Selbstunterhalt gar keine Rede sein. In einem gesellschaftlichen Zustande, der so barbarisch war, daß er nicht einmal das Zusammenwirken der Familie kannte, mag wohl ein Einzelner sich selbst zu unterhalten im Stande gewesen sein, wenn auch nur während eines Theiles seines Lebens; von dem Augenblicke jedoch an, da Menschen anfingen beisammen zu wohnen, und selbst die niedrigste Art der Gesellschaft zu organisiren, ward Selbstunterhalt unmöglich. Je civilisirter die Menschen werden, und je mehr Beschäftigungen und Dienste in Klassen zerfallen, desto mehr wird gegenseitige Abhängigkeit die allgemeine Regel. Ein jeder Mensch, wie einförmig und einsam auch seine Beschäftigung scheinen mag, ist ein Glied einer unendlich großen, gewerblichen Gemeinschaft, die die

Nation, ja sogar die ganze Menschheit in sich schließt. Die Nothwendigkeit gegenseitiger Abhängigkeit sollte daher die Pflicht und die Garantie gegenseitiger Unterstützung eingeschlossen haben; daß dies nicht der Fall zu Ihrer Zeit war, lag eben in der Grausamkeit und Unvernunft Ihres Systems."

„Dem mag wohl so sein," erwiderte ich, „es berührt jedoch ganz und gar nicht die Beziehungen solcher Leute, die unfähig sind, irgend etwas zu den Erzeugnissen der Industrie beizutragen."

„Sagte ich Ihnen nicht diesen Morgen," erwiderte Dr. Leete, „daß das Recht eines Menschen, seinen Unterhalt am Tische der Nation zu empfangen, von der Thatsache, daß er ein Mensch ist, abhänge, nicht aber von seiner Gesundheit oder Kraft, sobald er nur leistet, was er zu leisten im Stande ist?"

„Sie erzählten mir das," antwortete ich, „ich glaubte jedoch, daß diese Regel sich nur auf mittelmäßige Arbeiter bezöge; ist sie auch anwendbar auf solche, die absolut nichts leisten?"

„Sind diese nicht auch Menschen?"

„Soll ich darunter verstehen, daß die Lahmen und Blinden, die Kranken und die anderweitig Unfähigen ebenso bezahlt sind als die Befähigsten und dieselbe Stellung einnehmen?"

„Sicherlich," war die Antwort.

„Die Idee der Wohlthätigkeit in solch großartigem Maßstabe ausgeführt, würde den begeistertsten unserer Philantropen den Athem benommen haben," erwiderte ich.

„Wenn Sie einen kranken Bruder zu Hause hätten," antwortete Dr. Leete, „welcher zu arbeiten unfähig wäre, würden Sie ihm weniger gutes Essen und Kleidung geben und ihm eine schlechtere Wohnung anweisen, als Sie für sich selbst beanspruchen? Sie würden ihm wahrscheinlicher Weise den

Vorzug geben, auch würden Sie nicht daran denken es Almosen zu nennen? Würde nicht das Wort, in diesem Sinne gebraucht, Sie entrüsten?"

„Selbstverständlich," antwortete ich, „aber die Fälle sind nicht parallel. In einem gewissen Sinne sind sicherlich alle Menschen Brüder; aber diese allgemeine Brüderschaft ist, außer für rednerische Zwecke, nicht mit der Brüderschaft des Blutes zu vergleichen, weder in Bezug auf Gefühle noch auf Verbindlichkeiten."

„Aus Ihnen spricht das 19te Jahrhundert!" rief Dr. Leete. „O, Herr West, die Länge der Zeit, die Sie durchschlafen haben, unterliegt keinem Zweifel. Wenn ich Ihnen in einem Worte den Schlüssel zu dem geben sollte, was Ihnen als das Mysterium unserer Civilisation im Vergleiche mit der Ihrigen scheint, so würde ich sagen, daß es die Verbindlichkeit der Race und die Brüderschaft der Menschheit ist, welche zu Ihrer Zeit nur in schönrednerischen Phrasen sich bekundete, die aber in unser Denken und Fühlen wirklich und lebenskräftig wie wahre Blutsverwandtschaft eingezogen ist.

„Aber selbst, wenn wir uns durch eine solche Rücksicht nicht beeinflussen ließen, so begreife ich nicht, wie es Sie überraschen kann, daß wir denjenigen, die nicht arbeiten können, das volle Recht, auf Kosten derer, die arbeiten können, zu leben, einräumen. Selbst zu Ihrer Zeit war die Militärpflicht, die unserem industriellen Dienste entspricht, nur denen auferlegt, die dazu befähigt waren, während die Untauglichen durchaus nicht ihr Bürgerrecht dadurch einbüßten. Sie blieben zu Haus, wurden von denjenigen beschützt, die in den Kampf zogen, und Niemand stellte dieses ihr Recht in Frage oder dachte schlechter über sie. Die Bedingniß des gewerblichen Dienstes derjenigen, die fähig

Ein Rückblick.

sind ihn zu leisten, schließt nicht die Bürgerrechte derjenigen aus, die nicht arbeiten können, obgleich jetzt darunter der Unterhalt eines Bürgers verstanden wird. Der Arbeiter ist nicht ein Bürger, weil er arbeitet, sondern er arbeitet, weil er ein Bürger ist. Sie erkennen die Pflicht des Starken an, für den Schwachen zu kämpfen; wir, die wir nicht mehr kämpfen, halten es für seine Pflicht, für ihn zu arbeiten.

„Eine Lösung, die eine Ausnahme zurückläßt, ist keine Lösung, und unsere Lösung des gesellschaftlichen Problems würde keine Lösung gewesen sein, hätten wir die Kranken, die Lahmen und Blinden, wie Thiere sich selbst überlassen, sich auf bestmöglichste Weise durchs Leben zu schlagen. Es wäre bei Weitem besser gewesen, die Starken und Gesunden schutzlos zu lassen, als diese Unglücklichen, für die jedes Herz schlagen muß, und für deren körperliches und geistiges Wohlbefinden eher gesorgt werden muß, als für das einer anderen Klasse. Daher kommt es, wie ich Ihnen heute morgen schon sagte, daß das Recht eines jeden Mannes, einer jeden Frau oder eines jeden Kindes, die Mittel zum Unterhalte zu empfangen, in der festen Grundlage wurzelt, daß sie Mitglieder einer Race, Mitglieder der einen menschlichen Familie sind. Die einzige gangbare Münze ist die Ebenbildlichkeit Gottes, und diese wird an Zahlungsstatt für Alles, was wir besitzen, angenommen.

„Keine Denkweise der Civilisation Ihres Zeitalters widert unsere modernen Ideen so sehr an, als die Vernachlässigung Ihrer abhängigen Klassen. Selbst wenn Sie kein Mitleid, kein Gefühl der Brüderlichkeit hatten, wie kam es, daß Sie es nicht sehen konnten, daß Sie die unfähigeren Klassen ihres klaren Rechtes dadurch beraubten, daß Sie sie unversorgt ließen?"

„Ich kann Ihnen hierin nicht ganz folgen," sagte ich. „Ich gestehe zu, daß diese Klasse einen Anspruch auf unser Mitleid hatte, wie aber können diejenigen, die nichts produziren, vom Standpunkte des Rechtes aus einen Anspruch auf einen Theil des Productes erheben?"

„Wie kam es denn," antwortete Dr. Leete, „daß Ihre Arbeiter im Stande waren mehr zu erzeugen, als eine gleiche Anzahl Wilder schaffen konnten? War es nicht völlig auf Rechnung der Kenntniß und der Errungenschaft vergangener Geschlechter zu schreiben? War nicht der ganze Mechanismus der Gesellschaft, dessen Herstellung Tausende von Jahren genommen hatte, fix und fertig in Ihre Hand gekommen? Der Besitz dieser Kenntniß und dieser Maschinerie repräsentirte neun Theile des Productes, zu welchem nur durch Ihren Fleiß ein Theil hinzugefügt wurde. Hatten Sie nicht alles dieses ererbt? Und waren nicht alle diese anderen Unglücklichen und arbeitsunfähigen Brüder, die Sie von sich stießen, Ihre gleichberechtigten Miterben? Was thaten Sie mit deren Antheil? Beraubten Sie dieselben nicht, da Sie ihnen die Rinde zuwarfen, während sie ein Recht hatten, als Miterben sich an den Tisch zu setzen, und fügten Sie nicht noch Schmach zu solchem Diebstahl, wenn Sie diese Rinde Almosen nannten?

„Ach, Herr West," fuhr Dr. Leete fort, als ich stillschwieg, „selbst wenn ich alle Erwägungen von Gerechtigkeit und brüderlicher Liebe gegen die Unfähigen und Verkrüppelten außer Augen lasse, kann ich es immer noch nicht verstehen, wie die Arbeiter Ihrer Zeit mit frohem Herzen an die Arbeit gehen konnten, wohl wissend, daß Ihre Kinder und Enkel, wenn Unglück sie befallen sollte, der Annehmlichkeiten und selbst des nöthigsten Lebensunterhaltes beraubt sein würden. Es ist mir räthselhaft, wie Männer, die Kinder hatten, ein System begünstigen konnten, nach welchem sie einen größeren Antheil erhielten als diejenigen, die mit geringer körperlichen oder geistigen Stärke ausgestattet waren? Durch denselben Unterschied, von dem der Vater Nutzen zog, konnte der Sohn, den er mehr als sein Leben liebte, zur Armuth und zur Bettelei herabgedrückt werden, wenn er zufälliger Weise eine schwächere Konstitution als Andere besaß. Ich habe es nie recht verstehen können, wie überhaupt Leute es wagen konnten, Kinder zu hinterlassen." *

---

* Obgleich Dr. Leete am vergangenen Abend nachdrücklich über die Mühe gesprochen hatte, die man sich nimmt, um einen Jeden in den Stand zu setzen, seine eigenen Anlagen und Neigungen kennen und ihnen folgen zu können, so wurde mir dies erst recht klar, nachdem ich in Erfahrung gebracht, daß das Einkommen aller Arbeiter, und in irgend einer Beschäftigung dasselbe sei, und daß dadurch Jeder in den Stand gesetzt sei, die Last zu wählen, die seinen Schultern die angemessenste ist. Weil wir in unserem Zeitalter keine Erfolge darin erzielten, auf systematischem Wege die natürlichen Fähigkeiten eines Mannes für irgend ein Geschäft oder eine Lebensstellung auszubilden, hatten wir so viel Elend und Unglück zu ertragen. Die überwiegende Mehrzahl meiner Zeitgenossen, obgleich dem Namen nach frei, zu thun was ihnen beliebte, konnte dennoch in Wahrheit nie eine Beschäftigung wählen. Umstände zwangen sie oftmals, eine Arbeit aufzunehmen, für die sie entweder untauglich, oder ganz und gar nicht geschaffen waren. Der Reiche hatte in diesem Punkte nur sehr wenig vor dem Armen voraus. Der Arme, der ohne Erziehung aufwuchs, hatte nicht einmal die Gelegenheit, zu erforschen, welche natürlichen Anlagen in ihm vorhanden seien, noch ließ es seine Armuth zu, selbst wenn er spezielle Fähigkeiten in sich entdeckte, dieselben durch Kultur zu entwickeln. Viele Professionen waren ihm, wenn nicht durch Zufall günstigere Verhältnisse eintraten, verschlossen, und zwar nicht zu seinem eigenen Nachtheil, sondern zu dem der ganzen Nation. Der Reiche, obgleich er über Erziehung und günstige Gelegenheiten gebieten konnte, war wiederum durch gesellschaftliche Vorurtheile, die ihm verboten, sich der Handarbeit hinzugeben, selbst wenn er Anlagen dazu hatte, daran gehindert, einen Stand nach Neigung zu wählen; er mußte, gleichviel ob tauglich oder untauglich, sich einem höheren Stande hingeben, wodurch nicht selten ein ausge-

zeichneter Handwerker verloren ging. Die Berücksichtigung des Einkommens trieb Viele dazu an, sich dem Gelderwerb hinzugeben, für den sie keine Befähigung hatten, anstatt eine weniger gut bezahlte Stellung anzunehmen, die sie mit Ehre und zum Nutzen Aller hätten bekleiden können. Durch all dieses wurde eine große Menge von Talent verwüstet. Jetzt hat sich dies geändert. Gleiche Erziehung und gleiche Gelegenheit fördern alle die Fähigkeiten zu Tage, die ein Mann besitzt, und weder soziale Vorurtheile noch die Rücksicht auf Gelderwerb hindern jetzt einen Mann in der Wahl seiner Lebens-Beschäftigung.

Dreizehntes Kapitel.

Dr. Leete begleitete mich, wie mir Edith versprochen hatte, als ich mich zurückzog, in mein Schlafzimmer, um mir das Arrangement des musikalischen Telephons zu erklären. Er unterwies mich wie ich eine Schraube umdrehen müsse, um das Zimmer mit Musik zu füllen, oder dieselbe zu einem so leisen Echo zu reduziren, daß man fast nicht wußte, ob diese Musik Wahrheit oder Einbildung sei. Die Einrichtung war so berechnet, daß, wenn von zwei neben einander liegenden Personen die eine Musik hören und die andere schlafen wollte, die Musik nur für Einen hörbar gemacht werden konnte.

„Ich würde Ihnen sehr anrathen, heute Nacht, wenn Sie können, zu schlafen, Herr West, anstatt der besten Musik in der Welt zuzuhören," sagte Dr. Leete, nachdem er mir die obige Erklärung gegeben hatte. In der aufregenden Lage, in der Sie sich jetzt befinden, ist der Schlaf ein Stärkungsmittel, für welches es keinen Ersatz giebt."

Ich gedachte der unangenehmen Erfahrungen, die ich diesen Morgen gemacht, und versprach seinem Rathe Folge zu leisten.

„Sehr gut," sagte er, „dann werde ich das Telephon auf acht Uhr stellen."

„Was meinen sie damit?" fragte ich.

Er erklärte mir, daß vermittelst eines Uhrwerkes eine Person zu irgend einer beliebigen Stunde durch Musik geweckt werden könnte.

Wie es schien, hatte ich auch meine Schlaflosigkeit mit allen anderen Unannehmlichkeiten des neunzehnten Jahrhunderts hinter mir gelassen. Ohne ein Schlafmittel zu nehmen, versank ich in einen tiefen Schlummer, sobald ich nur die Kissen berührt hatte.

Mir träumte, ich säße auf dem Throne Abencerrage's in der Halle der Alhambra beim Festmahle, umringt von meinen Räthen und Generälen, die am nächsten Tage den Halbmond gegen die Christen-Hunde von Spanien tragen sollten. Die Luft, durch einen Springbrunnen abgekühlt, duftete von Blumen aller Art. Tänzerinnen mit rosigen Lippen und üppigen Formen führten wollüstige Tänze zur Musik von Seiteninstrumenten vor mir auf. Wenn ich mein Auge zur vergitterten Gallerie schweifen ließ, grüßte mich hier und da ein Blitzesstrahl vom Auge einer Schönen, die zu meinem königlichen Harem gehörte, und welche sich dort eingefunden, um, vom Gitterwerke verborgen, die Blüthe der maurischen Ritterschaft zu bewundern. Der Schall der Cymbeln ertönte lauter und lauter, wilder und wilder drehte sich der Reigen, bis das Blut der Wüstensöhne sich nicht länger zurückhalten ließ, und die gebräunten Helden von ihren Sitzen aufsprangen. Tausend damascener Klingen flogen aus den Scheiden und der Ruf: „Allah il Allah!" dröhnte durch die Halle und weckte mich. Ich fand, daß es bereits heller Tag war, und durch mein Zimmer tönte die Musik der Türkischen Reveille.

Als ich beim Frühstück meinen Traum und mein Erwachen erzählte, erfuhr ich, es sei nicht bloßer Zufall gewesen, daß die Klänge der Reveille mich aufgeweckt, die Melodien, die während der Morgenstunden in einer der Hallen gespielt wurden, hätten stets einen erheiternden und aufmunternden Character.

„Es ist mir ganz entfallen," sagte ich, „Sie zu fragen, wie die Zustände sich in Europa gestaltet haben. Hat sich in der alten Welt dieselbe Verwandlung vollzogen?"

„Ganz gewiß," erwiderte Dr. Leete. „Die großen Nationen Europas, sowie Australien, Mexico und Theile von Süd-Amerika sind jetzt ebenfalls so organisirt wie die Vereinigten Staaten. Diese Letzteren hatten nur die Bahn für die Umgestaltung gebrochen. Die friedlichen Verhältnisse dieser Nationen werden durch einen internationalen Staatsverband geordnet, der die ganze Welt umschließt. Ein internationaler Rath regelt den Handel der Staaten im Verbande und die Maßregeln, die den uncivilisirten Rassen gegenüber angewendet werden, um sie nach und nach zu einer höheren Bildung zu erziehen. Eine jede Nation erfreut sich jedoch ihrer eignen localen Gesetzgebung innerhalb ihrer Grenzen."

„Wie betreiben Sie aber Handel ohne Geld?" fragte ich. „Wenn Sie auch, wie ich zugeben will, zu Haus ohne Geld fertig werden können, so muß doch irgend eine Art Geld verhanden sein, wenn Sie mit einer anderen Nation Geschäfte treiben wollen?"

„O nein, Geld ist auch in dieser Hinsicht überflüssig. Als früher der Handel zwischen fremden Staaten durch den Unternehmungsgeist von Privatpersonen betrieben wurde, war Geld nothwendig, um die verschiedenen Verwicklungen auszugleichen; jetzt aber verkehren die Nationen mit einander als Einzelwesen. Heut giebt es nur etwa ein Dutzend Kaufleute in der Welt, und ihr Geschäft, welches von dem Bundesrath übersehen wird, ist auf das einfachste System zurückgeführt. Es giebt natürlich keine Zölle. Eine Nation importirt nur solche Artikel, die deren Regierung als dem allgemeinen Interesse zuträglich anerkennt. Jede Nation besitzt ein Bureau, welches den Handel mit fremden Nationen betreibt. Wenn z. B. das amerikanische Bureau es für nöthig hält eine so und so große Quantität französischer Waaren als jährlichen Bedarf zu beziehen, so sendet es eine Ordre an das französische Bureau, welches wiederum seine Aufträge dem unsrigen übermittelt. Dasselbe wird von allen Nationen gethan."

„Wie werden aber die Preise für fremde Waaren festgestellt, da es doch keine Concurrenz giebt?"

„Der Preis, den eine Nation der anderen stellt," erwiderte Dr. Leete, „muß derselbe sein, der von den eignen Bürgern bezahlt wird; dadurch wird jedes Mißverständniß vermieden. In der Theorie ist keine Nation verpflichtet, die andere mit dem Producte ihrer eignen Arbeit zu versehen, dennoch aber liegt es im Interesse Aller, einzelne Komobitäten auszutauschen. Wenn eine Nation die andere regelmäßig mit gewissen Waaren versorgt, so wird gegenseitig Bericht erstattet, wenn Wechsel in den geschäftlichen Beziehungen eintreten."

„Gesetzt aber, eine Nation hielte ein Monopol in einem Producte, das die Natur nur da hervorbrächte, und würde sich weigern andere Nationen, oder eine derselben damit zu versehen?"

„Ein solcher Fall ist niemals vorgekommen, und würde dem sich weigernden Theile mehr Schaden zufügen als dem anderen," erwiderte Dr. Leete. „Dem Gesetze nach darf kein Vorzug gewährt werden, und jede Nation ist verpflichtet den einen Nachbar wie den anderen zu behandeln. Eine Nation, die dieses Gesetz übertritt, würde von dem Verbande ausgeschlossen werden. Wir können deshalb völlig darüber beruhigt sein, da etwas derartiges nie stattfinden wird."

„Aber," sagte ich, „wenn eine Nation, die durch die Natur

der Sache ein solches Monopol hält, mehr davon exportirt, als sie selbst verbraucht, und alsdann den Preis in die Höhe schraubt, um, ohne geradezu die Ausfuhr abzuschneiden, Nutzen aus der Noth des Nachbarn zu ziehen, was geschieht dann? Die Bürger dieses Staates würden zwar dadurch einen höheren Preis für diese Komodität zahlen, im Großen und Ganzen würden sie aber nichtsdestoweniger einen Vortheil durch ihre Ausfuhr erzielen, der ihren Verlust reichlich aufwiegen würde."

„Wenn Sie erst verstehen werden," antwortete Dr. Leete, „wie heute Preise festgestellt werden, so werden Sie leicht einsehen, wie unmöglich es ist, diese umzuändern, mit Ausnahme der größeren Anstrengung vielleicht, die die Arbeit verursacht, den Gegenstand herzustellen. Dieses Princip enthält dieselbe Garantie für den internationalen wie für den nationalen Verkehr; aber selbst ohne dies ist das Gefühl für Gleichheit der Interessen, mögen diese national oder international sein, sowie die Ueberzeugung, daß Selbstsucht eine Thorheit ist, so tief in uns gewurzelt, daß eine solch spitzbübische Verfahrungsweise, die Sie befürchten, vollständig unmöglich ist. Wir hoffen Alle auf eine Verschmelzung aller Nationen der Welt in eine einzige. Dies wird die letzte Form der Gesellschaft sein, und wird alle jene Vortheile mit sich bringen, die dem gegenwärtigen Bundessystem gleichberechtigter Staaten noch fehlen. In der Zwischenzeit jedoch befriedigen uns die gegenwärtigen Zustände so vollständig, daß wir es unseren Nachkommen überlassen, den Plan zum letzten Austrage zu bringen. Es giebt jedoch auch viele, die da behaupten, daß es dazu niemals kommen werde, weil die Bundesregierung nicht blos eine provisorische Lösung des Problems der menschlichen Gesellschaft, sondern dessen beste und endgültige Lösung ist."

„Wie arrangiren Sie es aber," fragte ich, „wenn die Bücher zweier Nationen nicht ins Gleiche gebracht werden können? Gesetzt den Fall, wir importirten von Frankreich mehr, als wir dorthin exportirten."

„Am Ende jedes Jahres," sagte Dr. Leete, „werden die Bücher jeder Nation durchgesehen. Wenn Frankreich uns schuldet, so schulden wir vielleicht einer andern Nation, die an Frankreich schuldet. Der Ueberschuß, der übrig bleibt, nachdem die Rechnungen durch den Bundesrath ausgeglichen sind, ist niemals groß. Der Rath verlangt alsbann, daß derselbe innerhalb weniger Jahre ausgeglichen wird, da die eine Nation sich nicht zu sehr bei einer anderen einschulden darf, um das freundschaftliche Gefühl, das zwischen ihnen herrschen soll, nicht zu schädigen. Auch inspicirt der Bundesrath die Waaren, die zwischen den Nationen ausgetauscht werden, und achtet darauf, daß deren Qualität vollkommen ist."

„Womit aber werden die Ueberschüsse ausgeglichen, da kein Geld vorhanden ist?"

„In nationalen Producten. Man hat sich von vornherein darüber geeinigt, welche Producte und in welchen Quantitäten solche als Zahlungsstatt angenommen werden müssen."

„Wie verhält es sich mit Auswanderern," fragte ich, „da eine jede Nation eine gewerbliche Gemeinschaft ist und alles Geschäft allein führt, so müßte ein Einwanderer, selbst wenn es ihm erlaubt wäre zu landen, Hungers sterben. Es kann also, wie ich glaube, heutzutage von Einwanderung nicht die Rede sein."

„Im Gegentheil, wir haben eine fortwährende Einwanderung," erwiderte Dr. Leete, „wenn Sie darunter einen Umzug nach fremden Ländern, um sich dort permanent nieder zu lassen, verstehen. Alles läuft dabei auf gegenseitige Entschädigung hinaus. Wenn z. B. ein Mann von einundzwanzig Jahren von England nach Amerika übersiedelt, so verliert England seine Ausgaben für dessen Unterhalt und Erziehung, während Amerika einen Arbeiter so zu sagen für Nichts erhält. Amerika entschädigt alsdann natürlich England dafür. Dasselbe Princip hat allgemeine Anwendung. Wenn ein Mann nahe am Ende seiner Dienstzeit einwandert, so erhält das Land, welches ihn aufnimmt, die Entschädigung. Für arbeitsunfähige Personen muß die eigne Nation Sorge tragen, und die Einwanderung wird nur dann gestattet, wenn die eigne Nation deren Unterhalt garantirt. Unter diesen Regulativen bleibt das Recht eines Jeden, auszuwandern, unangetastet."

„Wenn aber Jemand nur eine Vergnügungsreise machen oder Beobachtungen anstellen will? Wie kann ein Fremder in einem Lande reisen, dessen Bewohner kein Geld empfangen, während er nicht die Mittel, sein Leben zu erhalten, erzielen kann? Seine Kredit-Karte muß in einem anderen Lande werthlos sein?"

„Eine amerikanische Kredit-Karte," erwiderte Dr. Leete, „ist gerade so gut in Europa, als amerikanisches Gold es einst war, und zwar genau unter denselben Bedingungen, nämlich, daß sie in die Landesmünze umgewechselt werden muß. Ein Amerikaner, der Berlin besucht, bringt seine Kredit-Karte zum Bundesrath und empfängt dafür denselben Betrag in einer deutschen Kredit-Karte, wofür jedoch die Vereinigten Staaten als Schuldner Deutschlands in den internationalen Büchern belastet werden. Reisen werden ferner auch nur von Personen unternommen, die entweder das fünfundvierzigste Jahr überschritten haben oder im Auftrage der Nation fremde Länder besuchen. In beiden Fällen hat die Nation sie zu ernähren und es bleibt sich gleich, wo dies geschieht."

„Herr West möchte vielleicht heute im „Elephanten" zu Mittag speisen," sagte Edith, als wir die Tafel verließen.

„Diesen Namen haben wir dem Speisehause unseres Bezirks gegeben," erklärte mir ihr Vater. Nicht nur wird all unser Kochen in den öffentlichen Küchen besorgt, wie ich Ihnen gestern Abend erzählte, sondern die Qualität der Mahlzeiten und die Bedienung ist viel mehr zufrieden stellend, wenn dieselben im Speisehause eingenommen werden. Frühstück und Abendessen werden gewöhnlich zu Hause genossen, da sie nicht der Mühe des Ausgehens werth sind, aber Jedermann nimmt sein Mittagsmahl außerhalb. Seit Sie bei uns sind, haben wir es nicht gethan, da wir lieber warten wollten, bis Sie sich ein wenig besser in unsere Sitten gefunden haben würden. Wie beliebt es Ihnen? Sollen wir im Speisehause heute zu Mittag essen?"

Ich erwiderte, daß dies mir sehr erwünscht sein würde. Kurze Zeit darauf kam Edith lächelnd zu mir und sagte: „Als ich gestern Abend überlegte, wie ich Ihnen unser Haus gemüthlich machen könnte, bis Sie sich an uns und unsere Sitten gewöhnt haben würden, hatte ich einen guten Einfall. Was würden Sie dazu sagen, wenn ich Sie in die Gesellschaft einiger sehr netter Leute Ihrer eignen Zeit brächte, mit denen Sie wahrscheinlicher Weise recht vertraut gewesen sind?"

Ich erwiderte ausweichend, daß es mir sicherlich sehr angenehm sein würde, daß ich aber noch nicht einsehen könne, wie dies ermöglicht werden solle.

„Kommen Sie mit mir," war ihre lachende Antwort, „und sehen Sie, ob ich nicht mein Wort halten werde."

Ich war nun bereits ziemlich abgehärtet gegen Ueberraschungen aller Art durch die wiederholten Erfahrungen, die mir zu Theil geworden, dennoch folgte ich ihr verwundert in ein Zimmer, welches ich vorher noch nicht betreten hatte. Es war ein niedliches, gemüthliches Stübchen, dessen Wände durch Bücherschränke beinahe verdeckt waren.

„Hier sind Ihre Freunde," sagte Edith, indem sie auf einen der Schränke deutete. Ich verstand sie erst, als ich meine Augen über die Namen auf den Rücken der Bände schweifen ließ, und Shakespeare, Milton, Wordsworth, Shelley, Tennyson, Defoe, Dickens, Thackeray, Hugo, Hawthorne, Irving und eine Masse anderer großer Schriftsteller meiner und aller Zeiten sah. Sie hatte wirklich Wort gehalten und zwar in solcher Weise, daß, wenn Ihr Versprechen wörtlich genommen worden wäre, ich mich getäuscht gesehen haben würde. Sie hatte mich in einen Kreis von Freunden eingeführt, welche durch das Jahrhundert, das verflossen war, seit ich mich zuletzt mit ihnen beschäftigt hatte, so wenig gealtert waren, als ich selbst. Ihr Geist war noch gerade so himmelanstrebend, ihr Witz noch gerade so scharf, ihr Lachen und Weinen so ansteckend als zur Zeit, da ihre Worte ein verflossenes Jahrhundert unterhalten hatten. Langweilen konnte ich mich nicht in solch guter Gesellschaft, wie weit auch die Kluft sein mochte, die zwischen mir und meinem früheren Leben lag.

„Nicht wahr, es ist Ihnen lieb, daß ich Sie hierher brachte?" rief Edith freudestrahlend, als sie in meinem Gesichte den Erfolg ihres Versuches las. „Nicht wahr, es war eine gute Idee, Herr West? Wie unüberlegt, daß ich nicht schon früher daran gedacht habe. Ich werde Sie nun mit Ihren alten Freunden allein lassen, da ich weiß, daß es jetzt für Sie keine bessere Gesellschaft als diese giebt; aber vergessen Sie nicht, daß es außer alten auch neue Freunde giebt!" Mit dem Finger schelmisch drohend, entfernte sie sich lächelnd.

Ein Name hatte besondere Anziehung für mich; ich nahm einen Band Dickens heraus und begann zu lesen. Dickens war von jeher mein Lieblings-Schriftsteller unter den Novellisten des Jahrhunderts, ich meine des 19ten Jahrhunderts gewesen, und selten war eine Woche in meinem Leben vergangen, ohne daß ich irgend einen Band seiner Werke hervorgesucht und damit eine müßige Stunde vertrieben hatte. Obwohl irgend ein Werk, mit dem ich früher vertraut gewesen, unter gegenwärtigen Umständen einen außerordentlichen Eindruck auf mich gemacht hätte, so war es theils meine außergewöhnliche Vertrautheit mit Dickens, theils seine Gewalt, mit der er die früheren Erinnerungen meines Lebens wach rief, daß seine Werke mich mehr erschütterten als die irgend eines anderen Dichters, indem sie das Fremdartige meiner gegenwärtigen Umgebung in ein helleres Licht setzten. So neu und erstaunlich auch die Umgebungen einer Person sein mögen, so liegt es doch in der Natur der Sache, daß man sich bald als ein Theil derselben zu fühlen lernt, und daß gleich Anfangs die Macht, sie objectiv anzuschauen und ihre Fremdartigkeit zu ermessen, verloren geht. Diese Gewalt war in meinem Falle schon längst abgeschwächt worden, und indem ich Dickens durchblätterte, wurde ich auf den Standpunkt meines früheren Lebens zurückgeführt. Mit einer Klarheit, die ich früher nicht besessen, sah ich die Vergangenheit und Gegenwart, wie zwei Gegensätze einander gegenüber stehen.

Das Genie des berühmten Novellisten des 19ten Jahrhunderts mag wohl, wie das Homer's durch alle Zeiten leben; aber die Ausstattung seiner pathetischen Novellen, das Elend der Armen, das Uebel der Macht, die mitleidslose Grausamkeit des sozialen Systems, Alles war vergangen, so vollständig vergangen wie Circe und die Sirenen, Charybdis und die Cyclopen. Während der Stunde oder zwei, die ich so dasaß, mit dem offnen Buche vor mir, hatte ich in der That nicht mehr als ein paar Seiten gelesen. Jeder Paragraph, jeder Satz eröffnete mir einen neuen Anblick der Welt-Umwandlung, welche stattgefunden hatte, und führte meine Gedanken auf weite und vielverzweigte Abwege. Während ich in solcher Weise in der Bibliothek des Dr. Leete in tiefes Grübeln versunken war, stieg in mir allmählig eine klarere und mehr zusammenhängende Idee des wunderbaren Schauspiels auf, welches zu sehen mir in so sonderbarer Weise ermöglicht worden war. Wie wunderbar, daß ein launenhaftes Geschick mir allein, der dessen kaum würdig war, das Glück verliehen hatte, in diesem vorgerückten Zeitalter auf Erden wandeln zu dürfen.

Ich hatte weder diese neue Welt vorausgesehen, noch für dieselbe gestrebt, wie es so Viele meiner Umgebung gethan hatten, ohne sich um den Spott der Narren oder die verkehrte Auslegung der Guten zu kümmern. Sicherlich würde es mehr im Einvernehmen mit der Lage der Dinge gewesen sein, hätte eine jener prophetischen und strebsamen Seelen die Befähigung erhalten, den Erfolg ihrer Mühen zu sehen und sich dessen zu erfreuen.

Nach einigen Stunden suchte mich Dr. Leete in der Bibliothek auf. „Edith," sagte er, „hat mir über ihren Einfall Bericht erstattet, und ich konnte diesen nur loben. Ich bin jedoch neugierig zu sehen, welchen Schriftsteller Sie sich zuerst erkoren haben. Ah, Dickens! Sind Sie auch einer seiner Bewunderer? In diesem Punkte stimmen wir Neuen mit Ihnen überein. Nach unserem Maßstabe gemessen, überragt er alle Schriftsteller seiner Zeit, nicht gerade, weil sein Genie glänzender war, sondern weil sein großes Herz so warm für die Armen schlug, weil er sich Derer, die die Opfer der gesellschaftlichen Zustände geworden waren, annahm und seine Feder dazu benutzte, die Grausamkeit und Scheinheiligkeit derselben an den Pranger zu stellen. Kein Mann seiner Zeit hat so viel darin geleistet, den Geist der Massen auf das Unrecht und das Elend der früheren gesellschaftlichen Ordnung hinzulenken, und die Augen seiner Zeitgenossen für die Nothwendigkeit des großen Umschwunges zu öffnen, als er, obgleich er die kommende Zeit nicht ganz klar vorausgesehen hat."

Vierzehntes Kapitel.

Während des Vormittages fing es heftig zu regnen an und ich hielt es für eine ausgemachte Sache, daß der Zustand der Straßen unser Ausgehen zum Mittags-Mahle unmöglich machen würde, obgleich unsere Speisehalle, wie mir versichert worden war, sehr nahe lag. Ich war daher nicht wenig erstaunt, als um Mittag herum die Damen fertig zum Ausgehen erschienen, jedoch ohne Ueberschuhe oder Regenschirme. Das Räthsel löste sich von selbst, sobald wir auf die Straße traten. Ein fortlaufendes, wasserdichtes Dach war über das ganze Trottoir ausgespannt worden und verwandelte dieses in einen gut erleuchteten und vollkommen trockenen Corridor, welcher mit Herren und Damen angefüllt war. An den Straßenecken war der ganze offene Platz ähnlich bedeckt. Ich hatte Edith an meiner Seite, und als ich ihr sagte, daß die Straßen Bostons zu meiner Zeit in schlechtem Wetter fast ausschließlich nur für Diejenigen passirbar waren, die Regenschirme, Stiefel oder wasserdichte Kleidung trugen, schien sie davon überrascht.

„Gab es denn keine Bedachung für die Trottoirs?" fragte sie.

„Es gab solche," antwortete ich, „aber da diese nur Privat-Unternehmungen waren, so konnte man sie nur sehr vereinzelt finden."

Sie erzählte mir, daß gegenwärtig alle Straßen gegen rauhes Wetter geschützt wären, und daß die Vorrichtung aufgerollt würde, wenn keine Nothwendigkeit für deren Benutzung vorhanden wäre. Sie gab mir ferner zu verstehen, daß es jetzt als eine außerordentliche Dummheit betrachtet wird, dem Wetter irgend einen Einfluß auf die gesellschaftlichen Bewegungen der Leute zu erlauben. Dr. Leete, der etwas vorausgegangen war, überhörte unser Gespräch, wendete sich um und sagte: „Das ist eben der Unterschied zwischen dem Zeitalter des Individualismus und dem des Zusammenwirkens, daß im 19ten Jahrhunderte, wenn es regnete, die Bewohner Bostons 300,000 Regenschirme über 300,000 Köpfe aufspannten, während man im 20ten Jahrhundert nur einen einzigen Regenschirm über alle diese Köpfe ausbreitet."

Als wir weitergingen, sagte Edith: „Der Privat=Regenschirm ist meines Vaters Lieblings=Bezeichnung, wenn er die alte Weise, in der ein Jeder nur für sich und seine Familie lebte, kritisirt. In unserer Kunstgallerie befindet sich ein Bild aus dem 19ten Jahrhundert, welches eine Menschenmenge im Regen vorstellt. Ein Jeder hält seinen Regenschirm über sich und seine Frau und bekümmert sich wenig darum, ob das Wasser von demselben auf seinen Nachbar herabträufelt. Mein Vater meint, daß der Künstler damit sein Zeitalter zu geißeln im Sinne gehabt haben müsse."

Wir betraten ein großes Gebäude, in das sich ein Strom von Menschen drängte. Ich konnte die Façade des Schutzdaches wegen nicht sehen, aber wenn sie der Ausstattung des Inneren glich, das noch viel schöner decorirt war als der Laden, welchen wir neulich besucht hatten, so mußte sie prachtvoll sein. Meine Gefährtin bemerkte, daß die gemeißelte Gruppe über dem Eingange ganz besonders bewundert wurde. Wir stiegen eine großartige Treppe hinauf und gingen einen breiten Corridor entlang, in welchen viele Thüren mündeten. Wir traten in die Thür, welche meines

Ein Rückblick.

Wirthes Namen trug, und befanden uns in einem elegant ausgestatteten Speisezimmer, das einen für vier Personen gedeckten Tisch enthielt. Die Fenster gingen auf einen Hof, in dem ein Springbrunnen seinen Strahl hoch in die Luft warf, während Musik die Luft electrisirte.

„Sie scheinen hier zu Haus zu sein," sagte ich, als wir uns zu Tische setzten, und Dr. Leete einen Knopf berührte.

„Wir sind in der That hier gleichsam in einem Theile unseres Hauses," antwortete er, „obschon dieser von dem anderen Theile etwas abgesondert ist. Jede Familie des Districtes kann für einen geringen jährlichen Zins ein Zimmer in diesem großen Gebäude für ihren ausschließlichen Gebrauch miethen. Um Reisende und einzelne Personen zu bedienen, sind in einem anderen Stockwerke die nöthigen Einrichtungen getroffen. Wenn wir hier zu speisen wünschen, so müssen wir unsere Bestellung schon am Abend vorher machen, wir können aber irgend Etwas wählen, das die Marktberichte in den Zeitungen als vorhanden erwähnen. Die Mahlzeit kann so lucullisch oder so einfach sein, als wir sie nur wünschten, aber immerhin ist alles bei Weitem billiger und besser, als wenn es zu Hause zugerichtet worden wäre. Es giebt wirklich Nichts, das unsere Leute mehr interessirt, als die Vervollkommnung ihrer Küche; und ich gestehe zu, daß wir ein wenig stolz auf den Erfolg sind, den dieser Zweig unsres Dienstes erreicht hat. Mein lieber Herr West, ich kann mir vorstellen, daß, obwohl manche andere Seiten Ihrer Civilisation noch trauriger waren, Nichts mehr herabstimmend wirken konnte, als die schlechten Mahlzeiten, welche Sie essen mußten, ich meine alle Diejenigen, welche nicht sehr reich waren."

„Sie würden Niemanden gefunden haben," sagte ich, „der Ihnen in diesem Punkte widersprochen hätte."

Der Kellner, ein hübscher junger Mann, der eine nur sehr wenig unterscheidliche Uniform trug, trat jetzt ein. Ich beobachtete ihn genau, da es doch das erste Mal war, daß ich das Benehmen eines in die industrielle Armee eingereihten Gliedes studiren konnte. Ich wußte, daß nach Allem, was man mir gesagt hatte, dieser junge Mann höchst fein gebildet und in allen sozialen Beziehungen denen vollkommen gleich= stand, welche er jetzt bediente. Es war jedoch augenscheinlich, daß die Sachlage weder die eine noch die andere Seite im Geringsten in Verlegenheit setzte. Dr. Leete redete den jungen Mann in einem Tone an, der, wie es einem gebil= beten Manne zukam, weder Ueberhebung noch Herablassung kund gab, während das Benehmen des jungen Mannes ein= fach das einer Person war, die ein Geschäft pünktlich besorgte, für welches sie angestellt ist, ohne jede Familiaität oder Kriecherei. Es war in der That das Betragen eines Solda= ten auf seinem Posten, jedoch ohne militärische Steifheit.

Als der junge Mann das Zimmer verlassen, sagte ich, „ich kann mich nicht genug wundern, solch einen jungen Mann so zufrieden in einer so unterwürfigen, dienstbaren Stellung zu sehen."

„Was ist das für ein Wort „unterwürfig," sagte Edith, „ich habe es nie gehört."

„Es ist jetzt in Vergessenheit gerathen," bemerkte. ihr Vater, „wenn ich es recht verstehe, so bezog es sich auf Personen, die eine Arbeit für Andere vollführten, die diesen ganz besonders unangenehm und widerwärtig erschien, und deshalb etwas Verächtliches in sich trug; nicht wahr, Herr West?"

„Gewiß!" sagte ich. „Persönliche Dienste, als z. B. am Tische aufwarten, wurden, der Unterwürfigkeit wegen, zu meiner Zeit als herabwürdigend betrachtet, so daß gebildete

Leute eher jede Noth des Lebens erduldet haben würden, als sich zu solchen Diensten herabzulassen."

„Welch ein merkwürdig künstliche Idee," rief Frau Leete verwundert aus.

„Aber diese Dienste mußten doch von Jemanden geleistet werden," sagte Edith.

„Natürlich," erwiderte ich, „wir legten sie den Armen auf, oder denjenigen, die sonst keine andere Wahl hatten, als Hungers zu sterben."

„Und Sie vergrößerten die Last, die Sie ihnen auferlegt hatten, dadurch, daß Sie noch Verachtung hinzufügten," bemerkte Dr. Leete.

„Ich kann dies nicht recht genau verstehen," sagte Edith; „Sie wollen doch nicht sagen, daß Sie Leute zwangen, Ihnen Dienste zu leisten, für welche Sie sie verachteten, oder daß Sie Dienste von ihnen annahmen, die Sie ihnen nicht hätten ebenso gut leisten wollen? Ich kann dies doch kaum glauben, Herr West."

Ich mußte zugestehen, daß dies in der That der Fall gewesen sei. Dr. Leete jedoch kam mir zu Hülfe.

„Um zu verstehen, warum Edith so erstaunt ist," sagte er, „müssen Sie wissen, daß es jetzt als ein ethisches Prinzip gilt, keine Dienste von Jemanden anzunehmen, die man nöthigen Falls ihm nicht erwidern würde. Dies wäre gleich Borgen, ohne Absicht, das Geborgte je zurückzuzahlen. Solche Dienste jedoch Jemanden dadurch aufzuzwingen, daß man seine Armuth oder Noth ausnutzt, würde für offenbaren Raub gehalten werden. Von allen Uebelständen, die ein System, welches Menschen in Klassen und Kasten eintheilt, in sich trägt, ist der der größte, daß das Gefühl für gemeinsame Menschlichkeit geschwächt wird. Die ungleiche Vertheilung des Reichthumes, und noch viel mehr die ungleiche Gelegenheit, Erziehung und Kultur zu erlangen, zerriß die Gesellschaft Ihrer Zeit in Klassen, welche einander als abgesonderte Racen erschienen. Im Großen und Ganzen ist der Unterschied nicht so einschneidend zwischen unseren und Ihren Ideen in Bezug auf die Arbeitsfrage, als es beim ersten Anblick erscheint. Die Herren und Damen der gebildeten Klassen Ihrer Zeit erlaubten ebenso wenig als wir es thun, Einem ihres Standes ihnen Dienste zu leisten, die sie ihnen nicht erwidert haben würden. Auf die Armen und Ungebildeten jedoch blickten sie herab, als wären diese andere Geschöpfe als sie selbst. Der gleiche Reich= thum und die gleiche Cultur, deren sich heute Alle erfreuen, haben uns Alle zu Mitgliedern der einen Klasse gemacht, die der am meisten begünstigten Klasse Ihrer Zeit gleichkommt. Die Solidarität der Menschheit, die Brüderschaft aller Menschen konnte nicht zur wirklichen Ueberzeugung und zur praktischen Ausführung kommen, wie sie es heute ist, ehe die Gleichheit aller Zustände zu Wege gebracht worden war. Zu Ihrer Zeit wurden dieselben Ausdrücke gebraucht; sie waren aber nur leere Ausdrücke."

„Sind die Kellner auch Freiwillige?"

„Nein," antwortete Dr. Leete. „Die Kellner sind junge Männer der unklassifizirten Grade in der industriellen Armee, welchen allerhand Beschäftigungen zuertheilt wer= den, die keine besondere Fertigkeit nöthig haben. Tischbe= dienung ist eine dieser Arbeiten, und jeder junge Rekrut muß eine Zeit lang als Kellner dienen. Ich selbst war einige Monate Kellner in diesem selben Speisehause, vor ungefähr vierzig Jahren. Ich muß Sie wiederum daran erinnern, daß es keine anerkannte Verschiedenheit der Würde in den von der Nation verlangten Arbeiten giebt. Ein Mann be= trachtet weder sich selbst, noch wird er von Anderen als der

Diener Derer betrachtet, die er bedient; auch ist er in keiner Weise von ihnen abhängig. Es ist immer wieder die Nation, der er seine Dienste leistet. Es giebt keinen Unterschied zwischen den Functionen eines Kellners und denen irgend eines anderen Arbeiters. Unserer Ansicht nach ist es höchst gleichgültig, ob Tafel=Aufwarten ein persönlicher Dienst ist. Ein Arzt leistet dieselben Dienste. Ich könnte ebenso gut erwarten, daß unser Kellner eines Tages auf mich herab= blicken würde, weil ich ihm als Arzt diente, als daß ich auf ihn herunterschauen sollte, weil er mir die Dienste eines Kellners leistet."

Nach der Mahlzeit führten mich meine Freunde durch das Gebäude, dessen Ausdehnung, architectonische Pracht und reiche Ausstattung mich in Erstaunen setzten. Es schien nicht blos eine Speisehalle zu sein, sondern als sozialer Sammelpunkt für den Bezirk zu dienen, und keine Einrich= tung, die zur Unterhaltung oder Erholung beitragen konnte, schien zu fehlen.

Als ich meine Bewunderung ausdrückte, sagte Dr. Leete:

"Sie finden hier bewahrheitet, was ich Ihnen bei unserer ersten Unterhaltung sagte, als Sie zum ersten Male über die Stadt blickten, in Bezug auf die Pracht unseres öffent= lichen und gemeinsamen Lebens, im Vergleiche mit der Ein= fachheit unseres privaten, häuslichen Lebens, als auch über den Gegensatz, in welchem in dieser Beziehung das 20ste Jahrhundert zu dem 19ten steht. Um uns unnütze Lasten zu ersparen, haben wir zu Haus so wenige Geräthschaften um uns, als sich mit unserer Behaglichkeit verträgt. Die gesellschaftliche Seite unseres Lebens jedoch ist so luxuriös und prachtvoll, wie die Welt nie ein Aehnliches zuvor ge= sehen. Alle gewerblichen und professionellen Zünfte haben Club=Häuser so prächtig wie dieses und ebenso Häuser auf dem Lande, auf den Bergen und an der Seeküste, um während der Ferien sich darin zu erholen.*

* In der letzten Hälfte des 19ten Jahrhunderts pflegten arme junge Leute, die eine Universität besuchten, sich dadurch eine kleine Summe Geldes zu erwerben, womit sie alsdann ihr Studium bezahlten, daß sie während der langen Sommerferien Stellungen als Kellner in Gasthäusern annahmen. Während manche, die vom Vorurtheil ihrer Zeit befangen waren, sie tadelten und meinten, daß Personen, die sich einer so entehrenden Beschäftigung hingaben, keine Berechtigung hätten, sich zu den gebildeten Ständen zu zählen, meinten Andere, daß sie Lob dafür verdienten, daß sie durch ihr Beispiel die Würde ehrlicher und nothwendiger Arbeit vertheidigten. Die Anwendung dieses Argumentes beweist die allgemeine Gedankenverwirrung, die unter meinen früheren Zeitgenossen herrschte. Das Geschäft, am Tische aufzuwarten, bedurfte ebenso wenig der Vertheidigung, als irgend eine andere Beschäftigung, mit der Jemand damals seinen Lebensunterhalt erzielte. Es war jedoch absurd, auch nur von der Würde der Arbeit zu sprechen, unter einem System, wie es damals im Schwunge war. Seine Arbeit für den höchsten Preis zu verkaufen, den man dafür erlangen kann, ist nicht mehr würdevoll, als für Waaren den höchsten Marktpreis zu erzielen. Beides waren geschäftliche Handlungen, die nach dem geschäftlichen Maßstabe bemessen werden mußten. Der Arbeiter, der einen Preis in Geld auf seine Dienste setzte, acceptirte Geld als den Maßstab dafür und verzichtete auf jede Berechtigung, nach einem anderen Maßstabe beurtheilt zu werden. Der Schmutzflecken, den diese Anschauungsweise, selbst der edelsten und höchsten Dienstleistung anheftete, wurde bitterlich von edlen Seelen bedauert, konnte jedoch nicht beseitigt werden. Wie erhaben auch die Qualität der Arbeit eines Mannes war, die Nothwendigkeit zwang ihn, um den Preis zu schachern, den sie im Arbeitsmarkte brachte. Der Arzt mußte seine Heilkunst und der Apostel seine Predigt verkaufen. Der Prophet, der die Gottidee errathen, mußte um den Preis für die Offenbarung handeln, und der Dichter seine Waare auf dem Büchermarkte feilbieten. Wenn ich gefragt würde, die Glückseligkeit zu nennen, wodurch sich dieses Alter von dem, in welchem ich geboren, auszeichnet, so würde ich sagen, daß sie in der Würde besteht, die Ihr der Arbeit dadurch gegeben habt, daß Ihr keinen Preis darauf setzt und sie dem Markte dadurch entzieht, daß Ihr von Jedem verlangt, sein Bestes zu leisten. Dadurch habt Ihr Gott zu seinem Aufseher gemacht, und dadurch, daß Ihr Ehre zur alleinigen Belohnung für eine Errungenschaft erhoben, habt Ihr jedem Dienste jene Befriedigung zuertheilt, die zu meiner Zeit nur dem Soldaten zu Theil wurde.

Fünfzehntes Kapitel.

Auf unserer Inspektions-Fahrt kamen wir auch in die Bibliothek und konnten der Versuchung, uns in den luxuriös gepolsterten und mit Leder bezogenen Armstühlen, mit denen jedes Zimmer ausgestattet war, auszuruhen, nicht widerstehen. Wir setzten uns in eine der mit Büchern angefüllten Nischen nieder und plauderten.*

„Edith sagte mir," begann Frau Leete, „daß Sie den ganzen Morgen in der Bibliothek waren. Glauben Sie mir, daß ich Sie für den Beneidenswertheften der Sterblichen halte, Herr West?"

„Ich möchte gern wissen warum," antwortete ich.

„Weil Ihnen alle die Bücher des letzten Jahrhunderts neu sein müssen," erwiderte sie. „Unsere Literatur wird Sie so interessiren, daß wenn Sie auch nur einen Theil derselben werden zu bemeistern wünschen, Ihnen während der nächsten fünf Jahre kaum Zeit zum Essen bleiben wird. Ach, was würde ich nicht darum geben, wenn ich Berrian's Novellen noch nicht gelesen hätte."

„Oder Nesmyth's, Mamma," fiel Edith ein.

„Jawohl, oder ‚Oates Gedichte,' oder ‚Vergangenheit und Gegenwart,' oder ‚Im Anfang,' oder, — o ich könnte ein Dutzend Bücher nennen, von welchem jedes ein Jahr

---

* Ich kann die glorreiche Freiheit nicht genügend rühmen, die in den öffentlichen Bibliotheken des 20sten Jahrhunderts vorherrscht, im Gegensatze zu der umständlichen Verwaltung dieser Institute im 19ten Jahrhundert, in welchem die Bücher eifersüchtig dem Volke entzogen wurden und nur durch Aufwand vieler Zeit und unter Schwierigkeiten zu erlangen waren. Alles war darauf berechnet, jegliche Neigung für Literatur zu unterdrücken.

meines Lebens werth ist," rief Frau Leete enthusiastisch aus.

„Ich muß hieraus schließen, daß dieses Jahrhundert sich literarisch außerordentlich ausgezeichnet hat."

„Gewiß," antwortete Dr. Leete. „Es war ein Zeitalter von beispiellosem geistigen Glanze. Die menschliche Gesellschaft hat vielleicht niemals vorher eine moralische und materielle Umwandlung in so großem Maßstabe und in so kurzer Zeit durchgemacht, ähnlich der, die im Anfange dieses Jahrhunderts die alte Ordnung der Gesellschaft verwarf und eine neue hervorrief. Als die Menschen die Größe des Glückes, welches ihnen zugefallen war, zu begreifen anfingen und fanden, daß die Umwälzung, welche sie durchgemacht hatten, nicht nur eine Verbesserung der Einzelheiten ihrer Lage, sondern ein Aufschwung der Gesellschaft zu einer höheren Stufe von Existenz war, die noch einen unbegrenzten Fortschritt in Aussicht stellte, wurde ihr Geist in all seinen Fähigkeiten so angespornt, daß der Ausbruch der mittelalterlichen Renaissance kaum einen schwachen Vergleich damit aushält. Es folgte eine Periode von mechanischen Erfindungen, wissenschaftlichen Entdeckungen, Kunst, Musik und literarischen Schöpfungen, für welche kein verflossenes Zeitalter in der Weltgeschichte etwas Aehnliches vorweisen kann."

„Da wir gerade über Literatur sprechen, möchte ich fragen, „wie werden Bücher jetzt publizirt? Geschieht das auch durch die Nation?"

„Sicherlich."

„Aber wie ist dies möglich? Publizirt die Regierung Alles, was geschrieben wird, auf öffentliche Kosten, oder behält sie sich das Recht zu kritisiren vor und läßt nur das im Drucke erscheinen, was sie für würdig hält?"

„Weder das Eine, noch das Andere. Diejenige Abtheilung der Verwaltung, welche die Publikation der Bücher unter sich hat, hat durchaus keine censorische Gewalt. Sie muß Alles drucken, was vorgelegt wird, aber sie thut es unter der Bedingung, daß der Verfasser die ersten Kosten aus seinem Kredit trägt. Er muß für das Vorrecht, gehört zu werden, bezahlen, und wenn Jemand Etwas zu berichten hat, das des Anhörens werth ist, so bezahlt er, unserer Meinung nach, gern dafür. Wenn natürlich ein Mann ein größeres Einkommen hätte als ein anderer, wie es in früheren Zeiten der Fall war, so würde dieses Gesetz nur dem Reichen erlauben Verfasser zu sein, aber da alle Bürger gleichgestellt sind, dient es einfach als ein Maßstab für die Stärke der Motive eines Verfassers. Die Kosten der Auflage eines Buches können sehr leicht aus dem Kredite eines Jahres durch ein wenig Sparsamkeit und einigen sehr geringen Entbehrungen gedeckt werden. Wenn ein Buch publizirt ist, wird es von der Nation zum Verkaufe ausgestellt."

- „Der Verfasser erhält jedenfalls einen Prozentsatz vom Verkauf, wie es zu unserer Zeit geschah," warf ich ein.

„Nicht gerade wie zu Ihrer Zeit," erwiderte Dr. Leete; „aber immerhin in einer gewissen Weise. Der Preis eines Buches wird durch die Kosten seiner Publikation und den Prozentsatz für den Autor bestimmt. Der Verfasser bestimmt die Höhe dieses Prozentsatzes. Wenn er diesen zu hoch ansetzt, ist es natürlich sein eigner Schaden, denn das Buch findet dann keine Abnehmer. Der Betrag, den dieser Prozentsatz bringt, wird dem Kredite des Verfassers zugefügt und er selbst wird von jedem anderen Dienste, den er der Nation zu leisten verpflichtet ist, für so lange beurlaubt, als dieser Kredit hinreicht, ihn, wie jeden anderen Bürger, zu unterhalten.

„Wenn sein Buch nur einiger Maßen erfolgreich ist, so kann er dadurch einen Urlaub für mehrere Monate, ein, zwei oder drei Jahre gewinnen, und wenn er in der Zwischenzeit andere erfolgreiche Werke hervorbringt, so wird seine Dienstleistung so lange suspendirt, als der Verkauf seiner Bücher ihn dazu berechtigt. Ein vielgelesener Autor ist im Stande, sich durch seine Feder während seiner ganzen Dienstzeit zu unterhalten, und der Grad der literarischen Fähigkeiten eines Schreibers, durch die Volksstimme bestimmt, wird somit der Maßstab der ihm gebotenen Gelegenheit, seine Gesammtzeit der Literatur zu widmen. In dieser Hinsicht ist unser System nicht sehr verschieden von dem Ihrigen, mit Ausnahme zweier wichtiger Abweichungen. Erstens, die allgemeine Höhe der Erziehung erlaubt heutzutage der Volksstimme einen Ausschlag, in Bezug auf das wirkliche Verdienst eines literarischen Werkes zu geben, was zu Ihrer Zeit vollständig unmöglich war. Zweitens, giebt es heut keine Bevorzugungen irgend welcher Art, die der Anerkennung des wahren Verdienstes eines Werkes im Wege stehen würden. Jedem Verfasser ist dieselbe Gelegenheit, sein Werk dem Publikum vorzulegen, gegeben. Den Klagen der Schreiber Ihrer Zeit nach zu rechnen, würde eine solche absolute Gleichheit von ihnen aufs Höchste geschätzt worden sein."

„Sie folgen wohl auch," sagte ich, „einem ähnlichen Principe in der Anerkennung von Verdienst in anderen Feldern, wo sich, wie in Musik, Kunst und Erfindung, originales Genie zu erkennen giebt?"

„Ja," erwiderte er, „obgleich ein Unterschied in den Einzelheiten stattfindet. In der Kunst z. B. wie in der Literatur ist das Volk der alleinige Richter. Es stimmt für die Annahme von Statuen und Gemälden für die öffentlichen Gebäude, und ein günstiger Wahl=Ausfall bringt dem Künst=

ler Erlaß anderer Arbeiten und erlaubt ihm, sich seiner Kunst ganz hinzugeben. Durch Copieen seiner Arbeit, die verkauft werden, erhält er dieselben Vortheile, die der Verfasser von dem Verkauf seiner Bücher erhält. Der Plan ist derselbe in all denjenigen Fächern, in welchen originales Genie sich zeigt, nämlich allen Aspiranten ein freies Feld offen zu lassen, und sobald außerordentliches Talent sich zeigt, dasselbe von allen Fesseln zu befreien und ihm freien Lauf zu lassen. Die Freilassung vom Dienste ist in allen diesen Fällen nicht als ein Geschenk oder eine Belohnung zu betrachten, sondern als ein Mittel, bessere und vielfältigere Dienste zu erlangen. Wir haben außerdem verschiedene Institute für Literaten und Künstler, die ihre Mitgliederschaft unter den Berühmtesten wählen, und zu welchen zu gehören außerordentlich hoch geschätzt wird. Die höchste aller Ehrenbezeugungen der Nation, höher selbst als die der Präsidentschaft, die ja nur durch gesunden Verstand und getreue Pflichterfüllung bedingt wird, ist das rothe Band, welches mittelst eines Plebiscits den großen Autoren, Künstlern, Maschinenbauern, Aerzten und Erfindern des Zeitalters zuertheilt wird. Eine gewisse Anzahl nur trägt es zur Zeit, obgleich jeder befähigte junge Mann im Lande davon träumt. Selbst mir ist dies begegnet."

„Als ob Mama und ich mehr von Dir gehalten hätten, wenn Du es bekommen hättest," rief Edith aus, „und doch ist es schön, es zu haben."

„Du, meine Liebe, hattest keine Wahl," erwiderte Dr. Leete. „Du mußtest Deinen Vater nehmen, wie Du ihn fandest, Deine Mutter jedoch würde mich nie genommen haben, hätte ich ihr nicht versichert, daß ich das rothe oder wenigstens das blaue Band erringen würde."

Frau Leete's einzige Antwort darauf war ein Lächeln.

„Wie verhält es sich mit Zeitschriften und Zeitungen," fragte ich? „Es ist nicht zu leugnen, daß Ihr System des Buchverlages das unsrige bedeutend übertrifft, sowohl in Bezug Talent zu ermuthigen, als Kleckser zu entmuthigen; ich sehe jedoch nicht, wie dasselbe auch seine Anwendung auf Magazine und Zeitungen finden kann. Man kann wohl Jemanden zwingen, für die Veröffentlichung eines Buches zu zahlen, weil eine solche Ausgabe nur einmal vorkommt; Niemand jedoch würde im Stande sein, die Kosten für die Veröffentlichung einer täglichen Zeitung aufzubringen. Selbst die reichsten Kapitalisten unserer Zeit waren nicht im Stande eine solche Ausgabe auf die Dauer auszuhalten, und erschöpften oft ihre tiefen Taschen, ehe sich das Unternehmen bezahlte. Wenn Sie überhaupt Zeitungen haben, so müssen diese, wie mir scheint, durch die Regierung, auf allgemeine Kosten veröffentlicht werden, mit einem von der Regierung angestellten Redacteur, der natürlicher Weise auch nur die Meinung der Regierung wiedergiebt. Wenn Ihr System nun so vollkommen ist, daß nie das Geringste daran zu tadeln ist, so mag eine solche Einrichtung wohl hinreichen; ist dies jedoch nicht der Fall, so muß der Mangel eines unabhängigen, nicht amtlichen Organs für den Ausdruck der öffentlichen Meinung höchst unglückliche Resultate zur Folge haben. Gestehen Sie es nur, Herr Doctor, daß die freie Presse mit allem, was sie enthielt, ein Lichtstrahl in dem alten System war, z. B. als das Kapital sich in Privathänden befand, und daß, während Sie anderseitig gewonnen haben mögen, Sie hier in dieser Beziehung einen Verlust erlitten haben müssen."

„Ich fürchte," erwiderte der Doctor lachend, „daß ich auch darin Ihnen keinen Trost ertheilen kann. In erster Reihe ist die Presse ganz und gar nicht der einzige und, wie es uns erscheint, beste Ausdruck der öffentlichen Meinung. Es erscheint uns, daß das Urtheil Ihrer Zeitungen nicht nur grob und schnippisch, sondern auch bitter und vorurtheilsvoll war. In so weit als sie die öffentliche Meinung ausdrückten, geben sie eine unangenehme Vorstellung von der Intelligenz des Volkes, während, wenn sie es versuchten die öffentliche Meinung zu beeinflussen, die Nation sicherlich nicht beglückwünscht werden konnte. Heutzutage, wenn Jemand einen ernsten Einfluß auf die öffentliche Meinung, in Bezug auf irgend eine öffentliche Handlung ausüben will, so giebt er ein Buch oder eine Broschüre heraus, die wie andere Bücher verlegt werden. Dabei entbehren wir jedoch nicht der Zeitungen und Magazine, noch entbehren diese absoluter Freiheit. Die Tages-Presse ist so organisirt, daß sie viel besser der Ausdruck der öffentlichen Meinung ist, als sie es möglicher Weise zu Ihrer Zeit sein konnte, als das Kapital sie kontrollirte, sie in erster Linie zu einem lucrativen Geschäfte machte, und dann erst in zweiter Linie als ein Mundstück des Volkes auftreten ließ."

„Aber," sagte ich, „wenn die Regierung eine Zeitung auf öffentliche Kosten druckt, so muß sie doch nothwendiger Weise deren Tendenz kontrolliren? Wer anders ernennt die Redacteure als die Regierung?"

„Die Regierung zahlt weder die Ausgaben einer Zeitung, noch ernennt sie deren Redacteure, noch übt sie den geringsten Druck auf ihre Tendenz aus," erwiderte Dr. Leete. „Die Leute, die die Zeitung lesen, zahlen für die Publikation, wählen ihren Redacteur, und entlassen ihn, wenn er ihnen nicht Genugthuung giebt. Sie werden zugestehen müssen, daß solch eine Zeitung ein freies Organ der öffentlichen Meinung ist."

„Ganz entschieden," erwiderte ich, „aber wie ist das ausführbar?"

„Nichts kann einfacher sein. Gesetzt, einige meiner Nachbarn und ich selbst meinen, daß wir eine Zeitung haben sollten, die unsere Ansichten wiederspiegeln und die ganz besonders das Interesse unserer Localität, unseres Gewerbes und unseres Standes im Auge haben sollte. Wir sammeln alsdann Unterschriften, bis wir so viele Namen haben, daß ihre jährliche Subscription die Kosten der Zeitung deckt, welche gering oder groß sind, mit Bezug auf die Menge ihrer Gründer. Der Subscriptions-Preis, der von den Kredit-Karten der Bürger abgenommen wird, sichert die Nation gegen einen Verlust in der Publikation der Zeitung, da dieselbe, verstehen Sie es wohl, nur das Amt des Verlegers ausübt und keine Wahl hat, diese Pflicht zu verweigern. Die Subscribenten erwählen alsdann einen Redacteur, der, wenn er das Amt annimmt, von allen anderen Diensten entbunden wird. Anstatt ihm einen Gehalt zu zahlen, wie zu Ihrer Zeit, zahlen die Subscribenten der Nation eine Entschädigung, die dem Preise für seinen Unterhalt gleichkommt, da sie ihn ja dem allgemeinen Dienste entziehen. Er leitet die Zeitung gerade wie es die Redacteure Ihrer Zeit thaten, nur daß er sich nicht finanziellen Rücksichten zu unterwerfen, noch die Interessen des privaten Kapitals dem öffentlichen Wohle gegenüber zu vertheidigen hat. Am Jahresschlusse erwählen die Subscribenten entweder den früheren Redacteur für das kommende Jahr, oder besetzen seine Stelle mit einem anderen. Ein tüchtiger Redacteur behält seine Stelle fortwährend. Wenn die Subscriptions-Liste größer wird, und dadurch die Einnahmen der Zeitung sich vergrößern, so wird sie dadurch verbessert, daß mehr und tüchtigere Mitredacteure angestellt werden, gerade wie zu Ihrer Zeit."

„Wie werden die Mitarbeiter bezahlt, da sie doch nicht mit Geld bezahlt werden können?"

„Der Redacteur kommt mit ihnen über den Preis ihrer Waare überein. Der Betrag wird von dem garantirten Krebit der Zeitung auf ihren individuellen Kredit übertragen, und der Mitarbeiter wird vom Dienste entlassen je nach dem ihm zukommenden Betrage, gerade so wie andere Autoren. Mit Monatsschriften ist das System dasselbe. Diejenigen, die sich für den Prospectus einer neuen Zeitschrift interessiren, subscribiren hinreichend, um dieselbe ein Jahr lang erscheinen zu lassen, erwählen einen Redacteur, der seine Mitarbeiter, wie vorher beschrieben, bezahlt; die Staatsdruckerei besorgt natürlicher Weise die nöthige Arbeitskraft und das nöthige Material für die Veröffentlichung. Wenn die Dienste eines Redacteurs nicht mehr gewünscht werden, und er das Anrecht auf seine Zeit nicht durch andere literarische Arbeit erringen kann, so tritt er einfach wieder in die industrielle Armee zurück. Ich will noch hinzufügen, daß, obgleich gewöhnlich ein Redacteur für ein Jahr gewählt wird und in der Regel Jahre lang im Dienste bleibt, dennoch dafür gesorgt ist, daß, im Falle er den Ton der Zeitung plötzlich ändern sollte, die Subscribenten ihn sofort entlassen können."

„Wie ernstlich auch Jemand sich nach Muße fürs Studium oder geistiger Betrachtung sehnen mag," sagte ich, „so kann er, wenn ich Sie recht verstanden habe, sich der Arbeit nicht entziehen, außer dadurch, daß er, wie Sie vorher erwähnten, sich entweder in der Literatur, in der Kunst oder durch Erfindungen hervorthut, oder daß er in der Nation eine hinreichende Anzahl Leute findet, die zu einer Entschädigung für seinen Unterhalt beitragen."

„So ist es in der That," erwiderte Dr. Leete, „kein arbeitsfähiger Mann kann es heutzutage vermeiden, seinen Theil zum allgemeinen Wohl beizutragen, noch kann er durch die Arbeit Anderer erhalten werden, gleichviel ob er sich den wohlklingenden Namen eines Gelehrten beilegt, oder überhaupt zugesteht, daß er nicht arbeiten will. Unser System ist jedoch so elastisch, daß es Spielraum giebt für jede Anlage eines Menschen, die nicht gerade danach strebt, über Andere zu herrschen, oder von den Früchten der Arbeit Anderer zu leben. Dann giebt es aber auch nicht allein einen Erlaß der Arbeit durch Entschädigung, sondern auch einen Erlaß durch Selbst=Entsagung. Wenn ein Mann in seinem dreiundbreißigsten Jahre, in welchem er die Hälfte seiner Dienstzeit überstanden hat, es so wünscht, so kann er eine ehrbare Entlassung von der Armee erlangen, unter der Bedingung, daß er für den Rest seines Lebens nur die Hälfte des Krebits, zu dem jeder Bürger berechtigt ist, empfängt. Die Möglichkeit ist vorhanden, mit einem solchen Betrage auszukommen, jedoch muß eine solche Person alsdann auf jeden Luxus und sogar auf Behaglichkeit des Lebens Verzicht leisten."

Als die Damen sich später zurückzogen, brachte mir Edith ein Buch und sagte:

„Wenn Sie heute nicht bald einschlafen sollten, Herr West, würden Sie es vielleicht interessant finden, diese Geschichte von Berrian durchzublättern. Es wird als sein Meisterstück angesehen und dürfte Ihnen einen Begriff von den Novellen unserer Zeit geben."

Ich saß in meinem Zimmer die ganze Nacht bis der Morgen dämmerte und las „Penthesilia," und legte das Buch nicht nieder, bis ich es ausgelesen hatte. Möge keiner der Bewunderer des großen Romantikers des 20sten Jahrhunderts meine Worte falsch auffassen, wenn ich sage, daß im Anfange des Lesens nicht das einen so großen Eindruck auf mich machte, was in dem Buche stand, sondern gerade das, was nicht darinnen stand. Die Novellisten meiner Zeit würden die Aufgabe, Ziegelsteine ohne Stroh herzustellen, leichter gefunden haben, als einen Roman zu schreiben, in welchem alle Affecte, die von dem Gegensatze des Reichthums zur Armuth, der Bildung zur Unwissenheit, der Rohheit zur Wohlgezogenheit abgeleitet worden, ausgeschlossen sind, von welchem alle Motive, deren Ursprung sozialer Stolz und Ehrgeiz, der Wunsch reicher oder die Furcht ärmer zu werden, nebst der niedrigeren Aengstlichkeit für das Lebe Selbst verbannt sein sollte, ein Roman, in welchem Liebe natürlich vorwalten, Liebe jedoch, ungehindert durch künstliche Hemmnisse, wie Verschiedenheit in Stellung und Vermögen, Liebe, die kein anderes Gesetz kennt, als das des Herzens. „Penthesilia" war für mich von größerem Werthe als eine Menge von Erklärungen es hätten sein können, um mir einen Eindruck von der sozialen Einrichtung des 20sten Jahrhunderts zu geben. Die Informationen des Dr. Leete waren sicherlich sehr weitgehend, aber sie erschienen meinem Geiste als eben so viele abgesonderte Eindrücke, welche zusammen zu stellen mir bisher nur unvollkommen gelungen war. Berrian hatte sie für mich wie in einem Bilde zusammengefaßt.

Sechzehntes Kapitel.

Den nächsten Morgen stand ich etwas zeitiger als gewöhnlich auf. Als ich die Treppe hinabging, trat Edith aus dem Zimmer, in welchem sich die, in einem vorangegangenen Kapitel beschriebene Scene abgespielt hatte, in die Halle.

"Ach!" rief sie mit bezauberndem Ausdrucke: "Sie wollten wohl, ohne daß wir es wüßten, wiederum einen einsamen Morgen-Spaziergang machen, aber, wie Sie sehen, bin ich Ihnen dieses Mal zuvorgekommen. Ich habe Sie gefangen.

"Sie setzen die Wirkung Ihrer Kur herab," sagte ich, "wenn Sie voraussetzen, daß solch ein Ausflug für mich noch von großem Nachtheile sein könnte."

"Es freut mich wirklich sehr, dies zu hören," antwortete sie. "Ich war hier mit dem Arrangiren der Blumen für den Frühstückstisch beschäftigt, als ich sie herunter kommen hörte, und ich glaubte irgend etwas Heimliches in Ihrem Schritte auf der Treppe zu entdecken."

"Sie thaten mir Unrecht," sagte ich. "Ich dachte gar nicht daran, auszugehen."

Ungeachtet ihrer Bemühung, mich glauben zu machen, daß sie nur zufällig mich abgefangen, kam mir dennoch der Verdacht (und wie ich später erfuhr, mit vollem Rechte), daß dieses süße Geschöpf in Erfüllung ihrer selbstauferlegten Vormundschaft über mich seit den letzten zwei oder drei Morgen zu einer unerhört frühen Stunde aufgestanden war, um der Möglichkeit vorzubeugen, daß ich wieder allein

Ein Rückblick.

ausginge im Falle ich, wie das erste Mal vom Heimweh ergriffen werden sollte. Sie gab mir Erlaubniß, ihr beim Binden des Straußes zu helfen, und ich folgte ihr in das Zimmer zurück, aus welchem sie gekommen war.

„Sind Sie überzeugt," fragte sie, „daß solch schreckliche Empfindungen, wie die jenes Morgens, Sie nicht mehr anwandeln werden?"

„Fast möchte ich sagen," antwortete ich, „daß mich manchmal ein seltsames Gefühl überkommt; Augenblicke, in denen meine eigne Persönlichkeit für mich eine offene Frage ist. Es wäre zu viel verlangt, zu erwarten, daß ich, nach meinen Erfahrungen, nicht zuweilen Schwäche fühlen sollte, aber gänzlich zusammen zu brechen, wie an jenem Morgen, glaube ich, nicht länger in Gefahr zu sein."

„Ich werde nie vergessen," sagte sie, „wie Sie an jenem Morgen aussahen."

„Wenn Sie nur mein Leben gerettet hätten," fuhr ich fort, „könnte ich vielleicht Worte finden, meine Dankbarkeit auszudrücken, aber es war mein Verstand, welchen Sie retteten, und dafür giebt es keine Worte, die die Schuld, welche ich Ihnen trage, verringern würde." Ich sprach voller Bewegung und ihre Augen füllten sich plötzlich mit Thränen.

„Es ist zu viel, all dies zu glauben," sagte sie, „dennoch aber ist es sehr angenehm, es Sie sagen zu hören. Was ich gethan, war sehr wenig, ich weiß es, ich war sehr besorgt um Sie. Mein Vater ist der Ansicht, daß uns nichts in Erstaunen setzen sollte, was sich wissenschaftlich erklären läßt. Ihr langer Schlaf mag wohl auf solch natürliche Ursachen zurückgeführt werden können, wenn ich jedoch mich nur in Ihre Lage denke, überkommt mich ein Schwindel. Ich bin überzeugt, daß ich es unmöglich würde haben ertragen können."

„Das hängt davon ab," erwiderte ich, „ob ein Engel gekommen wäre, Sie in jener Krisis mit seiner Sympathie zu unterstützen, wie ein solcher mir nahte?" Wenn mein Gesicht überhaupt das Gefühl ausdrücken konnte, welches ich rechtlicher Weise für dieses liebenswürdige junge Mädchen, das die Rolle eines Engels mir gegenüber gespielt hatte, empfand, so mußte dieser Ausdruck gerade in diesem Augenblicke der Ausdruck der Verehrung sein. Dieser Ausdruck, oder meine Worte, oder beides zusammen, hatten zur Folge, daß sie erröthend ihre Augen senkte.

„Wenn Ihre Erfahrung," sagte ich, „nicht ganz so aufregend als die meinige gewesen ist, so muß es dennoch überwältigend für Sie gewesen sein, einen Mann, der einem fremden Jahrhunderte angehörte, und der scheinbar hundert Jahre zu den Todten gehört hatte, ins Leben zurückgerufen zu sehen."

„Es schien in der That anfangs sehr befremdlich," sagte sie, „aber als wir uns in Ihre Lage versetzten, und daran dachten, wie viel fremdartiger Ihnen Alles erscheinen müsse, da vergaßen wir an uns; ich wenigstens. Es schien mir nicht mehr so erstaunenswerth, als interessant und rührend, und übertraf Alles, was ich je zuvor gehört."

„Ueberrascht Sie jedoch nicht zuweilen ein Gefühl des Erstaunens, wenn Sie mit mir an einem Tische sitzen, nachdem Sie wissen, wer ich bin?"

„Sie müssen bedenken," antwortete sie, „daß Sie uns nicht so fremd erscheinen, als wir Ihnen. Wir gehören einer Zukunft an, von der Sie keine Idee hatten, einer Generation, von der Sie nichts wußten, bis Sie uns sahen. Sie jedoch gehören einem Geschlechte an, zu dem unsere Voreltern gehörten. Wir wissen Alles über Sie, und manche der Namen jener Zeit sind Haushaltsworte für uns geworben. Wir haben aus Ihrer Denk- und Lebensweise ein Studium gemacht. Nichts, was Sie sagen oder thun, überrascht uns, während Alles, was wir sagen oder thun, Ihnen fremd erscheint. Sie sehen also, Herr West, daß Sie uns vom Beginne an ganz und gar nicht so sehr fremdhaft erschienen sind."

„Daran habe ich natürlich nicht gedacht," erwiderte ich, „und in dem, was Sie sagen, liegt viel Wahres. Man kann eher auf tausend Jahre zurückblicken, als fünfzig Jahre voraus. Ein Jahrhundert erfordert keinen so sehr großen Rückblick; ich mag vielleicht Ihre Urgroßeltern gekannt haben. Wohnten diese in Boston?"

„Ich glaube."

„Sind Sie dessen nicht gewiß?"

„Ja," erwiderte sie, „ich bin jetzt überzeugt, daß sie hier wohnten."

„Ich hatte einen großen Zirkel von Bekanntschaften in der Stadt," sagte ich, und es ist sehr gut möglich, daß ich einige von ihnen kannte. Würde es nicht sehr interessant für Sie sein, wenn ich z. B. im Stande wäre, Ihnen Etwas von Ihrem Urgroßvater zu erzählen?"

„Sehr interessant!"

„Kennen Sie Ihre Abstammung so genau, daß Sie mir sagen könnten, wer Ihre Voreltern in dem Boston meiner Zeit waren?"

„O ja."

„Vielleicht werden Sie mir gelegentlich einige Namen nennen."

Sie war gerade beschäftigt, einige Zweige zu arrangiren, die sich gar nicht fügen zu wollen schienen, und sie antwortete nicht gleich. Schritte auf der Treppe verkündeten, daß auch die anderen Mitglieder der Familie herabkamen.

„Vielleicht, gelegentlich," sagte sie.

Nach dem Frühstück schlug Dr. Leete vor, das Central-Waarenlager zu besichtigen und die Maschinerie der Vertheilung in voller Thätigkeit zu sehen, die Edith mir beschrieben hatte. Als wir aus dem Hause gingen, sagte ich, „Es sind nun mehrere Tage, seitdem ich in Ihrem Haushalte eine höchst sonderbare Stellung einnehme. Ich habe deshalb noch nicht eher davon gesprochen, weil so viele andere, außergewöhnliche Eindrücke mich bestürmten. Jetzt aber, da ich den Boden unter meinen Füßen zu fühlen anfange, und einsehen lerne, daß, gleichgültig wie ich hierher kam, ich nun einmal hier bin und mich in meine Lage zu schicken habe, drängt es mich, darüber zu sprechen."

„Daß Sie ein Gast in meinem Hause sind," erwiderte Dr. Leete, „müssen Sie sich nicht zu Herzen nehmen, denn ich hoffe, Sie noch lange bei mir zu behalten. Mit all Ihrer Bescheidenheit, müssen Sie doch zugeben, daß ein solcher Gast, wie Sie es sind, eine Aquisition ist, die man nicht gern aufgiebt."

„Ich danke Ihnen, Herr Doctor, sagte ich. „Es würde gewiß lächerlich sein, wenn ich ein Zartgefühl fingirte, in Bezug auf die zeitweilige Gastfreundschaft, die Sie, dem ich es schulde, daß ich nicht noch im Reiche der Todten mich befinde, mir angedeihen lassen. Wenn ich aber ein Bürger dieses Jahrhunderts in Permanenz werden soll, so muß ich doch irgend welche Stellung ausfüllen. Wenn zu meiner Zeit Jemand in ähnlicher Weise in der Welt erschienen wäre, so würde er in dem Menschengedränge übersehen worden sein, und hätte sich einen Platz erringen können, wenn er die nöthige Kraft dazu gehabt hätte. Hier aber ist Jeder ein Theil eines Systems, hat seinen Platz und seine vorgeschriebene Function. Ich stehe außerhalb dieses Systems,

Ein Rückblick.

und sehe gar nicht, wie ich hineinkommen kann, ohne aufs Neue geboren, oder als Emigrant von einem anderen System übermittelt zu werden."

Dr. Leete lachte herzlich. „Ich gestehe zu," sagte er, „daß unser System mangelhaft ist in so fern, als es keine Vorkehrungen für Fälle Ihrer Art getroffen, aber Niemand dachte an solche Zuschüsse zur Welt auf solch ungewöhnliche Weise. Haben Sie jedoch keine Furcht, daß wir im Laufe der Zeit nicht einen Platz und eine passende Beschäftigung für Sie werden finden können. Sie sind bis jetzt nur mit den Mitgliedern meiner Familie in Berührung gekommen. Sie müssen jedoch nicht glauben, daß ich ein Geheimniß aus Ihnen gemacht. Im Gegentheil, Ihr Fall hat schon vor Ihrem Wiedererwachen, und seitdem noch vielmehr, das größte Aufsehen erregt. In Rücksicht auf Ihren nervösen Zustand hielt man es für das Beste, daß ich ausschließlich Sie in Obhut nähme, und daß Sie durch mich und meine Familie eine allgemeine Idee von der Welt, in die Sie zurückgekommen, erhalten sollen, ehe Sie weitere Bekanntschaften mit deren Bewohnern anknüpfen. In Bezug einer Stellung für Sie in der Gesellschaft war man sofort entschieden. Wenige von uns haben es in unserer Gewalt, so große Dienste der Nation zu leisten, wie Sie es im Stande sein werden. Sie müssen jedoch noch lange nicht daran denken."

„Was kann das wohl sein?" fragte ich. „Sie denken gewiß, daß ich irgend ein Geschäft oder eine Kunst verstehe. Nicht im Geringsten. Ich habe in meinem ganzen Leben keinen Thaler verdient, oder eine Stunde lang gearbeitet. Ich bin stark und kann vielleicht als gewöhnlicher Arbeiter dienen, aber nichts mehr."

„Wenn das der wichtigste Dienst wäre, den Sie der Nation zu leisten im Stande wären, so würden Sie finden, daß dieser Beruf für gerade so ehrenhaft gehalten wird wie irgend ein anderer," erwiderte Dr. Leete; „aber Sie können etwas Besseres thun. Sie sind sicherlich eine Autorität für alle unsere Geschichtsschreiber in allen Fragen, die sich auf die sozialen Zustände des letzten Theiles des neunzehnten Jahrhunderts beziehen, welches für uns eine der interessantesten Perioden ist. Wenn Sie sich nach einiger Zeit hinreichend mit unseren Institutionen bekannt gemacht haben werden und bereit sein sollten, uns über Ihre Zeit belehren zu wollen, so wird Ihnen eine Professur auf einer unserer Universitäten offen stehen."

„Sehr gut," sagte ich, erleichtert durch einen so praktischen Vorschlag in Bezug auf einen Punkt, der mir Sorge zu machen angefangen hatte. „Wenn Sie sich in der That für das neunzehnte Jahrhundert interessiren, dann kann ich wohl Beschäftigung finden, sonst könnte ich wohl kaum mein Salz verdienen; aber ohne Eigendünkel darf ich wohl sagen, daß ich für einen solchen Posten, wie Sie ihn beschrieben, qualifizirt bin."

Siebzehntes Kapitel.

Ich fand die Verhandhabung der Waaren im Lagerhause so interessant, wie Edith sie beschrieben hatte, und mein freudiges Erstaunen über die wahrhaft merkwürdige Veranschaulichung dessen, was durch Gesammt-Thätigkeit und perfecte Organisation hergestellt werden kann, war grenzenlos. Das Waarenlager erschien mir wie eine riesengroße Mühle, in deren oberen Theil ganze Wagen- und Schiffsladungen hineingeschüttet wurden, um in dem unteren, in Paketchen, einige Pfund oder einige Loth, einige Ellen oder einige Zoll, einige Gallonen oder einige Quartierchen enthaltend, hervor zu kommen, den complicirten Bedürfnissen einer halben Million Menschen entsprechend. Dr. Leete, dem ich eine Beschreibung von der Art und Weise gab, wie Waaren zu meiner Zeit verkauft wurden, rechnete die erstaunlichen Resultate aus, die durch das moderne System, was Sparsamkeit anbetrifft, erzielt werden. Als wir nach Hause gingen, sagte ich:

„Nach dem, was ich heute gesehen, mit dem, was Sie mir erzählt, und was ich unter Fräulein Leete's Leitung im Musterlager erfahren, habe ich eine ziemlich klare Idee Ihres Vertheilungs-Systems, und wie dieses jede Mittelperson entbehrlich macht, gewonnen. Ich möchte jedoch gern etwas mehr über das System erfahren, nach welchem alle diese Waaren produzirt werden. Sie haben mir im Allgemeinen erklärt, auf welche Weise Ihre industrielle Armee ausgehoben und organisirt wird, wer aber dirigirt Ihre

Arbeit? Welche höchste Autorität bestimmt, was in jeder Abtheilung geschehen soll, so daß von Allem genug produzirt und dennoch nichts an Arbeitskraft verschwendet wird? Es scheint mir, als müßte dies eine schwierige und verwickelte Function sein, die eine ganz außergewöhnliche Befähigung verlangt."

„Scheint das Ihnen in der That so?" fragte Dr. Leete. „Seien Sie versichert, daß einerseits das System so einfach ist, und anderseits die Prinzipien, von welchen es abhängt, so leicht durchgeführt werden können, daß die Beamten in Washington, denen diese Arbeit anvertraut ist, nur ihren gesunden Menschenverstand anzuwenden haben, um ihre Pflicht zur Zufriedenheit der gesammten Nation zu erfüllen. Die Maschinerie, die sie leiten, ist freilich eine sehr complicirte, aber so logisch in ihren Prinzipien, und so einfach und bestimmt in ihrer Thätigkeit, daß sie beinahe ohne jede Hülfe im Gange bleibt, und daß nur ein Narr sie in Unordnung bringen könnte. Dies werden Sie selbst einsehen, nachdem ich Ihnen die nöthigen Erklärungen gegeben. Da Sie bereits eine ziemlich gute Idee über unser Vertheilungs=System haben, so wollen wir an diesem Ende beginnen. Selbst zu Ihrer Zeit waren Statistiker im Stande, Ihnen vorzurechnen, wie viel Ellen Wollenstoff, Sammet oder Kattun, wie viel Fässer Mehl, Kartoffeln, Butter, wie viel Paar Schuhe, wie viel Hüte und Regenschirme jährlich von der Nation verbraucht wurden. Da die Production in Privathänden war, und da man keine Statistik über die wirkliche Vertheilung erlangen konnte, so waren diese Zahlen nicht ganz, sondern nur annähernd correct. Jetzt, da jede Stecknadel, die das nationale Waarenlager verläßt, gebucht wird, sind die Zahlen, die den Gebrauch per Woche, Monat oder Jahr angeben, und die im Besitze des Vertheilungs=Bureaus am

Ende jeder dieser Perioden sind, höchst genau. Auf diese Zahlen werden alle Veranschlagungen für ein Jahr voraus bestimmt, wenn gleich Raum gelassen wird für eine mögliche unvorhergesehene Abnahme oder Steigerung der Bedürfnisse. Diese Veranschlagungen werden von der General-Administration acceptirt, und das Vertheilungs-Bureau hat alsdann keine weitere Verantwortlichkeit zu tragen, als die bestellten Waaren abzuliefern. Ich spreche hier von der Veranschlagung, die ein Jahr voraus gemacht wird; in der That jedoch wird eine so lange Frist nur für solche Artikel gegeben, nach denen eine stetige und immerwährende Nachfrage ist. Bei anderen Artikeln von geringerer Wichtigkeit, in Bezug auf welche der Geschmack und die Mode leicht wechselt und die Neuheit meistens den Verkauf bestimmt, wird die Production auf gleichem Fuße mit dem Verbrauch gehalten, und das Vertheilungs-Bureau liefert häufigere Veranschlagungen, die sich auf den wöchentlichen Verbrauch basiren. Die ganze productive Industrie ist in zehn große Abtheilungen eingetheilt, von denen eine jede eine Gruppe verwandter Gewerbe umfaßt, und in welcher ein jedes Gewerbe durch ein besonderes Bureau vertreten ist, welches einen vollständigen Plan über die Geschäfts-Anlage, die Anzahl beschäftigter Personen, über die gegenwärtige Production und über die Mittel, diese zu steigern, besitzt. Die Veranschlagungen des Vertheilungs-Bureaus, nachdem sie von der General-Verwaltung angenommen worden sind, werden an die zehn großen Abtheilungen gesandt, welche sie wiederum den untergeordneten Abtheilungen zutheilen, und diese setzen alsdann die Mannschaft in Thätigkeit. Jedes Bureau ist für die ihm zuertheilte Aufgabe verantwortlich, und diese Verantwortlichkeit wird nicht nur durch Aufsicht in der betreffenden Abtheilung, oder durch die der Administration erzwungen, sondern das Vertheilungs-Departement nimmt keine Sendung an, ohne sie vorher genau besichtigt zu haben. Wenn ein Artikel sich als unbrauchbar, selbst in den Händen eines Consumenten, beweist, so kann der Fehler bis auf den Arbeiter, der ihn begangen, zurückgeführt werden. Die Production von Waaren für täglichen Verbrauch verlangt natürlich nicht die gesammte nationale Arbeiterkraft. Nachdem die nöthigen Mannschaften den verschiedenen Industrieen zuertheilt worden sind, wird die zurückbleibende Arbeiterkraft dafür verwendet, Kapital zu schaffen, nämlich Gebäude, Maschinen u. s. w. herzustellen."

„Es scheint mir," sagte ich, „daß in einem Punkte dennoch Unzufriedenheit herrschen müsse. So lange der Unternehmungsgeist von Privatpersonen nicht zum Ausdrucke gelangen kann, wie werden Artikel produzirt, die vielleicht keinen großen Absatz in Aussicht stellen. Die Wenigen, die, um ihre Neigung zufrieden zu stellen, den Artikel kaufen würden, können durch ein amtliches Decret daran gehindert werden, weil eben die Majorität ihren Geschmack nicht theilt."

„Das würde in der That Tyrannei sein," erwiderte Dr. Leete, „und Sie dürfen sich fest darauf verlassen, daß etwas Derartiges bei uns nicht vorkommen kann, da uns die Freiheit so theuer ist, als Gleichheit und Brüderlichkeit. Wenn Sie erst unser System besser kennen gelernt haben werden, so werden Sie finden, daß unsere Beamten in Wirklichkeit und nicht blos dem Namen nach die Agenten und Diener des Volkes sind. Die Regierung hat keine Gewalt die Fabrikation irgend eines Artikels zu hindern, so lange die geringste Nachfrage dafür vorhanden ist. Gesetzt, die Nachfrage fiele so ab, daß die Production des Artikels sehr hoch zu stehen käme, so wird der Preis desselben um ebenso viel in die Höhe geschraubt, und so lange sich ein Käufer findet, wird die Fabrikation fortgesetzt. Wenn ein Artikel, der vorher nicht producirt worden, verlangt wird, und die Regierung in Zweifel ist, ob je Nachfrage dafür sein würde, so muß durch eine Petition die Garantie für einen gewissen Absatz gegeben werden, um die Regierung zur Production zu verpflichten. Eine Regierung, oder eine Majorität, welche es wagen wollte dem Volke oder auch nur einer Minorität vorzuschreiben, was gegessen, getrunken oder getragen werden solle, wie das zu Ihrer Zeit in Amerika der Fall gewesen sein soll, würde uns als ein wunderlicher Anachronismus erscheinen. Sie hatten möglicher Weise Gründe, weshalb Sie diese Einschränkungen persönlicher Unabhängigkeit duldeten, uns würden sie unerträglich erscheinen. Ich freue mich, daß Sie diesen Punkt erwähnten, weil ich dadurch Gelegenheit gewann, Ihnen zu zeigen, wie viel besser der einzelne Bürger bei uns die Production kontrolliren kann, als er es zu Ihrer Zeit im Stande war, zur Zeit, als Privat-Iniative herrschte, obgleich sie mit besserem Rechte die Initiative der Kapitalisten hätte genannt werden sollen, denn der gewöhnliche Bürger hatte wenig genug darüber zu bestimmen."

„Sie erwähnten vorher," sagte ich, „daß der Preis von Artikeln gesteigert werden könne. Wie können überhaupt Preise regulirt werden in einem Lande, in dem keine Competition zwischen Käufern und Verkäufern stattfindet?"

„Gerade wie bei Ihnen," erwiderte Dr. Leete. „Muß ich Ihnen das erklären?" setzte er hinzu, als ich ihn etwas ungläubig anblickte. „Nichts ist einfacher. Der Preis der Arbeit, durch die ein Artikel hergestellt wird, wurde zu Ihrer Zeit als die legitime Basis des Preises eines Gegenstandes angenommen; ein Gleiches ist bei uns der Fall. Zu Ihrer

Zeit verursachte ein Unterschied im Lohne einen Unterschied in den Kosten der Herstellung, jetzt wird der Preis durch die Anzahl der Stunden bestimmt, die in irgend einem Geschäfts= zweige ein Tageswerk ausmachen, da die Unterhaltungs= kosten der Arbeiter in allen Fällen dieselben sind. Der Preis für die Arbeit eines Mannes in einem Geschäfte, welches so schwierig ist, daß, um Freiwillige anzuziehen, nur vier Stunden einen Tag ausmachen, ist doppelt so groß, als in einem Geschäfte, in dem Leute acht Stunden arbeiten. Das Resultat in Bezug auf den Arbeitspreis ist derselbe, als wenn der Mann, der nur vier Stunden arbeitet, unter Ihrem Systeme zweimal so viel Lohn als der andere em= pfangen hätte. Diese Berechnung, angewandt auf die Arbeit in den verschiedenen Prozessen in der Fabrikation von Ar= tikeln, giebt den relativen Preis. Außer den Kosten der Production und Transportation erhöht die Seltenheit eines Gegenstandes auch seinen Preis. Die allgemeinen Artikel zum Lebensunterhalt, von denen stets ein Ueberfluß be= schafft werden kann, leiden nicht darunter. Ein Vorrath ist stets an der Hand, durch welchen die Ab= und Zunahme von Nachfrage und Angebot regulirt werden kann, selbst im Falle einer Mißernte. Die Preise solcher Lagerwaare wer= den jedes Jahr niedriger und steigen sehr selten. Es giebt jedoch gewisse Klassen von Artikeln, die entweder stets oder nur zeitweise eine ungleiche Nachfrage haben, wie z. B. Fische, oder frische Milch und Butter in der einen und Productionen der höchsten Kunst und seltene Materialien in der anderen Kategorie. Alles, was dann gethan werden kann, ist das Unangenehme der Seltenheit herabzustimmen. Dies ge= schieht dadurch, daß zeitweise der Preis gesteigert wird, wenn die Seltenheit eine zeitweilige ist, oder daß er hochgehalten wird, wenn die Seltenheit permanent bleibt. Hohe Preise zu Ihrer Zeit erlaubten es nur den Reichen einen solchen Artikel zu besitzen, jetzt aber, da das Einkommen Aller dasselbe ist, hängt es davon ab, wem der Gegenstand am wünschenswerthesten erscheint, ihn zu kaufen. Die Nation, sowie jeder andere Geschäftsmann wird natürlich sich oft mit kleinen Ueberschüssen von unverkäuflichen Artikeln belastet finden, die durch Wechsel in der Mode, unzeitmäßiges Wetter oder andere Ursachen ihr an der Hand bleiben. Solche muß sie mit Verlust verkaufen, gerade wie ein Geschäftsmann es zu Ihrer Zeit that, und den Verlust den Geschäftsunkosten zurechnen. Da es jedoch so viele Käufer giebt, denen die Waare zu gleicher Zeit offerirt werden kann, so ist der Verlust stets nur ein sehr kleiner. Ich habe Ihnen nun eine allgemeine Idee von unserem System der Production und Vertheilung gegeben, finden Sie dasselbe so complicirt, wie Sie es erwarteten?"

Ich gab zu, daß Nichts einfacher sein könne.

„Es ist die Wahrheit," sagte Dr. Leete, „wenn ich sage, daß der Geschäftsführer eines jener Tausenden von Privatgeschäften Ihrer Zeit, der mit schlafloser Wachsamkeit den Markt, die Anschläge seiner Concurrenten und die Fallissements seiner Schuldner zu beobachten hatte, eine viel anstrengendere Aufgabe zu vollführen hatte, als die Männer in Washington, die jetzt die Industrie der ganzen Nation leiten, und dies zeigt deutlich, um wie viel leichter es ist, eine Sache in rechter Weise als in unrechter Weise zu verhandhaben. Ein General, der von einem Ballon aus einen vollen Ueberblick über das Schlachtfeld hat, kann leichter eine Million Soldaten zum Siege führen, als ein Unteroffizier im Stande ist, ein Platon in einem Dickicht zu dirigiren."

„Der General dieser Armee," sagte ich, „die die Blüthe

der Nation in sich schließt, muß alsdann auch der erste Mann im Lande sein, und in der That mächtiger sein als es ein Präsident der Vereinigten Staaten war."

„Er ist der Präsident der Vereinigten Staaten," erwiderte Dr. Leete, „oder in anderen Worten, die Leitung der industriellen Armee ist die wichtigste Aufgabe des Präsidenten."

„Wie wird er gewählt?" fragte ich.

„Ich habe es Ihnen schon erklärt," erwiderte Dr. Leete, „als ich Ihnen die Motive zum Wetteifer in allen Graden der industriellen Armee beschrieb, daß der Würdige durch drei Grade zum Range des Offiziers aufsteigt, dann zu dem eines Kapitains oder Aufsehers, dann zu dem des Superintendenten oder Obristen. Nach einigen Zwischenstufen, in einigen der größeren Geschäftszweige folgt der General der Gilde, unter dessen Kontrolle das gesammte Geschäft geführt wird. Ein solcher Offizier an der Spitze des nationalen Bureaus repräsentirt seinen Geschäftszweig und ist verantwortlich für alle Arbeit, die unter seiner Leitung geleistet wird. Der General einer Gilde hat eine so glänzende Stellung inne, daß sie dem Ehrgeize der Meisten Genüge leistet; über ihm jedoch steht der Divisions-General oder General-Major, der Chef einer der zehn großen Departements oder Gruppen verwandter Geschäfte. Die Häupter der zehn großen Divisionen können zu den Kommandanten von Armeecorps verglichen werden, und ein Jeder von ihnen hat zehn bis zwanzig Generäle der verschiedenen Gilden unter sich. Ueber diesen zehn großen Beamten, die seinen Rath bilden, steht der General-Feldmarschall, der der Präsident der Vereinigten Staaten ist.

„Dieses Oberhaupt der industriellen Armee muß alle Grade, vom gewöhnlichen Arbeiter aufwärts passirt haben. Wir wollen gleich sehen, wie er aufsteigt. Wie ich Ihnen gesagt habe, kann ein Arbeiter nur durch ausgezeichnete Dienstleistungen durch die niederen Grade zum Range eines Offiziers aufsteigen. Zum Range eines Obristen kann er nur von oben herab ernannt werden, und nur Kandidaten, die das beste Zeugniß haben, werden zugelassen. Der General einer Gilde ernennt alle die unter ihm stehen, er selbst jedoch wird nicht ernannt, sondern durch Stimmrecht erwählt."

„Durch Stimmrecht," rief ich aus, „wird dadurch nicht die Disziplin der Gilde ruinirt, indem die Kandidaten um die Stimmen der Arbeiter unter ihnen intriguiren?"

„Dies würde zweifellos der Fall sein," erwiderte Dr. Leete, „wenn die Arbeiter darüber abzustimmen hätten, diese jedoch haben darüber nicht zu bestimmen. In dieser Beziehung ist unser System merkwürdig. Der General einer Gilde wird aus der Anzahl der Superintendenten von den Ehren=Mitgliedern der Gilde gewählt, nämlich von denen, die ihre Zeit ausgedient und ihre Entlassung erhalten haben. Mit dem fünfundvierzigsten Jahre verlassen wir die Armee und können uns für den Rest unseres Lebens der eignen Vervollkommnung und Erholung widmen. Die Genossenschaften unseres thätigen Lebens jedoch werden nicht ganz aufgelöst, sondern halten bis zum Ende des Lebens aus. Wir bleiben Ehren=Mitglieder unserer früheren Gilden und behalten stets ein lebhaftes Interesse für deren Wohlfahrt und Ehre. In den Zirkeln, die von den Ehren=Mitgliedern der Gilden besucht werden, ist keine Unterhaltung so gewöhnlich als diejenige, die sich auf solche Angelegenheiten bezieht, und der junge Aspirant, der General einer Gilde zu werden wünscht, muß sehr talentirt sein, wenn er die Kritik dieser älteren Klasse aushalten kann. Die Nation, die diesen Sachverhalt anerkennt, überläßt es deshalb den Ehren=Mitgliedern jeder

Gilde, den General zu ernennen; und ich darf es wohl sagen, daß keine frühere Form der Gesellschaft jemals Wähler hervorgebracht hat, die so passend für ein solches Amt gewesen, die mit vollständiger Unparteilichkeit Fachkenntniß und Menschenkenntniß verbunden hätten wie diese, und welche zu gleicher Zeit so frei von dem geringsten Selbstinteresse hätten sein können."

„Jeder der zehn Generäle, die den zehn Departements vorstehen, wird aus der Anzahl der Generäle gewählt, deren Gilden den Geschäftszweig bilden, und zwar durch die Stimmen der Ehren=Mitglieder dieser Zweige. Zwar sucht jede Gilde gern ein Mitglied aus ihrer Mitte zu erwählen, da aber keine einzige genug Stimmen hat, um eine Wahl durchzusetzen, und sich deshalb auf die Unterstützung anderer verlassen muß, so sind derartige Wahlen außerordentlich lebhaft."

„Der Präsident wird alsdann wohl aus den Häuptern der zehn großen Departements erwählt?" fragte ich.

„Ganz recht, diese Häupter sind jedoch nicht erwählungsberechtigt, bis sie eine gewisse Anzahl von Jahren außer Amt gewesen sind. Es kommt sehr selten vor, daß Jemand durch alle Grade bis zum Amte eines Generals emporsteigt, ehe er vierzig Jahre alt ist, und am Ende seiner fünfjährigen Amtszeit ist er gewöhnlich fünfundvierzig Jahre alt. Ist er älter, so dient er dennoch seine Zeit aus, ist er jünger, so wird er nichtsdestoweniger am Ende derselben aus der industriellen Armee entlassen, da er doch nicht wieder zu einem niedrigeren Range herabsteigen kann. Die Zwischenzeit, ehe er als Kandidat für die Präsidentschaft auftreten kann, ist eingerichtet, um ihm Zeit zu geben, sich vollständig mit der Gesammtmasse der Nation zu identificiren. Es ist ferner erwartet, daß er während dieser Zeit die allgemeine Lage der

Armee studire, und nicht nur die einer speziellen Gruppe von Gilden, deren Oberhaupt er war. Aus der Anzahl der früheren Generäle, die zur Zeit erwählungsberechtigt sind, wird der Präsident durch die Stimmen aller derjenigen Männer ernannt, die nicht mit der industriellen Armee in Verbindung stehen."

„Die Armee darf also nicht den Präsidenten wählen?"

„Gewiß nicht, denn dies würde die Disziplin schädigen, die der Präsident als der Repräsentant der ganzen Nation zu erhalten hat. Seine rechte Hand ist zu diesem Zwecke das Inspections=Bureau, ein äußerst wichtiges Department unseres Systems, vor dessen Forum alle Klagen oder Berichte in Bezug auf fehlerhafte Waaren, untaugliche Beamten oder Uebelstände aller Art kommen. Dieses Bureau jedoch wartet nicht allein, bis eine Anklage erhoben wird, es erforscht jeden Fehler im Dienste, und durch seine beständige Oberaufsicht eines jeden Geschäftszweiges der Armee findet es aus, was geschieht, ehe noch irgend Jemand daran denkt. Der Präsident ist gewöhnlich nicht weit über fünfzig Jahre, wenn er erwählt wird, und dient fünf Jahre als eine ehrenhafte Ausnahme von der Regel, die den Ruhestand auf das fünfundvierzigste Jahr ansetzt. Am Ende seiner Amtszeit wird ein nationaler Kongreß zusammen gerufen, der seinen Bericht empfängt und diesen entweder annimmt oder verwirft. Wird derselbe angenommen, so erwählt der Kongreß ihn gewöhnlich, auf fünf andere Jahre die Nation im internationalen Rathe zu vertreten. Der Kongreß empfängt auch die Berichte aller austretenden Generäle und wenn ein solcher verworfen wird, macht dies den betreffenden General unfähig für die Präsidentschaft. Es kommt jedoch äußerst selten vor, daß die Nation Gelegenheit erhält seinen höchsten Beamten andere Zeichen als die der Dankbarkeit zukommen zu lassen. Die Fähigkeit solcher Beamten, die nach so schwierigen Proben sich bis zu solcher Höhe empor geschwungen haben, steht außer Frage, und was Treue im Dienste anbelangt, so giebt unser System ihnen kein anderes Motiv an die Hand, als das, die Achtung ihrer Mitbürger zu gewinnen. Korruption ist unmöglich in einer Gesellschaft, in welcher es keine Armuth giebt, die bestochen werden kann, noch Reichthum, der zu bestechen vermag, und durch die Art und Weise unserer Versetzung wird jedes Demagogenthum und jede Intrigue, ein Amt zu erlangen, unmöglich gemacht."

„Einen Punkt verstehe ich noch nicht ganz," sagte ich. „Sind die Mitglieder der liberalen Profession wählbar zur Präsidentschaft, und wenn dies der Fall ist, in welchem Verhältnisse stehen sie zu der eigentlichen industriellen Armee?"

„Sie stehen ganz und gar nicht auf gleichem Fuße mit derselben," erwiderte Dr. Leete. „Die Mitglieder der technischen Profession, als Ingenieure und Baumeister gehören zu den constructiven Gilden. Aerzte, Lehrer, Künstler und Literaten, die einen Erlaß vom industriellen Dienste erhalten, gehören nicht zur Armee. Aus diesem Grunde sind sie wahlberechtigt, aber nicht erwählungsberechtigt. Da es eine der Hauptaufgaben des Präsidenten ist, die Armee zu kontrolliren und in Zucht zu erhalten, so ist es nöthig, daß er selbst alle Grade derselben passirt haben muß, um sein Geschäft zu verstehen."

„Das ist vernünftig," sagte ich, „aber da Aerzte und Lehrer nicht genug von der Industrie verstehen, um Präsident werden zu können, wie kann ein Präsident hinreichende Kenntniß von Medizin oder Erziehung besitzen, um diese Fächer zu kontrolliren?"

„Er besitzt auch diese nicht," war die Antwort. „Er ist nur im Allgemeinen verantwortlich für die Aufrechterhaltung der Gesetze und hat mit den Facultäten der Medizin und Erziehungskunde nichts zu schaffen. Diese werden kontrollirt durch einen Rath von Professoren aus ihrer eignen Mitte, der Präsident ist ihr Vorsitzender und hat nur entscheidende Stimme bei Stimmengleichheit. Dieser Rath, der ebenfalls dem Kongreß verantwortlich ist, wird aus den Ehrenmitgliedern der Gilden der Erziehung und Medizin, oder in anderen Worten, von den in den Ruhestand versetzten Lehrern und Aerzten erwählt."

„Die Methode, Beamte durch die Stimmen ausgeschiedener Mitglieder zu erwählen, ist nichts mehr," sagte ich, „als die Anwendung des Planes im Großen, welcher bei uns in einem geringen Grade und gelegentlich in der Leitung unserer Hochschulen angewendet worden ist."

„War dies wirklich der Fall," rief Dr. Leete lebhaft aus. „Das ist mir ganz neu und vom höchsten Interesse. Es ist viel darüber debattirt worden, auf welche Weise diese Idee ins Leben getreten ist, und wir glaubten, daß ausnahmsweise einmal etwas Neues unter der Sonne sich gezeigt. Gut! Gut! In Ihren Hochschulen, sagen Sie, das ist sehr interessant, und Sie müssen mir mehr darüber erzählen."

„Wahrlich," erwiderte ich, „es giebt wenig zu dem hinzuzusetzen, was ich bereits erklärt. Wenn wir den Keim zu Ihrer Idee hatten, so war es eben nur ein Keim.

Achtzehntes Kapitel.

Am Abend blieb ich noch mit Dr. Leete eine Zeit lang auf, nachdem die Damen sich zurückgezogen hatten, und besprach mit ihm die Consequenzen des Planes, Personen im Alter von fünfundvierzig Jahren aus dem Dienste der Nation zu entlassen; ein Punkt, den er berührt hatte, als er von der Theilnahme dieser dienstfreien Bürger an der Verwaltung gesprochen.

„Zu fünfundvierzig Jahren," sagte ich, „hat ein Mann noch Arbeitskraft für volle zehn Jahre und ist in geistiger Beziehung noch fähig, zwanzig Jahre zu dienen. Zu diesem Alter von jeder Arbeit enthoben zu werden, muß einem Manne von Energie eher eine Härte als eine Gunst erscheinen."

„Mein lieber Herr West," rief Dr. Leete aus, „Sie können sich gar keine Idee davon machen, wie merkwürdig uns heute die Ideen Ihres 19ten Jahrhunderts vorkommen. Wisse denn, o Kind eines anderen Geschlechtes und dennoch desselben, daß die Arbeit, zu der wir verpflichtet sind, um der Nation die Mittel zu einer angenehmen, physischen Existenz zu gewähren, von uns ganz und gar nicht als die wichtigste, interessanteste und würdevollste Beschäftigung unserer Kräfte angesehen wird. Wir betrachten sie als eine der nothwendigen Pflichten, die wir erfüllen müssen, ehe wir daran denken können, die höheren Fähigkeiten auszuüben und uns geistigen Vergnügungen und Bestrebungen hinzugeben, die allein das wahre Leben ausmachen. Alles wird natürlich gethan, was nur möglich ist, um die Bürde in gerechter Weise zu vertheilen, und durch spezielle Anziehlichkeit unsere Arbeit von dem Druck, den sie auf uns ausübt, zu befreien, so daß sie gewöhnlich kaum drückend erscheint, und oft sogar inspirirt. Es ist jedoch nicht die Arbeit an und für sich, welche als das Hauptgeschäft unserer Existenz betrachtet wird, sondern jene höheren und größeren Thätigkeiten, denen wir uns widmen können, sobald unser vollendetes Tagewerk uns dazu die Freiheit gewährt.

„Alle haben natürlich nicht solche wissenschaftliche, künstlerische und gelehrte Interessen vor Augen, die ihnen die Muße zum werthvollsten aller Güter machen; ja nicht einmal bilden solche Leute eine Majorität. Viele betrachten die letzte Hälfte ihres Lebens als eine Zeit, in der sie sich allerlei Vergnügungen hingeben können, in der sie reisen oder sich in Gesellschaft alter Freunde vergnügen können, oder auch in der sie allen ihren Launen nachgeben und alle möglichen Steckenpferde reiten können. Diese Zeit ist für sie in einem Worte eine Zeit, in der sie all die guten Dinge genießen können, die hervorzubringen sie geholfen haben. Was aber auch der Unterschied in unseren Neigungen sein mag, wir erwarten Alle mit Vergnügen die Zeit unserer Entlassung, da dies die Zeit ist, nach welcher wir erst in den vollen Genuß unserer Rechte gelangen, frei von jeder Disziplin und Aufsicht, unbesorgt und unbekümmert. Sowie Knaben in Ihrer Zeit mit Freude dem einundzwanzigsten Jahre entgegensahen, so sehnen sich jetzt Männer nach dem fünfundvierzigsten. Mit einundzwanzig Jahren werden wir Männer, aber mit fünfundvierzig kehren wir zur Jugend zurück. Das gereiftere, oder selbst das Greisenalter wird bei uns der Jugend als die beneidenswerthere Lebenszeit vorgezogen. In Folge der heutigen, besseren Existenz und ganz besonders in Folge unserer Freiheit von den Sorgen des Lebens erscheint das Greisenalter viele Jahre später und gewährt einen schöneren Anblick als in früheren Zeiten. Personen von mittelmäßiger Constitution erreichen gewöhnlich ein Alter von fünfundachtzig bis neunzig Jahren, und zu fünfundvierzig sind wir körperlich und geistig jünger als, wie ich glaube, Sie es zu fünfunddreißig waren. Ist es nicht merkwürdig, daß zu fünfundvierzig, wenn wir die angenehmste Periode unseres Lebens beginnen, Sie sich bereits alt fühlten und rückwärts zu blicken begannen. Bei Ihnen war es der Vormittag, bei uns ist es der Nachmittag, der die schönere Hälfte des Lebens ausmacht."

Ich erinnere mich, daß alsdann unser Gespräch sich auf populäre Vergnügungen wandte, und wie die gegenwärtige Zeit in dieser Beziehung sich zum neunzehnten Jahrhundert verhalte.

„In einer Hinsicht," sagte Dr. Leete, „findet ein bedeutender Unterschied statt. Die Leute, die zu Ihrer Zeit aus Wettkämpfen eine Profession machten, sind in unserer Zeit ausgestorben, auch sind die Preise für unsere Athleten keine Preise in Geld, wie sie es bei Ihnen waren. Unsere Wettkämpfe werden nur für die Ehre allein abgehalten. Der noble Wettstreit, der zwischen den verschiedenen Gilden herrscht, und die Loyalität, mit welcher jeder Arbeiter zu der seinigen hält, geben Anlaß zu vielerlei Turnieren zur See und zu Lande, in welchen die jungen Leute ebenso viel Interesse nehmen, als die Ehrenmitglieder der Gilde, die ihre Dienstzeit überstanden. Boat-Wettfahrten der Gilden, die in der nächsten Woche bei Marblehead stattfinden werden, werden Ihnen Gelegenheit geben, selbst zu sehen, mit welchem Enthusiasmus das Volk noch heut an solchen Gelegenheiten Theil nimmt. Das Verlangen nach panem et circenses, welches das römische Volk einst kundgab, wird auch heut noch für vernunftsgemäß gehalten. Wenn Brot die erste Nothwendigkeit des Lebens ist, so ist Erholung die zweite, und die Nation sucht beide zu befriedigen. Die Amerikaner des 19ten Jahrhunderts besaßen weder Vorkehrungen für die eine, noch für die andere. Selbst wenn Leute Ihrer Zeit größere Muße besessen hätten, so würden sie, wie ich glaube, oft nicht gewußt haben, wie dieselbe angenehm zu verwenden. Wir sind nie in dieser Verlegenheit.

Neunzehntes Kapitel.

Eines schönen Morgens besuchte ich Charlestown. Unter den vielen Veränderungen, die während eines Jahrhunderts in diesem Stadttheile stattgefunden hatten, fiel es mir besonders auf, daß das alte Staats=Gefängniß verschwunden war.

„Das wurde schon vor meiner Zeit fortgeschafft," sagte Dr. Leete, als ich diesen Punkt beim Frühstück berührte, „aber ich erinnere mich, davon gehört zu haben. Wir haben heute keine Gefängnisse, alle Fälle von Atavismus werden in den Hospitälern behandelt."

„Atavismus?" rief ich verwundert aus.

„Gewiß," erwiderte Dr. Leete. „Die Idee, solch unglückliche Menschen zu bestrafen, wurde schon vor mehr als fünfzig Jahren aufgegeben."

„Ich verstehe Sie nicht ganz," sagte ich. „Das Wort Atavismus wurde zu meiner Zeit gebraucht, um auszudrücken, daß in einer Person ein characteristischer Zug eines seiner Vorfahren sich in auffallender Weise zu erkennen gab. Soll ich nun etwa annehmen, daß Verbrechen heute als ein Erscheinen vorelterlicher Eigenthümlichkeiten angesehen werden?"

„Ich bitte um Entschuldigung," sagte Dr. Leete, „aber da Sie so ausdrücklich die Frage stellen, so fühle ich mich verpflichtet zu sagen, daß dies genau der Fall ist."

Nach dem, was ich bereits über die moralischen Gegensätze des neunzehnten und zwanzigsten Jahrhunderts gehört hatte, wäre es meinerseits lächerlich gewesen, wenn ich mich dadurch betroffen gefühlt hätte, und wenn vielleicht Dr. Leete nicht mit solch entschuldigendem Tone gesprochen und Frau Leete und Edith nicht eine gewisse Verlegenheit gezeigt hätten, so würde ich nicht erröthet sein, wie ich mir bewußt war, daß es der Fall war.

„Ich hatte freilich nicht zu befürchten," sagte ich, „eitel zu werden durch die Generation, der ich angehörte, aber in der That —"

„Dies ist Ihre Generation, Herr West," unterbrach mich Edith. „Es ist die, in welcher Sie jetzt leben, und nur weil wir auch darin leben, nennen wir sie die unsere."

„Ich danke Ihnen; ich will versuchen, mich in diese Sachlage hineinzudenken," sagte ich, und als sich unsere Augen begegneten, heilte der Ausdruck der ihrigen mein beleidigtes Selbstgefühl.

„Ich bin," sagte ich lachend, „im Calvinismus aufgezogen worden, und ich sollte deshalb ganz und gar nicht erstaunt sein, Verbrechen als ein anererbtes Uebel behandelt zu sehen."

„Wir meinen," sagte Dr. Leete, „mit dem Worte Atavismus durchaus keine Herabsetzung Ihrer Generation auszudrücken, wenn wir sie überhaupt die Ihrige nennen können, und wollen damit gar nicht sagen, daß wir uns besser dünken. Zu Ihrer Zeit waren Neunzehntel aller Verbrechen, wenn wir dieses Wort im weiteren Sinne für allerlei Arten von Vergehen setzen wollen, die Folge der Ungleichheit des Besitzthums der einzelnen Menschen. Der Arme wurde durch Mangel, der Reiche durch die Gier, mehr zu erlangen, oder sein früheres Besitzthum zu bewahren, in Versuchung geführt. Geld, welches gleichbedeutend mit dem Besitze aller guten Dinge war, war damals, direct oder indirect, das Motiv aller Verbrechen, die Wurzel einer Giftpflanze von solcher Größe, daß weder der Mechanismus der Gesetze, noch das Gericht oder die Polizei hinreichten, um sie zu verhindern, Ihre gesammte Civilisation zu ersticken. Als wir die Nation zum einzigen Verwalter alles Reichthums erklärten und einem jeden Bürger einen reichhaltigen Unterhalt garantirten, als wir dadurch auf der einen Seite allen Mangel verbannten, und auf der anderen die Aufhäufung von Reichthum verhinderten, durchschnitten wir die Wurzel des Giftbaumes, der Ihre gesellschaftlichen Zustände überschattete, und wie Jona's Kürbispflanze verwelkte er in einem Tage. Die kleine Anzahl von Verbrechen, die nicht durch Gewinnsucht bedungen wurde, war schon zu Ihrer Zeit auf unwissende und verthierte Naturen beschränkt, und jetzt, da Erziehung und gute Sitten allgemein und nicht das Monopol Einzelner sind, sind solche Unthaten unerhört. Sie sehen also, warum das Wort ‚Atavismus' an Stelle des Wortes ‚Verbrechen' gesetzt worden ist. Weil alle Formen von Verbrechen, die bei Ihnen alltäglich waren, jetzt ohne Motiv sind, so können sie nur, wenn sie dennoch erscheinen, als ein Auswuchs vorelterlicher Characteristik angesehen werden. Sie pflegten Personen, die ohne jeden Beweggrund Diebstähle begingen, als an der Kleptomanie leidend zu bezeichnen, und betrachteten es als lächerlich, solche Unglückliche zu bestrafen. Ihre Behandlungsweise solcher Leute war genau dieselbe, wie die, die wir gegen die Opfer des Atavismus anwenden, voll von Mitleid, aber dennoch bestimmt, wenn auch zartfühlend."

„Ihre Gerichte müssen nicht sehr beschäftigt sein," warf ich ein. „Da es weder Privateigenthum giebt, noch Streitigkeiten zwischen Bürgern über geschäftliche Angelegenheiten vorkommen, kein Grundbesitz zu vertheilen oder Schulden einzuziehen sind, so kann an eine Civiljustiz nicht zu denken sein, und da ferner keine Eingriffe in das Besitzthum Anderer möglich sind und auch keine Kriminalfälle vorkommen, was thun Sie mit Ihren Richtern und Rechtsanwälten?"

„Wir haben gar keine Rechtsanwälte," war Dr. Leete's Antwort. „Es erscheint uns unvernünftig, daß in einem Falle, in dem es das einzige Interesse der Nation ist, die Wahrheit auszufinden, eine Person beschäftigt werden solle, die anerkannter Maßen danach streben muß, die Thatsachen zu färben."

„Wer aber vertheidigt den Angeklagten?"

„Wenn er ein Verbrecher ist, so bedarf er keiner Vertheidigung, denn in den meisten Fällen erklärt er sich selbst für schuldig," erwiderte Dr. Leete. „Eine solche Erklärung ist bei uns nicht eine bloße Formalität, wie sie es bei Ihnen war, sondern endet gewöhnlich den Fall."

„Sie wollen doch damit nicht etwa sagen, daß, wenn eine Person sich unschuldig erklärt, dieselbe freigelassen wird?"

„Dies wohl nicht ganz. Niemand wird auf leichten Verdacht hin angeklagt, und wenn er seine Schuld leugnet, wird der Fall dennoch gerichtlich verhandelt. Ein solches kommt jedoch sehr selten vor, da in den meisten Fällen der Schuldige sich schuldig erklärt. Wenn er leugnet und dennoch schuldig befunden wird, ist seine Strafe eine doppelte. Trug ist jedoch so verachtet unter uns, daß Wenige lügen würden, um sich dadurch zu retten."

„Das ist das Wunderbarste, das Sie mir bis jetzt noch erzählt haben," rief ich aus. „Wenn selbst die Lüge außer Mode gekommen ist, dann ist dies der neue Himmel und die neue Erde, in der, wie der Prophet es voraussagte, Gerechtigkeit wohnt."

„Viele Leute glauben in der That," war die Antwort des Doctors, „daß das Millennium erreicht sei, und diese Theorie erscheint gar nicht so unmöglich; Ihr Erstaunen jedoch, daß die Welt das Lügen aufgegeben, sollte wahrlich nicht so groß sein. Lüge war zu Ihrer Zeit schon ungewöhnlich zwischen Leuten der höheren, gebildeten Stände. Die Lüge aus Furcht war die Zuflucht des Feigen und die Lüge aus Betrug das Auskunftsmittel des Schwindlers. Die Ungleichheit der Menschen und die Gier nach Besitz setzte einen Preis auf die Lüge zu jener Zeit. Und dennoch, selbst damals verabscheuten Leute, die einander nicht fürchteten, noch einander zu betrügen wünschten, die Lüge. Jetzt, da wir alle auf der gleichen gesellschaftlichen Stufe stehen, Keiner den Anderen zu fürchten hat, und Keiner dadurch gewinnen kann, daß er den Anderen betrügt, ist Lug so allgemein verachtet, daß, wie ich sagte, selbst nicht ein Verbrecher lügen würde. Wenn jedoch der Angeklagte sich nicht schuldig erklärt, so ernennt der Richter zwei seiner Collegen, die die entgegengesetzten Seiten vertreten. In wie weit diese Leute ihren gemietheten Advocaten und Anwälten, die schon vorher entschlossen sind, den Angeklagten zu entlassen oder zu verdammen, unähnlich sind, wird Ihnen klar werden, wenn ich Ihnen sage, daß, sobald beide nicht übereinkommen, der Rechtsspruch sei ein gerechter, der Fall aufs Neue verhandelt werden muß. Irgend ein Vorurtheil, selbst nur im Tone des einen oder anderen Richters würde für einen unerhörten Scandal gehalten werden."

„Sagten Sie, daß ein Richter dazu genommen wird, jede Seite des Falles zu vertreten, und auch ein Richter, ihn zu hören?"

„Gewiß, die Richter wechseln ab als Richter und als Vertheidiger, und man erwartet von ihnen dieselbe Rechtlichkeit, ob sie einen Fall vorlegen oder ihn entscheiden. Das System ist in der That gleich einer Verhandlung, die von drei Richtern geführt wird, von denen ein jeder den Fall von einem anderen Gesichtspunkte aus betrachtet. Wenn alle drei zu ein und demselben Schlusse gelangen, so glauben wir, daß sie so nahe der absoluten Wahrheit gekommen sind, als Menschen überhaupt kommen können."

„Sie haben also das System der Geschworenen aufgegeben?"

„Das war gut genug zur Zeit Ihrer gemietheten Advocaten und Ihrer bestechlichen Richter; jetzt aber ist es nutzlos. Wir können uns kein anderes Motiv als das der Gerechtigkeit denken, welches einem unserer Richter inne wohnen sollte."

„Wie werden diese Gerichtspersonen erwählt?"

„Sie sind eine ehrenhafte Ausnahme der Regel, die alle Leute im fünfundvierzigsten Jahre ihrer Dienste enthebt. Der Präsident der Nation ernennt die nöthigen Richter jedes Jahr aus der Klasse derjenigen, die dieses Alter erreicht haben. Die Zahl der Ernannten ist natürlich sehr gering und die Ehre so groß, daß sie die zugelegte Dienstzeit aufwiegt. Obzleich man ein solches Ehrenamt ablehnen kann, so geschieht dies doch sehr selten. Die Dienstzeit ist fünf Jahre, und wer sie überstanden, darf nicht aufs Neue ernannt werden. Die Mitglieder des obersten Gerichtshofes, der über die Konstitution wacht, werden aus der Anzahl der niederen Richter erwählt. Wenn ein Platz in diesem Gerichtshofe offen wird, so erwählen diejenigen der niederen Richter, deren Dienstzeit in diesem Jahre endet, einen ihrer Collegen, der noch zu dienen hat, und den sie für den fähigsten halten."

„Da es keine Anwaltschaft giebt, die als eine Schule für Richter betrachtet werden kann," sagte ich, „so müssen Richter sofort aus der Zahl der Jura studirenden Studenten ernannt werden."

„Wir haben keine Schulen für Juristen," erwiderte der Doctor lächelnd. „Jus hat aufgehört eine spezielle Wissenschaft zu sein. Es war früher ein casuistisches System, künstlich ausgearbeitet und verlangte eine Interpretation, jetzt aber genügen einige einfache Rechtsmaxime, da heute alle Beziehungen der Menschen zu einander bedeutend einfacher geworden, als sie es zu Ihrer Zeit waren. Wir brauchen heute keine jener haarspaltenden Rechtskünstler, die Ihren Gerichtshöfen vorsaßen oder darin argumentirten; aber, obgleich diese Herren für uns nutzlos geworden, so haben wir doch den größten Respect vor ihnen, da sie die Männer waren, die allein es verstanden, das unendliche Wirrsal des Eigenthumsrechtes und der geschäftlichen und persönlichen Stellung der Menschen zu einander zu entwirren. Was kann einen schlagenderen Beweis für die Künstlichkeit und Verzwicktheit Ihres Systems geben, als die Thatsache, daß es nöthig war den besten Theil der Intelligenz jeder Nation anderen Beschäftigungen zu entziehen, um eine Behörde zu schaffen, die die Prinzipien des Rechts denen annähernd erklären konnte, deren Geschick davon abhängig war. Die Tractate Ihrer großen Rechtsgelehrten, die Werke Ihrer Blackstone und Chitty, Story und Parsons stehen in unserem Museum bei der Seite des Duns Scotus und seiner scholastischen Genossen als merkwürdige Denkmäler intellectueller Spitzfindigkeit, die Gegenständen gewidmet war, so weit abschweifend von den Interessen der modernen Zeit. Unsere Richter sind einfache, gut informirte, rechtliche Leute in den reiferen Jahren. Ich muß noch hinzufügen, daß es die Pflicht dieser untergeordneten Richter ist, in allen Fällen zu entscheiden, in denen ein gewöhnlicher Arbeiter sich über die Ungerechtigkeit eines Beamten beschwert. Alle solche Fragen werden durch einen einzelnen Richter entschieden, und

nur in schwierigeren Fällen werden drei Richter herange=
zogen. Das System unserer Industrie verlangt die größte
Disziplin in der Armee, der Anspruch des Arbeiters jedoch
auf eine gerechte Behandlung wird durch die gesammte Ge=
walt der Nation unterstützt. Der Offizier befiehlt und der
Gemeine gehorcht, aber kein Offizier steht so hoch, daß er es
wagen dürfte, sich in überhebender Weise einem Arbeiter der
niedrigsten Klasse gegenüber zu benehmen. Ungeschliffenes
Betragen oder Roheit eines Beamten dem Publikum gegen=
über wird sofort bestraft. Von unseren Richtern wird nicht
allein Gerechtigkeit, sondern Höflichkeit unter allen Bedin=
gungen erzwungen. Arbeitstüchtigkeit wiegt durchaus nicht
ein flegelhaftes oder beleidigendes Benehmen eines Beam=
ten auf."

Es kam mir vor, daß Dr. Leete stets von der Nation, aber
nie von der Staatsregierung gesprochen. „Hat die Organi=
sation der Nation, als eine gewerbliche Einheit, die Staaten
aufgehoben?" fragte ich.

„Ganz gewiß," erwiderte er. „Die Regierung der Staa=
ten würde ein Hinderniß in der Kontrolle und Disziplin
der industriellen Armee gewesen sein, welche natürlich
eine centrale und gleichmäßige Behandlung nöthig macht.
Selbst aber, wenn die Regierungen der Staaten nicht aus
diesen oder anderen Ursachen unbequem geworden wären, so
würden sie doch durch die wunderbare Vereinfachung der Auf=
gaben einer Regierung überflüssig gemacht worden sein. Heut=
zutage ist die einzige Function der Regierung die, die Indu=
strieen des Landes zu dirigiren. Alle die Zwecke, für die früher
Regierungen eingesetzt waren, fallen jetzt weg; wir haben
weder eine Armee noch eine Marine. Wir haben kein aus=
wärtiges Amt, noch eine Schatzkammer, wir haben keine
Steuern und keine Zölle. Die einzige Function der Regie=

rung, die zu Ihrer Zeit gebräuchlich war und noch übrig geblieben ist, ist das gerichtliche und polizeiliche System. Ich habe bereits erklärt, wie einfach unser Gerichts-System im Vergleiche mit der complicirten Maschine Ihrer Zeit ist. Dieselbe Abwesenheit von Verbrechen und Versuch zum Verbrechen, die die Pflichten der Richter so leicht macht, reduzirt auch die Zahl und die Pflichten unserer Zeit auf ein Minimum."

„Aber ohne Staats-Gesetzgebung, und mit einem Kongreß, der sich nur alle fünf Jahre versammelt, wie bringen Sie denn überhaupt eine Gesetzgebung zu Stande?"

„Wir haben keine Gesetzgebung," erwiderte Dr. Leete; „das ist, fast keine. Es kommt höchst selten vor, daß der Kongreß irgend welche Gesetze von Wichtigkeit in Berathung zieht, und dann hat er nur das Recht, solche Gesetzes-Vorschläge dem nächsten Kongreß zu recommendiren, damit nichts übereilt werde. Wenn Sie einen Augenblick darüber nachdenken, Herr West, so werden Sie einsehen, daß wir es gar nicht nöthig haben, Gesetze zu machen. Die Grund-Prinzipien, auf die unsere Gesellschaft gegründet ist, haben auf alle Zeiten hin die Streitigkeiten und Mißverständnisse geschlichtet, die eine Gesetzgebung nöthig machten. Volle neunundneunzig Hundertstel aller Gesetze jener Zeit beschäftigten sich mit der Definition und dem Schutze von Privat-Eigenthum und den Verhältnissen des Käufers zum Verkäufer. Heute giebt es kein Privat-Eigenthum, außer Artikel für persönlichen Gebrauch, noch findet Kauf und Verkauf statt, und so ist jede Ursache für Gesetzgebung verschwunden. Die Gesellschaft Ihrer Zeit glich einer Pyramide, die auf der Spitze stand und jeden Augenblick umzufallen drohte. Nur durch ein System von Stricken und Stützen in der Form von Gesetzen konnte sie aufrecht erhalten werden. Ein Central-

Kongreß und vierzig Legislaturen, die jedes Jahr zwanzigtausend Gesetze fabrizirten, waren nicht fähig, genug solcher Pfeiler zu schaffen, um diejenigen zu ersetzen, die fortwährend brachen, oder durch einen Wechsel in der Last unbrauchbar wurden. Jetzt steht die Gesellschaft auf ihrer richtigen Basis und braucht so wenig künstlicher Stützen, als Berge oder Hügel."

„Aber Sie haben doch wenigstens eine Municipal-Regierung neben der einen Central-Autorität?"

„Gewiß, und diese hat wichtige und ausgedehnte Functionen zu erfüllen. Sie hat für die Bequemlichkeit und Erholung Aller, sowie für die Verbesserung und Verschönerung der Dörfer und Städte Sorge zu tragen."

„Wie kann dies aber geschehen, da sie keine Berechtigung auf die Arbeit der Bürger, noch Mittel, sie zu miethen, besitzt?"

„Jede Stadt hat das Recht, für ihre eigenen öffentlichen Werke eine gewisse Proportion der Arbeit, die die Bürger der Nation leisten müssen, zurück zu behalten. Diese Proportion, die der Stadt creditirt wird, kann in irgend welcher Weise verwendet werden."

Zwanzigstes Kapitel.

Am Nachmittage fragte mich Edith, ob ich schon das unterirdische Zimmer im Garten wieder besucht hätte, in welchem ich gefunden worden war.

„Bis jetzt noch nicht," antwortete ich. „Offen gestanden habe ich mich bisher dies zu thun gefürchtet, da der Besuch vielleicht alte Erinnerungen aufwecken dürfte, die mich aus meinem geistigen Gleichgewicht herausbringen könnten."

„Ich sehe ein," antwortete sie, „daß Sie recht daran thaten, fortzubleiben. Wie konnte ich das nur übersehen."

„Im Gegentheil," sagte ich. „Es freut mich, daß Sie davon gesprochen haben. Die Gefahr, wenn sie überhaupt vorhanden war, existirte nur in den ersten paar Tagen. Dank Ihrer Aufmerksamkeit fühle ich mich in dieser neuen Welt so sicher, daß, wenn Sie mit mir gehen würden, um die Gespenster fernzuhalten, ich wirklich gern den Platz diesen Nachmittag besuchen möchte."

Edith sträubte sich zuerst, aber als sie fand, daß ich es ernstlich meinte, sicherte sie mir ihre Begleitung zu. Man konnte den Erdwall, der durch die Aushöhlung aufgeworfen war, vom Hause aus sehen, und wenige Schritte brachten uns zur Stelle. Alles war so geblieben, wie zur Zeit, als die Arbeit durch das Auffinden des Bewohners des Zimmers unterbrochen worden war, nur daß die Thür geöffnet und die Steinplatte auf dem Dache wieder eingelassen worden war. Wir traten durch die Thür in das nur spärlich erleuchtete Zimmer. Alles war noch genau so, wie

es an jenem Abende, vor hundertunddreizehn Jahren ge=
wesen, als ich meine Augen zu dem langen Schlafe schloß.
Ich blieb eine Zeit lang schweigend stehen und blickte umher.
Ich bemerkte, daß meine Begleiterin mich heimlich mit einem
Ausdrucke von furchtsamer und mitfühlender Neugierde be=
trachtete. Ich streckte ihr meine Hand entgegen, in welche
sie die ihrige legte und ich fühlte, daß ihre weichen Finger
meinen Händedruck sanft beantworteten.

Endlich wisperte sie: „Wäre es nicht besser, wenn wir jetzt
gingen? Sie dürfen sich nicht zu viel zutrauen. Wie fremd=
artig Ihnen Alles vorkommen muß."

„Ganz im Gegentheil," erwiderte ich, es erscheint mir nicht
fremd, und das ist gerade das Fremdartigste daran."

„Nicht befremdend?" wiederholte sie.

„Nicht im Geringsten," antwortete ich. „Die Gefühle,
welche Sie mir zuschrieben und von welchen ich erwartet
hatte, daß sie diesem Besuche folgen würden, habe ich einfach
nicht. Ich vergegenwärtige mir Alles, was diese Umge=
bungen mir zuflüstern, aber ohne die Gemüthsbewegung,
die ich erwartet habe. Sie können sich darüber nicht mehr
wundern, als ich selbst es thue. Seit jenem schrecklichen
Morgen, als Sie mir zu Hülfe kamen, habe ich es versucht,
nicht an mein früheres Leben zu denken, und mich gescheut,
hierher zu kommen, aus Furcht vor den beunruhigenden Fol=
gen. Ich gleiche etwa einem Manne, welcher ein verwun=
detes Glied bewegungslos hält, in der Idee, daß es ganz
außerordentlich empfindsam ist."

„Wollen Sie sagen, daß Sie Ihr Gedächtniß verloren
haben?"

„Durchaus nicht. Ich erinnere mich alles Dessen, was
mit meinem früheren Leben zusammenhängt, es fehlt mir
jedoch die durchdringende Empfindung. Ich erinnere mich

an Alles mit einer Deutlichkeit, als ob seitdem nur ein Tag verflossen wäre, aber meine Gefühle über Alles, dessen ich mich erinnere, sind so schwach, als ob hundert Jahre nicht allein in der That hingeflossen wären, sondern als ob ich ihrem Vorübergehen mit allen meinen Sinnen beigewohnt hätte. Vielleicht läßt sich auch das erklären. Der Wechsel des Anblickes unserer Umgebungen läßt uns, gerade wie der Lauf der Zeit, die Vergangenheit sehr entfernt erscheinen. Als ich zuerst aus meinem Scheintode aufwachte, erschien mir mein früheres Leben wie gestern, aber jetzt, seit ich meine neuen Umgebungen kenne und den wunderbaren Wechsel, welcher die Welt umgewandelt hat, zu begreifen begonnen habe, finde ich es durchaus nicht schwierig, sondern sogar sehr leicht, mir vorzustellen, daß ich ein Jahrhundert geschlafen habe. Können Sie sich vorstellen, wie Jemand hundert Jahre in vier Tagen durchleben kann? Es kommt mir vor, als ob ich dies soeben gethan hätte; auch scheint es mir, daß es diese Erfahrung ist, welche meinem früheren Leben ein so unwahrscheinliches und verschollenes Ansehen giebt. Können Sie sich denken, wie so Etwas möglich ist?"

„Ich kann es wohl begreifen," erwiderte Edith nachdenklich, „und wir sollten Alle dafür dankbar sein, daß es so ist, denn es wird Ihnen sicherlich viele Pein ersparen."

„Stellen Sie sich vor," sagte ich, indem ich sowohl ihr als mir selbst das Merkwürdige meiner geistigen Lage zu erklären versuchte, „daß ein Mann von einem Todesfall viele, viele Jahre später hört, als er sich ereignete. Sein Gefühl ist dann vielleicht dem meinen ähnlich. Wenn ich an meine Freunde in der früheren Welt denke und an die Sorgen, die sie um mich gehabt, so erfaßt mich mehr ein Mitleid als Angst, und Alles erscheint mir wie eine Sorge, die längst, längst vorüber gegangen."

Ein Rückblick.

„Sie haben mir noch Nichts von Ihren Freunden erzählt," sagte Edith. „Gab es Viele, die Sie betrauert haben mußten?"

„Gott sei Dank dafür, daß ich wenige Verwandte hatte," erwiderte ich; „es waren nur Cousins. Es gab jedoch eine Person, die, obgleich sie mit mir nicht verwandt war, mir dennoch theurer war als irgend ein Blutsverwandter. Sie führte Ihren Namen. Sie hätte binnen Kurzem meine Frau werden sollen."

„Ach ja," seufzte Edith an meiner Seite," welch tiefen Schmerz Ihr Herz empfunden haben muß."

Das tiefe Gefühl dieses lieben Mädchens schlug eine Seite in meinem erstarrten Herzen an. Meine Augen, die bisher jede Thräne verweigert hatten, wurden feucht. Als ich meine Fassung wieder gewonnen hatte, sah ich, daß auch sie mit mir geweint hatte.

„Dank für Ihr Mitgefühl," rief ich. „Würden Sie nicht ihr Bild sehen wollen?"

„Ein kleines Medaillon mit Edith Bartlett's Bild hing noch an einer goldenen Kette an meinem Halse. Ich zog es hervor, öffnete es, und reichte es meiner Gefährtin. Sie nahm es in großer Hast und nachdem sie lange das süße Antlitz betrachtet, berührte sie das Bild mit ihren Lippen.

„Ich weiß, daß sie gut und liebenswürdig gewesen sein mußte, um Ihre Thränen zu verdienen," sagte sie, „aber bedenken Sie, sie hat längst ausgelitten, und ist seit bereits einem Jahrhundert den Seligen zugezählt."

Und dies war in der That der Fall. Was auch immer ihre Sorgen einst gewesen sein mochten, sie hatte längst aufgehört zu weinen, und nachdem meine plötzlich auflodernde Leidenschaft sich gelegt, trockneten auch meine Thränen. Ich hatte sie herzlich in meinem früheren Leben geliebt, aber das war vor hundert Jahren gewesen. Mancher mag in diesem Geständniß einen Mangel an Gefühl finden; ich glaube jedoch nicht, daß Jemand eine Erfahrung gleich der meinen besitzt, um über mich zu Gericht zu sitzen. Als wir im Begriffe waren das Zimmer zu verlassen, fiel mein Auge auf den eisernen Geldschrank in der Ecke, ich wies darauf hin und sagte:

„Dieses Gemach war sowohl meine Schatzkammer, als auch mein Schlafzimmer. In jenem Schranke sind viele tausend Thaler in Gold und ein großer Betrag in Werthpapieren. Wenn ich auch gewußt hätte, als ich in jener Nacht einschlief, wie lange mein Schlaf dauern würde, so würde ich dennoch geglaubt haben, daß das Gold für alle meine Bedürfnisse in irgend einem Lande oder in irgend einem Jahrhundert ausreichen würde. Daß jemals eine Zeit kommen würde, in der es seine Gewalt verlieren würde, hätte ich nie geglaubt. Dennoch wache ich auf und finde mich unter einem Volke, in welchem eine Wagenladung von Gold auch noch nicht ein Leib Brot zu kaufen im Stande ist."

Wie man erwarten kann, gelang es mir nicht, Edith begreiflich zu machen, daß diese Thatsache außerordentlich merkwürdig sei. „Warum sollte sie es?" fragte sie einfach.

Einundzwanzigstes Kapitel.

Dr. Leete hatte vorgeschlagen, daß wir den nächsten Morgen die Schulen und Universitäten der Stadt besuchen sollten, bei welcher Gelegenheit er mir das Erziehungssystem des 20sten Jahrhunderts erklären wollte.

„Sie werden," sagte er, als wir nach dem Frühstück ausgingen, „manche wichtige Unterschiede zwischen unserer Erziehungsmethode und der Ihrigen finden. Der Hauptunterschied besteht aber darin, daß heute Jedermann dieselbe Gelegenheit zu höherer Ausbildung besitzt, die in Ihrer Zeit nur einem außerordentlich geringen Theile der Bevölkerung offen stand. Wir würden es bedauern, hätten wir, nachdem wir Gleichheit in dem körperlichen Wohlbefinden der Menschen geschaffen, ihnen nicht auch Gleichheit in geistiger Beziehung gewährt."

„Die Kosten müssen jedoch sehr groß sein," sagte ich.

„Und wenn es die Hälfte der Einkünfte der Nation kosten würde, so würde sich Niemand beklagen," erwiderte Dr. Leete. „In Wirklichkeit jedoch sind die Kosten der Erziehung von zehntausend jungen Leuten weder zehn- noch fünfmal so groß, als die der Erziehung von tausend. Das Prinzip, welches alle Unternehmungen, die im Großen ausgeführt werden, verhältnißmäßig billiger macht, als wenn dieselben in kleinem Maßstabe durchgeführt werden, hat auch in der Erziehung seine Anwendung."

„Höhere Schulbildung war sehr theuer zu meiner Zeit," sagte ich.

„Wenn ich unseren Geschichtsforschern trauen darf, antwortete Dr. Leete, „so war es die Ausschweifung, die auf den Universitäten herrschte, die so viel kostete. Die wirklichen Ausgaben auf Ihren Universitäten scheinen sehr klein gewesen zu sein und würden sich noch geringer herausgestellt haben, wäre die Schülerzahl größer gewesen. Die höhere Erziehung ist heutzutage so billig wie die niedere, da alle Lehrer, wie alle anderen Arbeiter nur denselben Unterhalt empfangen. Wir haben einfach zu dem System des Schulzwanges, wie er vor hundert Jahren in Massachusetts eingeführt gewesen, ein halbes Dutzend höherer Grade hinzugefügt, die einen jungen Mann bis zu seinem einundzwanzigsten Jahre hinhalten und die ihm eine feine Bildung geben, anstatt ihn zu vierzehn oder fünfzehn Jahren in die Welt zu stoßen ohne jede weitere geistige Ausbildung, als die des Lesens, Schreibens und Rechnens."

„Wenn wir die Kosten dieser Jahre der Erziehung außer Acht lassen," erwiderte ich, „so hätten wir doch nicht geglaubt, so viele Zeit den gewerblichen Unternehmungen entziehen zu dürfen. Knaben der ärmeren Klasse mußten schon zu sechzehn Jahren oder noch früher in Arbeit gehen, wenn sie ihr Geschäft im 20sten Jahre erlernt haben wollten.

„Wir können Ihnen," erwiderte Dr. Leete, „auch darin keinen Vorzug einräumen, da die größere Vollkommenheit, welche Erziehung jeder Art von Arbeit giebt, reichlich die verlorene Zeit aufwiegt."

„Wir hätten uns gefürchtet," sagte ich, „weil höhere Erziehung, die wohl Leute zum Gelehrtenstande befähigte, sie jeder körperlichen Arbeit entfremdet."

„Das war das Resultat der höheren Erziehung Ihrer Zeit, wie ich gelesen habe," erwiderte der Doctor, „und das war kein Wunder, denn grobe Arbeit war damals gleichbedeutend mit der Gemeinschaft roher, flegelhafter und ungebildeter Leute. Heute giebt es keine solche Klasse. Es war ferner unvermeidlich, daß eine solche Ansicht vorherrschen mußte, weil alle diejenigen, die eine höhere Erziehung genossen hatten, entweder dem Gelehrtenstande zuertheilt wurden, oder in reichem Müssiggange ihr Leben verbringen konnten, und weil deshalb eine solch bessere Erziehung bei einem, der weder reich war, noch Neigung für den Gelehrtenstand besaß, ein Beweis des verfehlten Lebenszweckes war. Man blickte gewöhnlich auf eine solche Person herab. Heutzutage, da die beste Erziehung als nothwendig erachtet wird, um eine Person nur ins gewöhnliche Leben einzuführen, liegt in dem Besitze von Bildung kein solcher Folgeschluß."

„Abgesehen davon," bemerkte ich, „kann doch immerhin Erziehung nicht natürliche Unfähigkeit oder geistige Schwäche hinwegschaffen. Wenn nicht das durchschnittliche, natürliche Talent der jetzigen Welt höher steht, als das Talent der Menschen meiner Zeit, so, dünkt es mich, muß höhere Erziehung bei einer großen Mehrzahl der Bevölkerung erfolglos sein. Eine gewisse Empfänglichkeit für erziehliche Einflüsse ist vor Allem nöthig, um einen Geist der Cultur würdig zu machen, gerade so wie eine gewisse natürliche Fruchtbarkeit des Bodens nöthig ist, um ihn der Bearbeitung werth zu halten."

„Ich freue mich," sagte Dr. Leete, „daß Sie dieses Beispiel gewählt haben, da es gerade dasjenige ist, welches auch ich gewählt haben würde, um Ihnen die Idee der modernen Erziehung zu ermöglichen. Sie sagen, daß Land, welches so arm ist, daß sein Product nicht die Arbeit entschädigt, nicht cultivirt werden solle; dennoch wurde gerade solches Land selbst zu Ihrer Zeit bebaut. Ich spreche hier von Gärten, Grasplätzen und Park=Anlagen, von solchen Flecken Landes, die, wenn man sie unbebaut gelassen hätte, nur Dornen und Disteln hervorgebracht und so nicht nur allein das Auge beleidigt, sondern auch mancherlei Unangenehmes mit sich gebracht hätten. Man bebaut deshalb solche Plätze, und obgleich ihr Product gering ist, so entschädigt es dennoch für die daran gewandte Cultur. Genau so verhält es sich mit den Männern und Frauen, mit denen wir in gesellschaftlichen Verkehr geworfen sind, deren Stimmen stets in unseren Ohren widertönen, deren Betragen in mannigfaltiger Weise unser Vergnügen beeinflußt, die so zu sagen unser Leben bedingen wie die Luft, die wir athmen, oder wie die Elemente, von denen wir abhängig sind. Wenn wir daher wirklich nicht im Stande sein sollten, Jedem eine gute Erziehung zu geben, so sollten wir gerade die gröbsten und stumpfsten Naturen an Stelle der begabtesten wählen, um ihnen so viel durch Erziehung zu geben, als wir nur im Stande sind. Derjenige, der von Natur aus Anlagen besitzt, kann viel besser ohne Hülfe von Cultur vorankommen, als der Unglückliche, der nur geringes Talent besitzt. Das Leben würde nicht werth sein gelebt zu werden, wären wir umgeben von einer Bevölkerung ungebildeter, bäuerischer, flegelhafter Männer und Frauen, wie dies die wenigen Gebildeten in Ihrer Zeit wohl eingesehen haben mußten. Gesetzt, Sie wären parfümirt, würden Sie alsdann sich gern unter eine Menge übelriechender Leute mischen? Gesetzt, Sie wohnten in einem Palaste, würden Sie sich befriedigt finden, wenn die Fenster an allen vier Seiten auf von Ställen umgrenzte Höfe führten? Und das war die Lage aller Derjenigen, die sich zu Ihrer Zeit der Cultur und eines feinen Benehmens erfreuten. Ich weiß es, daß die Armen und Ungebildeten Ihrer Zeit die Reichen und Gebildeten beneideten; aber uns erscheinen die Letzteren, die in der Mitte von so viel Schmutz und thierischer Rohheit leben mußten, nichts weniger als beneidenswerth. Der gebildete Mann Ihrer Zeit glich einer Person, die bis an den Hals in einem übelriechenden Sumpf versunken ist und sich an einem Riechfläschchen erquickt. Sie sehen deshalb vielleicht jetzt ein, weshalb wir so sehr auf eine allgemeine höhere Bildung Werth legen. Nichts scheint uns von größerer Wichtigkeit zu sein, als daß ein Jeder intelligente und gesellschaftlich gebildete Personen zu Nachbarn habe. Die Nation kann das Glück des Bürgers durch Nichts mehr vergrößern als dadurch, daß sie seine Nachbarn erzieht. Wenn sie es verfehlt, so wird dadurch der Werth seiner eignen Erziehung auf die Hälfte reduzirt und manche seiner ethischen Anlagen, die er mit großer Mühe vervollkommnet hat, werden ihm gerade dadurch zu Quellen des Mißbehagens gemacht.

„Einige für einen höheren Grad auszubilden, und die Gesammt-Masse ungebildet zu lassen, wie Sie es thaten, verursachte eine Kluft zwischen ihnen, die beinahe derjenigen gleichkam, die zwischen den verschiedenen Spezies sich spannt. Diese Klassen besaßen kein Mittel mit einander zu verkehren. Gab es daher etwas Unmenschlicheres als die Folgen einer Erziehung, deren sich nur Wenige erfreuen konnten! Allgemeine und gleiche Erziehung läßt zwar immer noch einen gewissen Unterschied zwischen Menschen bestehen, der in Folge natürlicher Begabung unvermeidlich ist; der Standpunkt der niedrigsten Klasse jedoch ist bedeutend erhöht worden. Thierische Rohheit ist total ausgerottet, Alle besitzen ein höheres Gefühl von Menschlichkeit, erkennen ein höheres Leben an und sind fähig, eine noch höhere Cultur zu bewundern, die sie selbst nicht zu erringen vermochten. Sie wissen die Vergnügungen und Inspirationen eines feinen sozialen

Lebens in sich aufzunehmen und von sich zu strahlen. Die gebildete Gesellschaft des neunzehnten Jahrhunderts, was war sie anders, als hier und da eine mikroskopische Oase in einer unendlichen Wildniß. Das Verhältniß Einzelner, die da fähig waren, mit einander geistig zu symphatisiren und gebildeten Umgang zu pflegen, zu der Masse ihrer Zeitgenossen, die das nicht konnten, war so verschwindend klein, daß es kaum werth war, erwähnt zu werden. Eine einzige Generation der heutigen Welt repräsentirt ein größeres Volumen geistigen Lebens, als fünf Jahrhunderte einer früheren Zeitperiode zusammen genommen.

„Es giebt noch einen anderen Grund, weshalb die beste und allgemeinste Erziehung heute verlangt wird," fuhr Dr. Leete fort, „nämlich das Interesse kommender Geschlechter, wohlerzogenen Eltern entsproßt zu sein. Unser Erziehungs-System stützt sich auf drei Pfeiler: I. auf das Recht eines jeden Mannes, die vollkommenste Erziehung zu genießen, die die Nation ihm gewähren kann, und zwar seiner selbst willen, damit er sich seiner selbst erfreuen kann; II. das Recht seiner Mitbürger ihn wohl erzogen zu sehen, weil dies nöthig zum Wohlbefinden der Gesellschaft ist; III. das Recht der Ungeborenen, intelligente und gebildete Eltern zu besitzen."

Ich kann nicht im Einzelnen beschreiben, was ich an diesem Tage in den Schulen gesehen. Da ich zu meiner Zeit nur geringes Interesse an Schulangelegenheiten genommen hatte, so konnte ich nur wenige Vergleiche von Interesse finden. Nächst der Allgemeinheit der höheren, sowie der niederen Erziehung, fiel mir das Vorwalten physischer Cultur auf, und die Thatsache, daß derselbe Werth auf gymnastische Uebungen gelegt wurde, als auf Wissenschaftlichkeit. „Wir halten die Facultät der Erziehung," erklärte Dr. Leete,

„verantwortlich, in derselben Weise für den Körper, als wie für den Geist des Zöglings zu sorgen. Die höchst möglichst körperliche sowie geistige Ausbildung des Einzelnen ist das Doppelziel des Lehrplanes, der den Zeitraum vom dritten bis zum einundzwanzigsten Jahre des Lernenden ausfüllt."

Das gesunde Aussehen der jungen Leute in den Schulen fiel mir ebenso auf. Meine früheren Beobachtungen, nicht allein der persönlichen Begabung, die in der Familie meines Wirthes vorherrschte, sondern auch der Leute, die ich auf meinen Spaziergängen angetroffen hatte, hatte mich bereits auf die Idee gebracht, daß der physische Zustand meiner Race sich seit meiner Zeit bedeutend gebessert haben müsse, und als ich jetzt diese kräftigen jungen Männer und frische, strotzende Mädchen mit den jungen Leuten verglich, die ich in den Schulen des neunzehnten Jahrhunderts gesehen hatte, konnte ich nicht umhin, meine Gedanken Dr. Leete mitzutheilen. Er hörte mir mit großem Interesse zu, dann sagte er: „Ihr Zeugniß in dieser Sache ist außerordentlich werthvoll. Wir glauben freilich, daß eine Vervollkommnung, wie die, von welcher Sie sprechen, stattgefunden hat, wir konnten dies jedoch nur theoretisch beweisen. Durch die eigenthümliche Position, die Sie einnehmen, sind Sie der Einzige in der heutigen Welt, der diesen Punkt als Autorität behandeln kann. Ihre Meinung, wenn Sie dieselbe veröffentlichen werden, wird die größte Sensation erregen. Uebrigens wäre es befremdlich, wenn die Race sich nicht vervollkommnet haben sollte. Zu Ihrer Zeit verschlammte der Reichthum die eine Klasse in Faulheit des Geistes und des Körpers, während Armuth die Lebenskraft aus den Massen durch Ueberarbeit, schlechte Nahrung und verpestete Wohnungen sog. Die Arbeit, welche Kindern und Frauen aufgelegt wurde, zapfte das Leben an seinen Quellen ab. An

Stelle dieser abscheulichen Zustände erfreuen wir uns Alle jetzt der günstigen physischen Lebensbedingungen; die Jugend wird sorgsam ernährt und aufgezogen; die Arbeit, die von Allen verlangt wird, ist in die Zeit der größten körperlichen Kraft gelegt und überschreitet nie das Maß. Sorgen für den Unterhalt der Familie, Angst um den nächst kommenden Tag, die Abspannung, verursacht durch den unaufhörlichen Kampf um die Existenz; alle diese Einflüsse, welche einst so viel dazu beitrugen, den Geist und den Körper zu zerstören, sind heute unbekannt. Warum sollte alsdann nicht die Vervollkommnung der Race eine Consequenz eines solchen Wechsels geworden sein? Durch gewisse Zeichen erkennen wir es auch, daß eine Verbesserung stattgefunden hat; Wahnsinn z. B., der im neunzehnten Jahrhundert so schrecklich als ein Product Ihrer wahnsinnigen Lebensweise grassirte, ist beinahe ganz verschwunden, und mit ihm sein Zwillingsbruder, Selbstmord.

Zweiundzwanzigstes Kapitel.

Am nächsten Tage trafen wir verabredeter Maßen die Damen in der Speisehalle und nach dem Mittagsmahle, als diese uns verlassen, um einige Gänge zu besorgen, blieben wir noch am Tische sitzen, um bei einem Glase Wein und einer guten Cigarre uns weiter zu unterhalten.

„Doctor," sagte ich im Laufe der Unterhaltung, „es wäre Wahnsinn, würde ich vom bloßen Standpunkt der Moral aus Ihr gesellschaftliches System nicht bewundern, zumal wenn ich es mit irgend einem früheren und ganz besonders mit dem meines eignen unglücklichen Jahrhunderts vergleiche. Wenn ich jedoch wieder in einen magnetischen Schlaf verfallen sollte, der mich rückwärts anstatt vorwärts brächte, und wenn ich alsdann meinen Freunden des 19ten Jahrhunderts erzählen würde, was ich gesehen, so würde wohl ein Jeder von ihnen zugeben, daß Ihre Welt ein Paradies, was Ordnung, Gleichheit und Glückseligkeit anbetrifft, sei, aber da meine Landsleute stets sehr praktisch waren, so würden sie, nachdem sie ihre Bewunderung über die moralische Schönheit des Systems ausgedrückt haben würden, sogleich zu rechnen anfangen und fragen, woher das Geld oder der Geldeswerth genommen worden sei, um Jedermann so glücklich zu machen; denn wahrlich eine ganze Nation in solcher Bequemlichkeit und in solchem Luxus zu erhalten, wie ich ihn um mich her sehe, muß einen größeren Reichthum verlangen, als ihn die Nation zu meiner Zeit hervorzubringen im Stande war. Ich könnte ihnen alsdann recht gut die Hauptzüge Ihres Systems auseinander setzen, aber diese Frage zu beantworten, würde mir unmöglich sein, und man würde mir bald sagen — denn meine Zeitgenossen waren gute Rechner — daß ich geträumt haben müsse, und würde mir auch weiter nichts mehr glauben. Ich weiß, daß wenn zu meiner Zeit das gesammte jährliche Product mit der größten Rechtlichkeit getheilt worden wäre, nicht mehr als etwa 3 bis 400 Thaler auf den Einzelnen gekommen wären. Dies wäre kaum genug gewesen, seinen nothwendigsten Lebensunterhalt zu bestreiten, und von Ueberfluß und Luxus wäre sicherlich keine Rede gewesen. Wie kommt es, daß Sie so viel mehr besitzen?"

„Das ist eine sehr richtige Frage," erwiderte Dr. Leete, „und ich könnte Ihre Freunde nicht tadeln, wenn sie in dem gesetzten Falle Ihre Erzählung ins Fabelreich verwiesen, blos deshalb, weil Sie auf diese Frage keine Antwort geben könnten. Ich bedaure, daß ich eine erschöpfende Antwort nicht in einer Lection geben kann und was die Statistik anbelangt, die meine Darstellung beweisen muß, so werden Sie dieselbe in den Büchern meiner Bibliothek selbst nachschlagen müssen. Es sollte mir jedoch noch viel mehr leid thun, Sie durch Ihre früheren Bekannten in Verlegenheit gebracht zu sehen, und deshalb will ich einige Punkte, wenn auch leicht, berühren.

„Wir wollen mit einer Anzahl von Kleinigkeiten beginnen, wodurch wir Ersparnisse machen, wo Sie verschwendeten. Wir haben keine nationalen, staatlichen oder Munizipal-Schulden und zahlen weder Interessen, noch sind wir genöthigt, diese zu amortisiren. Wir haben weder ein stehendes Heer noch eine Marine und in Folge dessen keine Ausgaben für dieselben. Wir haben weder Zollbeamten noch Steuereinnehmer. Was Richter, Polizisten und Gefängnißwärter anbelangt, so hatte zu Ihrer Zeit Massachusetts allein deren mehr, als heute die gesammte Nation bedarf. Wir haben keine Verbrecherklasse, die vom Raube lebt, wie Sie eine solche hatten. Die Anzahl von Personen, welche mehr oder weniger durch körperliche Unfähigkeit der Arbeitskraft des Landes entzogen sind, als Lahme, Blinde und Kranke, und welche zu Ihrer Zeit eine so große Bürde für die Gesunden war, ist jetzt, da Alle in einem besseren Gesundheitszustand und in größerer Bequemlichkeit leben, bedeutend verringert worden und verschwindet mit jeder Generation mehr.. Ein anderer Posten, an welchem wir sparen, ist, daß wir kein Geld besitzen und die Tausende von Leuten, die früher sich mit finanziellen Spekulationen abgegeben haben, zu nützlicheren Beschäftigungen heranziehen. Bedenken Sie ferner, was früher die Reichen in persönlichem Luxus verwüsteten, obgleich dies an und für sich nicht so sehr viel gewesen sein mag. Auch besitzen wir heute keine Faulenzer, keine Drohnen.

„Eine wichtige Ursache der früheren Armuth war ferner die Verschwendung von Arbeitskraft und Material, die durch die Führung verschiedener Haushaltungen erzeugt wurde, während wir heut alle die unzähligen Arbeiten durch ein geordnetes System des Zusammenwirkens besser und billiger herstellen.

„Noch viel mehr wird durch die Organisation unseres Vertheilungssystems erspart, in welchem die Arbeit der Kaufleute, Händler, Ladenbesitzer mit der Schaar von Agenten, Ladendienern und Geschäfts-Reisenden abgeschafft ist, sowie die außerordentliche Verschwendung in nutzloser Transportation der Waaren vermieden ist. All dies wird durch den zehnten Theil Bedientester vollführt und kein Rad wird zweimal unnützer Weise umgedreht. Sie wissen bereits, was unser Vertheilungssystem ist. Unsere Statistiker haben berechnet, daß der achtzigste Theil unserer Arbeiter hinreichend ist, die gesammte Vertheilung zu besorgen, die früher ein volles Achtel der Bevölkerung in Anspruch nahm und ebenso viel der productiven Arbeitskraft entzog."

„Ich fange an zu begreifen," sagte ich, „wie Sie zu größerem Reichthum gelangen."

„Entschuldigen Sie," erwiderte Dr. Leete, „Sie können dies bis jetzt noch nicht vollständig einsehen. Die Ersparnisse, die ich bis jetzt in Erwägung zog, mögen vielleicht Arbeitskraft und Material zusammen gerechnet, der Hälfte der jährlichen Production Ihrer Zeit gleichkommen. Diese Posten sind jedoch verschwindend klein im Vergleiche mit der viel größeren Verschwendung, die ihre Ursache darin fand, daß die Industrie der Nation dem Unternehmungsgeiste von Privatpersonen überlassen blieb. Wie viel auch Ihre Zeitgenossen in dem Verbrauche von Production gespart haben und wie wunderwoll auch ihr Fortschritt, was Erfindungen anbelangt, gewesen, so konnten sie sich doch so lange nicht aus dem Sumpfe der Armuth herausarbeiten, so lange sie ihr System beibehielten. Es gab gar keine Weise, in welcher die menschliche Energie mehr verschwendet wurde, als die Ihrige; und zur Ehre des menschlichen Verstandes sei es gesagt, daß dieses System nie erfunden worden, sondern daß es ein Ueberbleibsel jenes barbarischen Zeitalters war, in welchem aus Mangel an gesellschaftlicher Organisation an ein Zusammenwirken nicht zu denken war."

„Ich gestehe recht gern zu," sagte ich, „daß unser gewerbliches System, vom ethischen Standpunkte aus betrachtet, sehr schlecht war, als eine Maschine jedoch für die Production von Reichthum scheint es aber immerhin bewunderungswürdig gewesen zu sein."

„Wie ich schon vorhin sagte," erwiderte der Doctor, „ist

der Gegenstand zu groß, um jetzt eingehend behandelt werden zu können, wenn es Sie jedoch wirklich interessirt, die Kritik unserer modernen Zeit in Bezug auf Ihr gewerbliches System zu hören, so will ich einige Punkte kurz berühren.

„Auf viererlei Weise erlitt die Gesellschaft dadurch Verluste, daß die Industrie einzelnen, unverantwortlichen Personen überlassen wurde, die ohne jede gegenseitige Vereinbarung darauf loswirthschafteten; erstens durch verfehlte Unternehmungen; zweitens durch die Konkurrenz und gegenseitige Feindseligkeit Derer, die dasselbe Gewerbe betrieben; drittens durch die zeitweiligen Krisen, die durch Ueber-Production eintraten, und die eine Unterbrechung der Gewerbthätigkeit zur Folge hatten; viertens durch die Lahmlegung von Kapital sowohl, als von Arbeitskraft. Einer dieser vier großen Abzüge würde hingereicht haben, selbst wenn alle anderen hätten verstopft werden können, jenen Unterschied zwischen dem Reichthum und der Armuth der Nation hervorzurufen. Lassen Sie uns mit den Verlusten beginnen, die in verfehlten Unternehmungen ihren Ursprung fanden. Da zu Ihrer Zeit die Production und Vertheilung von Waaren ohne Vereinbarung und Organisation betrieben wurde, so konnte Niemand wissen, wie groß der Bedarf in irgend einer Klasse von Production sei. Jedes Unternehmen eines Privat-Kapitalisten war deßhalb ein zweifelhaftes Experiment. Da der Unternehmer weder das gesammte Feld der Industrie, noch das des Verbrauches übersehen konnte, wie es die Regierung heute kann, so war er stets im Dunkeln darüber, was das Volk eigentlich verlangte oder welche Vorkehrungen andere Kapitolisten getroffen hätten, die Nachfrage zu befriedigen. Jedes Unternehmen war deßhalb eine Art Lotterie, in welcher man eher verlieren als gewinnen konnte, und es galt als eine

Regel, daß man viele Male Verluste erlitten haben müsse, ehe ein Wagniß mit Erfolg gekrönt werden könne. Ein Schuhmacher, der, ehe er ein Paar Schuhe herstellt, das Leder von vier oder fünf Paaren verdirbt, die verlorene Arbeitszeit nicht zu rechnen, würde eher Aussicht haben reich zu werden, als Ihre Zeitgenossen es hatten mit ihrem System von Privat=Unternehmungen, von welchen oft nur eins von fünfen erfolgreich war.

„Das nächste Uebel war die Konkurrenz: Das Gebiet der Gewerbthätigkeit war ein Schlachtfeld, welches die gesammte Welt umfaßte, und die Arbeiter, die einander bekriegten, verwüsteten mehr Energie als nöthig gewesen wäre Alle reich zu machen, wenn dieselbe, wie es heutzutage geschieht, einheitlich verwaltet worden wäre. In diesem Gewerbskampfe gab es weder Nachsicht noch Gnade. Derjenige, der in ein Geschäftsfeld eindrang, das ein Anderer vor ihm bearbeitet hatte, und dessen Unternehmungen zerstörte, um seine eignen auf deren Trümmer aufzubauen, wurde von allem Volke bewundert. Mein Vergleich dieses gewerblichen Kampfes mit einem wirklichen Kriege ist nicht zu weit hergeholt, wenn man die geistigen Leiden und die körperlichen Schmerzen, die ihm folgten, sowie das Elend, welches den Besiegten und diejenigen, die von ihm abhängig waren, überkam, in Erwägung zieht. Nichts wundert uns heute mehr, als daß zu Ihrer Zeit Leute, die dasselbe Geschäft betrieben, anstatt brüderlich und nachbarlich mit einander zu verkehren, einander als Gegner und Feinde betrachtet haben sollten, die man erwürgen und zu Boden werfen müsse. Uns erscheint dies als reiner Wahnsinn, als eine Scene, die sich nur im Tollhause abspielen kann. Ihre Zeitgenossen waren aber ganz und gar nicht toll, sondern wußten recht gut, was sie thaten. Die Produzenten des

Ein Rückblick.

19ten Jahrhunderts arbeiteten nicht wie die unsrigen für den Unterhalt der Gesellschaft, sondern für den eignen Unterhalt auf Kosten der Gesellschaft. Es war eine bloße Zufälligkeit, wenn in diesen selbstischen Bestrebungen auch der allgemeine Reichthum um eine Kleinigkeit vergrößert wurde. Es war sogar gebräuchlich seinen eignen Reichthum durch Manipulationen, die dem Allgemeinwohl schädlich waren, zu vergrößern. Die schlimmsten Feinde waren natürlich stets diejenigen, welche dasselbe Geschäft betrieben, denn nach Ihrem Plane, welches den Privatvortheil zum Motiv der Production machte, wünschte jeder Produzent den Artikel, welchen er hervorbrachte in größter Seltenheit zu sehen. Es lag in seinem Interesse, daß nicht mehr davon produzirt wurde, als er selbst herzustellen im Stande war; er bestrebte sich daher stets, Diejenigen zu unterdrücken, die denselben Geschäftszweig betrieben. Nachdem er alle Diejenigen, welche er konnte, aus dem Felde getrieben, verband er sich mit all Denjenigen, die er nicht bezwingen konnte, und verwandelte alsdann den Kampf, in welchem er mit ihnen früher begriffen gewesen, in einen Kampf gegen das große Publikum, indem er die Preise in die Höhe trieb, so lange als das Volk es aushalten konnte. Der Fabrikant des 19ten Jahrhunderts träumte von nichts lieber, als vollständige Kontrolle über irgend einen zum Leben nöthigen Artikel zu gewinnen, um so das halb verhungerte Volk desto besser aussaugen zu können, und dies, Herr West, nannte man im 19ten Jahrhundert ein System für Production. Ich überlasse es Ihnen, zu entscheiden, ob dies nicht eher ein System war, Production zu unterdrücken. Gelegentlich, wenn wir Zeit haben werden, sollen Sie mir doch erklären, was ich nie zu begreifen im Stande gewesen, trotzdem ich viel darüber studirt, wie Ihre Zeitgenossen, die doch in vielen Beziehungen sehr gerieben waren, die Production der Lebensbedürfnisse einer Klasse von Leuten überlassen konnten, die ein Interesse darin fanden, die Welt auszuhungern. Wir wundern uns ganz und gar nicht darüber, daß Sie bei einem solchen System nicht reicher wurden; was uns Wunder nimmt, ist, daß Sie überhaupt nicht Hungers gestorben sind, und dieses Wunder steigert sich noch dadurch, daß auch noch in vielen anderen Beziehungen eine ähnliche Verschwendung der Energie stattfand.

„Abgesehen von der Verschwendung an Arbeit und Kapital, die durch eine irre geleitete Industrie verursacht wurde, und auch abgesehen von dem Kampfe einer Fabrik mit der anderen, so brachte Ihr System periodische Konvulsionen hervor, die den vorsichtigen, wie den unvorsichtigen Geschäftsmann, den Halsabschneider, sowie dessen Opfer mit gleicher Härte überraschten. Ich meine damit die Geschäftskrisen, die alle fünf oder zehn Jahre regelmäßig wiederkehrten, alle Gewerbe lahm legten, schwache Geschäftshäuser ruinirten und starke erschütterten, und auf welche alsdann die langen Perioden sogenannter „schlechter Zeiten" folgten. In diesen letzteren sammelte alsdann wohl der Kapitalist wieder die verlorenen Kräfte zusammen, aber der Arbeiterstand litt, hungerte und revoltirte. Dann folgte wieder eine kurze Zeit von Wohlstand, ein kurzer Sommer, um von einer neuen Krisis, einem neuen Winter abgelöst zu werden. Je mehr der Handel sich entwickelte und die Nation zu einem gemeinsamen Bunde vereinigt hatte, desto weiter machten sich diese Geschäftskrisen fühlbar. Ja, es ereignete sich sogar, daß, je mehr die Industrie und je complicirter diese geworden waren, desto häufiger traten diese Erschütterungen ein, so daß am Ende des 19ten Jahrhunderts zwei schlimme Jahre auf je ein gutes folgten und daß die Gefahr nahe lag, daß sämmtlicher Gewerbeverkehr unter seinem eignen Gewichte zusammenstürzen würde. Nach endlosen Berathschlagungen waren die Oekonomiker Ihrer Zeit zu dem verzweiflungsvollen Schlusse gekommen, daß diese Geschäftskrisen ebenso wenig verhindert und kontrollirt werden könnten, als Dürre und Hagelschlag. Man müsse sie als unvermeidliche Uebelstände ertragen und nachdem sie vorübergegangen, die Industrie wieder aufs Neue aufzubauen suchen, so wie etwa Leute, die von Erdbeben zeitweilig heimgesucht worden, dennoch wieder ihre zusammengestürzten Städte auf derselben Stelle wieder aufbauten.

„Was die Ursachen dieser Erscheinung anbelangt, so kannten Ihre Zeitgenossen dieselbe sehr wohl. Sie lagen in der Wurzel selbst und mußten gefährlicher werden, je mehr das Geschäft sich ausdehnte. Eine dieser Ursachen war der Mangel an Harmonie. Die Geschäftszweige konnten nicht kontrollirt werden und deshalb war eine ebenmäßige Entwicklung derselben unmöglich. Die Industrie kam fortwährend aus dem Schritt und verlor Fühlung mit den Ansprüchen, die an sie gestellt wurden.

„In Bezug auf diese gab es ja gar keinen solchen Maßstab, wie organisirte Vertheilung ihn uns bietet, und das erste Zeichen von Ueberproduction in irgend einem Geschäftszweige war ein „Krach," Bankrott der Produzenten, Einstellung der Production, Lohnherabsetzung und Entlassung der Arbeiter. Dieser Proceß fand selbst in manchen Gewerben selbst in günstigen Zeiten statt, und außergewöhnliche Krisen fanden nur statt, wenn eine Industrie eine außergewöhnliche Ausdehnung angenommen hatte. Der Markt war dann überladen und Niemand wollte über seinen Bedarf selbst unter dem Kostenpreise kaufen. Da die Löhne und der Profit aller der Klassen, die solche Waaren verfertigten, rebuzirt wurde oder ganz aufhörte, so waren diese auch nicht im Stande andere Waaren zu kaufen, von denen nicht gerade ein Ueberfluß vorhanden war, und in Folge dessen trat auch in diesen Zweigen in künstlicher Weise eine Stagnation ein, die die Preise herunterschrob, Löhne herabdrückte und Arbeiter brotlos machte. So ging es weiter und weiter und der Reichthum einer Nation ging verloren, ehe das Uebel gehoben werden konnte.

"Ein anderes Uebel Ihres Systems, welches oftmals die schrecklichsten Krisen verursachte, war Ihr Geld- und Kreditsystem. So lange die Production in Privathänden lag, war Geld als ein Tauschmittel nöthig. Es hatte aber den Fehler an sich, daß es an die Stelle von Nahrungsstoffen, Kleidung u. s. w. einen nur konventionellen Vertreter setzte. Die Begriffsverwirrung, die dies verursachte, führte zu Ihrem Kreditsystem und dessen merkwürdigen Täuschungen. Da man bereits daran gewöhnt war, Geld für Waaren zu empfangen, so ging man einen Schritt weiter, acceptirte Zahlungsversprechungen für Geld und es fiel bald Niemanden mehr ein hinter dem Vertreter die wirkliche Sache zu suchen. Geld war das Zeichen für eine wirkliche Komodität, aber Kredit war nur ein Zeichen für ein Zeichen. Gold und Silber — das ist Geld an sich — hatte seine natürlichen Grenzen, nicht so Kredit, und als Resultat stellte es sich bald heraus, daß das Volumen des Kredits, d. i. von Geldversprechungen, in Proportion mit dem wirklichen Baarbestande zu stehen aufhörte und noch viel weniger mit den Komoditäten selbst. Unter einem solchen System mußten Krisen mit derselben Nothwendigkeit eintreten, als ein Gebäude einstürzt, dessen Schwerpunkt über den Unterstützungspunkt hinausragt.

"Es war eine Selbsttäuschung Ihrer Zeit, anzunehmen, daß nur die Banken, die dazu Erlaubniß hatten, Geld auf den Markt brächten; ein Jeder, der für einen Thaler Kredit gab, brachte Geld in Circulation, welches so lange Werth hatte, bis die nächste Krisis es hinweg schwemmte. Die große Erweiterung des Kreditsystems, welches das 19te Jahrhundert characterisirte, ist schuld an den fortwährenden Geschäftskrisen jener Zeit. So gefährlich auch dieses System war, so konnten Sie jedoch nicht ohne Kredit fertig werden, da sie das Kapital des Landes nicht organisirt hatten und dies die einzige Methode war, es für geschäftliche Unternehmungen brauchbar zu machen. Gewisse Geschäftszweige absorbirten deshalb mehr als ihnen zukam von dem Gesammtkapital des Landes, und der Ruin der andern war die natürliche Folge. Die Geschäfte waren stets verschuldet, entweder zu einander oder zu den Banken und Kapitalisten, und das Zurückhalten des Kredits bei dem Herannahen einer Krisis beeilte dieselbe desto mehr.

„Es war das Unglück Ihrer Zeitgenossen, daß sie das Gebäude ihres Verkehrs mit einem Mörtel zusammen zu halten gezwungen waren, der sich bei dem geringsten Zufalle in Sprengpulver verwandelte, denn Kredit kann mit nichts Anderem besser als mit Dynamit verglichen werden.

„Sie werden noch viel besser zu begreifen lernen, wie unnöthig die Geschäftskrisen, von denen ich gesprochen, gewesen, und wie diese nur dadurch ermöglicht wurden, daß die Industrie einer privaten und unorganisirten Verwaltung überlassen war, wenn Sie unser heutiges System betrachten. Ueberproduction in irgend einem Zweige, welche zu Ihrer Zeit stets als ein Gespenst drohend ihr Haupt erhob, ist jetzt unmöglich, weil durch die Verwandtschaft, die jetzt zwischen Production und Vertheilung stattfindet, Nachfrage und Angebot sich genau reguliren. Gesetzt aber auch, daß durch einen Rechnungsfehler die Ueberproduction eines Artikels eintreten könnte, so würde dadurch, daß dieses Gewerbe eine Zeit lang nicht betrieben würde, Niemand außer Arbeit sein. Der Arbeiter würde sofort einem anderen Departement zugetheilt werden, und nichts mehr als die Zeit, die zwischen dem Wechsel verlaufen würde, würde verloren gehen. Was die Ueberfüllung anbetrifft, so ist das Geschäft der Nation groß genug einen Artikel so lange auf Lager zu halten, bis die Nachfrage das Angebot eingeholt hat. In einem derartigen Falle von Ueberproduction geräth bei uns nicht die ganze Maschine in Unordnung und das eigentliche Hemmniß, welches die Stockung hervor gerufen, wird nicht auf künstliche Weise ins Unendliche vergrößert. Da wir kein Geld besitzen, so giebt es auch keinen Kredit. Alle unsere Berechnungen haben nur mit wirklichen Sachen zu thun, mit Mehl, Eisen, Holz, Wolle und Arbeit, welche in Ihrer Zeit durch Geld oder Kredit repräsentirt wurden. In unsere Calculation kann sich kein Rechenfehler einschleichen. Alles, was zum Unterhalte des Volkes nöthig ist, sowie die Arbeit, deren man bedarf, um die Bedürfnisse des nächsten Jahres zu produziren, wird aus der Production des vorangegangenen Jahres gewonnen. Der Ueberrest an Material und Arbeit wird für Verbesserungen verwendet. Wenn eine Ernbte schlecht ausfällt, so ist der Ueberschuß geringer als gewöhnlich, weiter hat das nichts zu bedeuten. Außer diesen natürlichen Stockungen, die uns nur leicht berühren, giebt es keine geschäftlichen Schwankungen. Der materielle Wohlstand des Volkes fließt ruhig voran, von Geschlecht zu Geschlecht, wie ein Fluß, der immer weiter und tiefer wird.

„Ihre Geschäftskrisen, Herr West," fuhr der Doctor fort, „wie alle jene Aberlässe, die ich erwähnte, waren allein und für sich schon hinreichend, Sie in beständiger Armuth zu erhalten; ich muß jedoch noch eine andere und große Ursache

Ihrer Armuth berühren, nämlich, das Müssigliegen eines großen Theiles Ihres Kapitals und Ihrer Arbeitskraft. Es ist die Aufgabe unserer Verwaltung, jedes Gramm von Kapital oder Arbeit im Lande in Thätigkeit zu erhalten. Zu Ihrer Zeit gab es keine Kontrolle darüber, und ein großer Theil davon fand deshalb keine Beschäftigung. ‚Kapital,‘ pflegten Ihre Zeitgenossen zu sagen, ‚ist furcht= sam,‘ und es wäre sicher wagehalsig gewesen, wenn es sich nicht furchtsam zurückgezogen hätte in einer Zeit, die jedes geschäftliche Unternehmen so leicht in einem Bankrotte endigen konnte. Wenn jemals die Zeiten danach angethan waren, daß sie Sicherheit gewährten, so zeigte sich das Kapital stets bereit, auf irgend ein Unternehmen einzugehen. Der Theil, der auf diese Weise angewendet wurde, war Schwankungen ausgesetzt, je nach der größeren oder geringeren Beständig= keit der industriellen Lage, so daß das Resultat der gesammten Industrie einer Nation je nach den verschiedenen Jahr= gängen ein verschiedenes war. Obwohl zu Zeiten größerer Sicherheit mehr Kapital ins Geschäft gezogen wurde als zu Zeiten, in denen diese Sicherheit mangelte, so blieb dennoch ein sehr großer Theil ganz unproductiv, weil selbst in den besten Zeiten das Risiko ein sehr großes war.

„Ich muß auch noch bemerken, daß, da das Kapital stets auf sichere Beschäftigung wartete, ein bitterer Kampf zwischen Kapitalisten stets entstand, wenn sich eine solche günstige Aussicht eröffnete. Das Brachliegen des Kapitals, ein Resultat der Furchtsamkeit, verursachte in gleichem Grade ein Brachliegen der Arbeitskraft. Jeder Wechsel im Geschäft, die geringste Veränderung in der Lage des Han= dels und des Fabrikwesens, und dazu noch die häufigen Bankrotte, die jährlich selbst in den besten Jahren statt= fanden, machten stets eine Menge Leute arbeits= und brotlos auf Wochen, Monate und Jahre. Eine große Anzahl derselben durchstrichen, nach Arbeit suchend, das Land und wurden im Laufe der Zeit Vagabunde, wenn nicht Verbrecher. ‚Gebt uns Arbeit, war der Schrei einer ganzen Armee Unbeschäftigter, und in schlechten Zeiten schwoll dieses Heer so an, daß es die Stabilität der Regierung bedrohte. Kann es einen besseren Beweis für die Dummheit des Systems von privaten Unternehmungen, um die Nation zu bereichern, geben als die Thatsache, daß zur Zeit allgemeiner Armuth und Mangels die Kapitalisten einander erwürgten, um eine Gelegenheit zu finden ihr Kapital sicher anzulegen, und Arbeiter revoltirten und brennend und mordend durch das Land zogen, weil sie keine Arbeit finden konnten?

„Alles dies ist wieder immerhin nur die negative Seite unseres Systems. Sie müssen zugestehen, daß diese Thatsachen hinreichend sind, zu beweisen, warum wir nun so viel reicher sind als Sie es waren. Ich habe jedoch noch nicht von der größeren Hälfte, von der positiven Seite gesprochen, die unser System vor dem Ihrigen voraus hat. Gesetzt aber auch, daß dieses System von Privat=Unternehmungen ohne jene Abzüge wäre, die ich erwähnte; gesetzt, daß keine Verluste dadurch entständen, daß Angebot und Nachfrage nicht kontrollirt werden können; gesetzt auch, daß die Energie nicht durch Konkurrenz neutralisirt würde; gesetzt ferner, daß durch Bankrotte, Krisen, Panic und lange Geschäftsstockungen, sowie durch die Lahmlegung von Kapital und Arbeitskraft keine Schäden entständen; gesetzt endlich, daß alle diese Uebelstände, durch ein Wunder vielleicht, vermieden werden konnten, ohne daß deshalb das System aufgegeben werden müßte; so würde dennoch unser modernes, nationales, industrielles System das Ihrige bei Weitem an Nützlichkeit und practischem Werthe übertreffen.

Ein Rückblick.

„Sie hatten zu Ihrer Zeit ziemlich große Spinnereien und Webereien (obgleich die größten selbst mit den unsrigen keinen Vergleich aushalten) und Sie haben sicherlich solche besucht. Sie bedeckten große Flächen von Land, beschäftigten Tausende von Arbeitern und vereinigten unter einem Dache, unter einer Oberaufsicht die hundert verschiedenen Processe, durch die ein Ballen Baumwolle zu gehen hat, ehe er, in Kattun oder Muslin verwandelt, herauskommt. Sie haben alsdann sicherlich die Ersparniß an Arbeitskraft bewundert, die durch das Zusammenwirken Aller, jedes Rades, jeder Hand erzielt wurde. Sie haben alsdann sicherlich auch darüber nachgedacht, wie viel weniger erzielt werden würde, wenn alle diese Leute vereinzelt, jeder für sich arbeiten würde. Können Sie es leugnen, daß diese Arbeitskraft dadurch um ein Vielfaches vergrößert wurde, daß sie organisirt und gemeinsam verwaltet wurde? Nun, Herr West, die Organisation der Industrie unter einer Verwaltung, so daß jeder Zweig in den anderen eingreift, hat das Total-Product um so viel über das einer früheren Zeit erhoben, als das Resultat der Fabriken im Fortschritt über eine noch frühere Zeitperiode war, in der jeder Einzelne für sich arbeitete.

„Die Arbeitskraft einer Nation unter der Leitung eines tausendköpfigen Privat-Kapitals, selbst wenn die Leiter derselben nicht in gegenseitiger Feindschaft ständen, verhält sich zu der Arbeitskraft einer Nation, die unter einheitlicher Kontrolle steht, etwa wie ein revoltirender Volkshaufen, oder eine Horde von Barbaren unter ihren tausend Bandenführern, zu einem wohlgeschulten Heere unter einem Anführer, etwa zu der deutschen Armee zur Zeit des Grafen von Moltke."

„Nach Allem, was Sie mir jetzt gesagt haben," brach ich

ein, „wundert es mich nicht mehr, daß Sie jetzt reicher sind als wir es waren, sondern eher, daß Sie nicht alle Crösusse geworden sind."

„Sehr wohl," antwortete Dr. Leete, „wir befinden uns in gutem Wohlstande. Wir leben so luxuriös als wir es nur wünschen. Jene Rivalität, die sich zu ihrer Zeit in außerordentlichem Gepränge kundgab und zu einer Verschwendung führte, die keineswegs ein Wohlbehagen mit sich führte, existirt heute nicht mehr unter Leuten, die in ihrem Einkommen einander gleich stehen, und unser Ehrgeiz in dieser Richtung hört auf, sobald er das Ziel ‚Lebensannehmlichkeit‘ erreicht hat.

„Wir könnten vielleicht ein größeres persönliches Einkommen erlangen, wenn wir nicht den Ueberschuß unserer Production auf öffentliche Bauten und öffentliche Vergnügen, an denen Alle theilnehmen können, verwendeten, solche etwa als da sind: Hallen und Gebäude, Kunst=Gallerien, Brücken, Statuen, Straßen, Reisebequemlichkeiten, und Verschönerung der Städte, oder auch große musikalische und theatralische Vorstellungen; in einem Worte, wir sorgen auch für Volksvergnügen in riesenhaftem Maßstabe. Sie haben noch gar nicht gesehen, wie wir jetzt leben, Herr West. Wir haben zwar alle Bequemlichkeit in der Häuslichkeit, aber die wirkliche Lichtseite unseres Lebens ist die soziale, ist was wir mit allen unseren Mitbürgern theilen. Wenn Sie mehr darüber erfahren haben werden, werden Sie zu begreifen anfangen, wo das Geld bleibt (wie Sie zu sagen pflegten), und ich bin überzeugt, Sie werden wohl zustimmen, daß es wohl veranlagt ist.

„Ich glaube," bemerkte Dr. Leete, als wir nach Hause gingen, „daß Nichts Ihre Zeitgenossen empfindlicher berührt haben würde, als der Spott, sie hätten nicht verstanden,

Geld zu erwerben. Dennoch ist dies jedoch das Urtheil, das die Geschichte über sie fällt. Das System unorganisirter und einander feindlicher Industrie war vom ökonomischen Standpunkt betrachtet so absurd, als es vom moralischen abscheulich war. Selbstsucht war dessen einzige Wissenschaft, und in der Gewerbethätigkeit ist Selbstsucht Selbstmord. Konkurrenz, welche aus Selbstsucht hervorgeht, ist nur ein anderer Ausdruck für Verschwendung von Arbeitskraft, während in Vereinigung aller Kräfte das große Geheimniß liegt, welches Production wirksam macht. Erst dann, wenn der Wunsch sein eignes Besitzthum zu vermehren, dem Wunsche den gemeinsamen Reichthum zu vergrößern, Raum gegeben hat, kann eine industrielle Vereinbarung erzielt werden und die Herstellung von Reichthum ihren Anfang nehmen. Selbst wenn das Prinzip der Gleichheit aller Menschen nicht die einzig und allein humane und rationale Basis der Gesellschaft wäre, so würden wir sie doch aufrecht erhalten, weil sie eine wirthschaftliche Nothwendigkeit ist, denn so lange der zerstörende Einfluß von Selbstsucht nicht unterdrückt ist, kann an ein wahres industrielles Zusammenwirken nicht gedacht werden."

Dreiundzwanzigstes Kapitel.

Als ich den nämlichen Abend mit Edith im Musikzimmer saß und einige Stücke anhörte, auf die mich das Programm dieses Tages aufmerksam gemacht hatte, wandte ich mich während einer Pause an sie und sagte: „Fräulein Leete, ich möchte gern eine Frage an Sie richten, wenn ich nicht fürchtete indiscret zu sein."

„Bitte, fragen Sie nur," antwortete sie ermuthigend.

„Ich befinde mich in der Lage eines Horchers hinter der Wand. Ich habe einem Theile einer Unterhaltung zugehört, die nicht für mein Ohr bestimmt war, obgleich das Gespräch mich selbst betraf, und nun möchte ich auch gern alles Uebrige wissen."

„Sie hätten gelauscht?" wiederholte sie, mich verwundert ansehend.

„Ja," sagte ich, „aber Sie werden selbst zugeben müssen, daß es ohne meine Schuld geschah."

„Das wird wirklich mysteriös," bemerkte sie.

„In der That, so mysteriös," rief ich, „daß ich oftmals zweifelte, ob ich es wirklich gehört oder nur geträumt hätte. Ich wünschte, Sie würden mir es sagen. Es ist nämlich dies: Als ich aus meinem hundertjährigen Schlafe erwachte, so war es mir, als hörte ich Stimmen, die ich nachträglich als die Ihres Vaters, Ihrer Mutter und Ihrer eignen erkannte. Die Stimme Ihres Vaters sagte: ‚Er wird jetzt seine Augen öffnen, es wäre besser, wenn er nur eine Person zuerst sähe.' Dann, wenn es kein Traum war, sagten Sie:

‚Versprich mir, daß Du ihm Nichts sagen wirst.' Ihr Vater schien zu zaubern, aber Sie bestanden darauf, und als Ihre Mutter beistimmte, so versprach er es endlich. Ich öffnete meine Augen und erblickte nur ihn."

Es war mein Ernst gewesen, als ich sagte, ich sei im Zweifel, ob ich diese Unterhaltung nicht blos geträumt hätte. Ich hatte keine Ahnung davon, daß diese guten Leute manches über mich wußten. Als ich jedoch den Eindruck bemerkte, den meine Frage auf Edith gemacht, so wußte ich sofort, daß ich nicht geträumt hatte und vor einem neuen Mysterium stand.

Sobald ihr das Ziel meiner Frage klar geworden, überkam sie die größte Verlegenheit. Ihre Augen, sonst so frei und klar, senkten sich erschreckt vor meinen Blicken und eine Purpurröthe überfluthete ihr Gesicht.

„Entschuldigen Sie mich," rief ich aus, „sobald mein Erstaunen über den außergewöhnlichen Eindruck, den meine Worte gemacht, sich gelegt hatte, „ich habe also nicht blos geträumt. Ein Geheimniß ist vorhanden, das Sie mir vorenthalten. Ist es nicht grausam, einer Person in meiner Lage nicht jede mögliche Information über sich selbst zukommen zu lassen?"

„Es betrifft nicht Sie, — d. h. nicht direct Sie," lispelte sie kaum hörbar.

„Aber es muß mich doch irgendwie berühren," sagte ich, „es muß doch von Interesse für mich sein."

„Auch das weiß ich noch nicht," entgegnete sie, indem sie mich heimlich und tief erröthend anblickte, während zu gleicher Zeit ein schelmisches Lächeln ihre Lippen umspielte, „ich bin dessen nicht ganz sicher, daß es Sie interessiren würde."

„Aber Ihr Vater würde es mir erzählt haben," rief ich

vorwurfsvoll, „hätten Sie es ihm nicht verboten; er schien zu glauben, daß ich es wissen sollte."

Sie antwortete nicht. Sie war so bezaubend schön in ihrer Verwirrung, daß ich der Versuchung nicht widerstehen konnte, diesen Zustand zu verlängern, indem ich noch mehr in sie drang.

„Soll ich es niemals erfahren? Werden Sie es mir nie mittheilen?"

„Je nachdem," antwortete sie nach einer langen Pause.

„Wovon hängt es ab?" fragte ich noch eindringlicher.

„Sie fragen zu viel," erwiderte sie. Dann erhob sie ihr Gesicht zu mir, dessen tiefe Augen, feurige Wangen und lächelnde Lippen sich vereinigten mich vollständig zu bezaubern, und setzte hinzu: „Was würden Sie davon denken, wenn ich sagte, es hänge von Ihnen selbst ab?"

„Von mir selbst?" wiederholte ich, „wie kann das möglich sein?"

„Herr West, wir verlieren diese ausgezeichnete Musik," war ihre einzige Antwort, dann ging sie an das Telephon und ein herrliches Adagio erklang. Von nun an gab sie stets wohl Acht darauf, daß die Musik keine weitere Unterhaltung zulassen sollte. Auch hielt sie ihr Gesicht von mir abgewendet als wenn sie sich ganz und gar der Musik hingegeben. Dies war jedoch nur ein Vorwand, den das Roth, das immer noch ihren Nacken überfluthete, nur verrieth.

Als wir endlich genug der Musik hatten und uns erhoben, das Zimmer zu verlassen, kam sie direct auf mich zu, und ohne ihre Augen zu erheben, sagte sie zu mir: „Herr West, Sie sagen, ich wäre stets freundlich gegen Sie gewesen. Das mag vielleicht nicht der Fall sein, aber wenn Sie glauben, daß ich es gewesen, so bitte ich Sie, mir zu versprechen, die Frage, die Sie heute an mich gerichtet, nie wieder an mich zu stellen und daß Sie es auch nicht versuchen wollen von anderen, z. B. vom Vater oder Mutter Auskunft zu erhalten."

Es gab nur eine Antwort auf eine solch drängende Bitte. „Vergeben Sie mir," sagte ich, „wenn ich Sie verletzt oder beunruhigt habe. Ich will es versprechen. Ich hätte niemals darum gefragt, hätte ich nur gemuthmaßt, Sie dadurch unangenehm zu berühren. Ist meine Neugier aber zu tadeln?"

„Ich tadle Sie durchaus nicht."

„Und darf ich hoffen, daß Sie mir später einst selbst Alles sagen werden, wenn ich nicht ferner in Sie bringe?

„Vielleicht," lispelte sie.

„Nur vielleicht?"

Sie blickte auf und maß mich mit forschenden Blicken. „Ja," sagte sie, „ich werde es Ihnen — einst sagen."

So endete unsere Unterhaltung, denn sie gab mir keine fernere Gelegenheit zu deren Fortsetzung.

Ich glaube, selbst Dr. Pillsbury hätte mich an diesem Abend schwerlich zum Schlafen bringen können. Geheimnisse waren seit einigen Tagen meine gewöhnliche Nahrung gewesen, keins jedoch war so tiefwirkend und bezaubernd als das, dessen Lösung mir Edith Leete zu suchen verboten. Es war ein doppeltes Geheimniß. Erstens, wie konnte sie etwas Geheimnißvolles über mich, einen Fremden aus einem fremden Zeitalter wissen? Zweitens, selbst wenn sie etwas über mich wußte, was konnte es sein, das einen so aufregenden Eindruck auf sie zu machen im Stande war. Es giebt Räthsel, so schwierig, daß auch keine Ahnung vorhanden, wie sie zu lösen, und dies schien ein solches zu sein. Ich bin gewöhnlich zu practisch, um Zeit an Räthseln zu verschwenden; aber gerade die Schwierigkeit dieses Räthsels, zu dem ein schönes Mädchen den Schlüssel hatte, bezauberte mich. Auch sei es gesagt, daß obwohl das Erröthen von jungen Mädchen allen jungen Männern zu allen Zeiten dasselbe verräth, ich dennoch ihre purpurrothen Wangen nicht derartig deuten konnte. In Anbetracht meiner Lage und der kurzen Zeit unserer Bekanntschaft, sowie auch, daß das Geheimniß sich von noch früher her datiren müsse, von einer Zeit her, da ich sie noch gar nicht gekannt, wäre ein solcher Gedanke eine eitle Anmaßung gewesen. Und dennoch war sie ein Engel, und ich hätte kein junger Mann sein müssen, wenn Vernunft und Verstand vollständig im Stande hätten sein sollen, alle Rosen aus meinen Träumen zu verbannen, als ich endlich gegen Morgen dennoch einschlief.

Vierundzwanzigstes Kapitel.

Am Morgen ging ich zeitig ins Empfangzimmer, in der Hoffnung Edith allein zu treffen. Ich täuschte mich jedoch. Ich suchte sie im Garten, aber auch da fand ich sie nicht. Auf meinem Spaziergange besuchte ich dann mein unterirdisches Gemach und nahm Platz auf einem Stuhle, um ein Wenig auszuruhen. Auf dem Tische lagen einige Zeitschriften und Zeitungen, und da ich dachte, es würde Dr. Leete interessiren, eine Bostoner Zeitung des Jahres 1887 zu lesen, nahm ich eine dieser Zeitungen mit mir.

Ich traf mit Edith am Frühstückstische zusammen. Sie erröthete, als sie mich grüßte, hatte jedoch ihre Fassung vollständig wieder gewonnen. Dr. Leete amüsirte sich mit der Zeitung, die ich ihm gebracht. In derselben wurde, wie in allen anderen dieses Datums, sehr viel von den Arbeiter-Unruhen, von Arbeits-Einstellungen, von dem Programme der Arbeiter und den Drohungen der Anarchisten gesprochen. Als der Doctor einige dieser Stellen laut vorlas, sagte ich: „Können Sie mir sagen, welche Rolle die Anarchisten in der Lösung der sozialen Frage gespielt? So viel ich weiß, wurde großes Wesen von ihnen gemacht."

„Sie hatten nichts damit zu thun," erwiderte der Doctor; „sie hinderten sie nur, weil ihr leeres Geschwätz Leute abhielt, selbst auf die besten Pläne für Reform zu hören, und die Unterstützung dieser Leute durch die Gegner der Reform war das Klügste, was je erdacht worden."

„Was," rief ich erstaunt, „deren Unterstützung?"

„Gewiß," erwiderte Dr. Leete. „Keine geschichtliche Autorität bezweifelt es heute, daß sie von den großen Monopolen bezahlt waren, die rothe Fahne zu schwingen, von Mord und Brand zu sprechen, um die Leute so zu allarmiren und in Furcht zu jagen, daß sie von keiner Reform etwas hören wollten. Wir bewundern nur, daß Sie in eine so plumpe Falle stürzen konnten."

„Was sind Ihre Gründe zur Annahme, daß diese Leute bestochen waren?" fragte ich.

„Weil sie nur mehr Feinde als Freunde gewinnen konnten. Wenn angenommen werden soll, daß sie nicht bestochen waren, so müßte man sie zu gleicher Zeit auch der crassesten Dummheit bezüchtigen.*

„In den Vereinigten Staaten ganz besonders konnte keine Partei erwarten, irgend etwas zu erringen, wenn sie nicht die Mehrheit des Volkes für ihre Pläne gewinnen konnte, wie es der Partei der Nationalisten endlich gelang."

„Die Partei der Nationalisten!" rief ich aus. „Die muß nach meiner Zeit aufgetaucht sein; war sie vielleicht einer der Arbeitervereine?"

„Ganz und gar nicht," entgegnete der Doctor. „Die Arbeiterpartei, als solche, hätte nie etwas Großes zu Wege bringen können. Ihre Organisation war viel zu eng, um Unternehmungen von großer nationaler Ausdehnung leiten zu können. Erst als eine Umgestaltung des industriellen und sozialen Systems auf Grund einer höheren Ethik, als nöthig zur Production von Reichthum und als im Interesse nicht einer, sondern aller Klassen liegend, der Reichen sowohl, als der Armen, der Gebildeten sowohl, als der Unge-

---

* Ich gebe zu, daß es schwer ist das Bestehen der Anarchisten durch eine andere Theorie zu erklären, als daß sie von den Kapitalisten gedungen waren; es unterliegt aber keinem Zweifel, daß diese Muthmaßung falsch ist. Niemand glaubte es damals, obgleich im Rückblick es höchst möglich erscheint.

bildeten, der Alten, wie der Jungen, der Starken, wie der
Schwachen, der Männer, wie der Frauen anerkannt wurde,
bot sich eine Aussicht, daß die Umwandlung auch durchgeführt
werden konnte. Dann erstand die nationale Partei, um sie
politisch zur Ausführung zu bringen. Sie nahm wahrschein=
lich diesen Namen an, weil es ihr Ziel war alle Functionen
der Production und der Vertheilung zu nationalisiren. Sie
konnte in der That kaum einen andern Namen finden, denn
ihr Zweck war ja die Idee der Nation zu verwirklichen, wie
sie, was Großartigkeit der Vollständigkeit anbelangt, nie
erfaßt worden war, nämlich daß sie nicht blos eine Vereini=
gung von Männern sei, nur einige politische Functionen zu
vollführen, die ihr Glück nur oberflächlich und im Allgemeinen
berührten, sondern daß sie eine Familie, ein lebenskräftiger
Verband, ein gemeinsames Leben, ein mächtiger, himmelan=
strebender Baum sei, dessen Blätter, die Völker, aus seinen
Adern ernährt, gleichzeitig ihn nährten. Es wurde die
patriotischste aller Parteien, denn sie rechtfertigte den Pa=
triotismus und erhob ihn von einem bloßen Instinct zur Stufe
rationaler Ergebenheit, indem es das Vaterland im wahren
Sinne zu einem Vater=Lande machte; zu einem Vater, der
die Bevölkerung wirklich am Leben erhält, und der nicht blos
ein Götzenbild ist, für welches zu sterben sie sich verpflichtet
fühlen sollten."

Fünfundzwanzigstes Kapitel.

Die Erscheinung von Edith Leete hatte auf mich natürlicher Weise mächtig eingewirkt, seit ich in so sonderbarer Weise ein Gast in ihrem elterlichen Hause geworden, und nach dem, was sich am letzten Abende ereignet hatte, waren meine Gedanken mehr als je mit ihr beschäftigt.

Mir war zuerst ihre ernste Freimüthigkeit, die mehr der eines edlen und unschuldigen Knaben als der eines Mädchens, das ich je gekannt, glich und welche sie characterisirte, aufgefallen. Ich war gespannt, zu wissen, in wie fern diese bezaubernde Eigenthümlichkeit ihr selbst angehörte, und in wie fern sie das mögliche Resultat einer Veränderung in der Stellung des weiblichen Geschlechts, welche seit meiner Zeit stattgefunden haben mochte, sei. Als ich mit Dr. Leete allein war lenkte ich, sobald sich mir die Gelegenheit dazu bot, das Gespräch darauf hin.

„Da die Frauen jetzt von den Bürden des Haushaltens befreit sind," sagte ich, „so haben sie wohl nichts anderes zu thun als ihre Reize zu entwickeln und auszubilden?"

„Was uns Männer anbelangt," erwiderte der Doctor, „so meinen wir, daß sie reichlich für ihren Unterhalt zahlen, selbst wenn sie sich nur dieser Beschäftigung hingäben; aber Sie dürfen sich fest überzeugt halten, daß sie viel zu stolz und selbstbewußt sind, als zu erlauben, vom Almosen der Nation zu leben, selbst wenn sie als deren Schmuck betrachtet würden. Sie waren in der That froh den Haushaltspflichten enthoben zu sein, weil diese nicht allein aufreibend waren, sondern auch zu viel ihrer Arbeitskraft nutzlos vergeudeten, wenn wir einen Vergleich mit dem jetzigen Systeme eingehen. Sie freuten sich jedoch nur dieser Erleichterung, weil sie dadurch Gelegenheit bekamen, sich auf bessere und zugleich angenehmere Weise nützlich zu machen. Unsere Frauen sind wie die Männer der industriellen Armee eingereiht und verlassen diese nur, wenn Mutterpflichten sie rufen. Die meisten Frauen dienen deshalb zu verschiedenen Zeiten, im Ganzen etwa zehn bis fünfzehn Jahre, während Diejenigen, die keine Kinder haben, ihre volle Zeit aushalten."

„Eine weibliche Person verläßt also nicht die Armee, wenn sie heirathet?" fragte ich.

„So wenig als ein Mann," erwiderte der Docter. „Weshalb sollte sie es auch? Verheirathete Frauen haben heute keine Haushaltspflichten zu vollführen, und der Gatte ist doch kein kleines Kind, um für sich Sorge in Anspruch zu nehmen?"

„Es wurde bei uns oft bedauert, daß wir so viel Arbeit von unseren Frauen verlangten," sagte ich, „aber es scheint, Sie ziehen mehr von ihnen als wir."

Dr. Leete lachte. „Gewiß, gerade so, wie wir mehr Arbeit aus unseren Männern ziehen. Die Frauen unserer Zeit jedoch fühlen sich höchst glücklich, während die des 19ten Jahrhunderts, wenn die Berichte nicht lügen, höchst unglücklich gewesen sein müssen. Der Grund, daß heutzutage die Frauen solch tüchtige Mitarbeiter sind und zu gleicher Zeit sich so glücklich fühlen, ist darin zu finden, daß in Bezug auf ihre Arbeit, wie auf die von Männern wir dem Prinzip folgen Jedem die Art von Beschäftigung zuzuertheilen, die ihm oder ihr zusagt, oder für welche er oder sie sich als tauglich erweist. Da Frauen schwächer sind als Männer, da sie ferner in gewissen Beziehungen für manche Arbeiten

untauglich sind, so reserviren wir für sie solche Beschäfti=
gungen, die diese Thatsachen in Berechnung ziehen. Die
schwerere Arbeit wird immer Männern, die leichtere Frauen
übergeben. Unter keiner Bedingung wird ihnen eine Arbeit
zuertheilt, zu der sie nicht völlig tauglich sind, sowohl in Be=
zug auf die Arbeit selbst, als in Bezug auf ihr Geschlecht.
Frauen arbeiten ferner nicht so viele Stunden den Tag als
Männer, sie erhalten öfters Ferien und Sorge ist getroffen,
daß sie ruhen können, wenn sie der Ruhe bedürfen. Die
Männer unserer Zeit erkennen es so vollständig an, daß sie
der Schönheit und der Anmuth der Frauen den hauptsäch=
lichsten Trieb zum Leben und den größten Sporn zur Arbeit
verdanken, daß sie ihnen deshalb nur Arbeit erlauben, weil
man es einsieht, daß regelmäßige Arbeit der Art, die sich
Fähigkeiten anschmiegt, sowohl für Körper als Geist während
der Periode größter Kraftentfaltung nothwendig ist. Wir
glauben, daß die strotzende Gesundheit unserer Frauen im
Unterschiede von den Ihrigen, die als immer kränklich
geschildert werden, dadurch erzielt wird, daß wir jeder eine
gesunde und kräftigende Beschäftigung zuertheilen."

„Wenn die weiblichen Arbeiter auch der industriellen Ar=
mee zuertheilt werden, stehen sie dann, wie die Männer,
unter demselben System der Disziplin, da ihre Stellung doch
immerhin eine von ihnen verschiedene ist?"

„Sie stehen unter einer ganz anderen Disziplin," erwiderte
Dr. Leete, „und sie bilden eher ein Hilfscorps als einen wirk=
lichen Theil der Armee. Sie haben einen weiblichen General=
stab und stehen ausschließlich unter weiblicher Kontrolle.
Dieser General, sowie alle die höheren Beamten werden
durch diejenigen Frauen gewählt, die ihre Dienstzeit über=
standen haben, genau wie die Führer in der männlichen
Armee und der Präsident erwählt werden. Der General

der weiblichen Armee hat Sitz im Kabinet des Präsidenten und das Recht eines Veto in Bezug auf weibliche Arbeit, worüber alsbann der Kongreß entscheidet. Ebenso haben wir Richterinnen, die von dem Generale der Frauen ernannt werden. Fälle, in welchen beide Parteien weiblich sind, werden von Frauen allein entschieden, und wenn ein Mann und eine Frau in Streit sich befinden, so muß ein Richter und eine Richterin sich mit der Entscheidung zufrieden erklären."

„Die Frauenwelt scheint bei Ihnen wie ein Staat im Staate behandelt zu werden," sagte ich.

„In gewisser Weise, ja," erwiderte der Doctor; „aber dieser innere Staat ist ganz und gar nicht gefährlich. Es war ein Fehler Ihres Systems, daß es die verschiedenartige Individualität der Geschlechter nicht anerkannte. Die durch Leidenschaft hervorgerufene Anziehung, die zwischen Mann und Weib stattfindet, hat es zu häufig verhindert, daß die weite Verschiedenheit, welche die Mitglieder eines jeden Geschlechts in vielen Sachen dem andern fremd erscheinen läßt, anerkannt wurde. Man sympathisirte deshalb immer mit dem eignen. Dadurch, daß wir den Verschiedenheiten jedes Geschlechts vollen Spielraum gewähren, anstatt sie auszurotten, wie viele Reformer Ihrer Zeit es versuchten, vergrößern wir nicht allein das Vergnügen eines jeden für sich, sondern auch das Pikante, das die gesellschaftliche Stellung beider zu einander so anziehend macht. Zu Ihrer Zeit gab es keine Laufbahn für Frauen, in welcher sie sich nicht mit Männern zu messen gezwungen waren. Wir haben ihnen eine Welt für sich zuertheilt und sie befinden sich glücklich darin. Es erscheint uns, daß die Frauen mehr als jede andere Klasse die Opfer Ihrer Civilisation waren. Wir werden selbst heute noch von Mitleid ergriffen, wenn uns ihr abgemüdetes, unentwickeltes, durch Heirath versumpftes Leben, ihr enger Horizont, der physisch oft durch die vier Wände des Hauses und moralisch durch den kleinen Zirkel von Selbstinteresse begrenzt war, geschildert wird. Ich spreche jetzt nicht von den ärmeren Klassen, die sich gewöhnlich zu Tode arbeiten mußten, sondern von dem Mittelstande und den Reichen. Selbst diese konnten den großen und kleinen Sorgen des Lebens nicht entfliehen und hatten keine anderen Interessen, als die ihres Familienwesens. Eine solche Existenz mußte das Gehirn selbst eines Mannes erweichen und ihn in den Wahnsinn treiben. Alles dies hat sich jetzt geändert. Heute wünscht keine Frau mehr, daß sie ein Mann wäre, noch wünschen Eltern lieber einen Sohn als eine Tochter. Unsere Mädchen sind ebenso ehrgeizig wie unsere Knaben. Wenn Heirath sich ihnen bietet, so meint das nicht ewige Kerkerhaft, auch trennt es sie nicht von ihrer früheren und volleren Theilnahme an den größeren gesellschaftlichen Interessen. Nur dann, wenn süße Mutterpflicht sie ruft, zieht sich die Frau von der Welt auf einige Zeit zurück. Sie kehrt alsdann wieder zu ihrem früheren Platz zurück und hat es nicht nöthig, die Verbindung mit ihren Kameradinnen aufzugeben. Die Frauen sind heute glücklicher als sie es jemals waren, seitdem die Welt bestanden, und ihre Befähigung, Männer glücklicher zu machen, hat sich in demselben Verhältniß vergrößert."

„Ich sollte glauben," warf ich ein, „daß das Interesse, welches Mädchen in ihre Stellung in der Armee und als Kandidaten für Aemter nehmen, müsse sie von der Heirath zurückhalten."

Dr. Leete lächelte. „Aengstigen Sie sich nur darum nicht," sagte er. „Der Schöpfer hat es wohlweislich eingerichtet, daß, welche Veränderungen in der Lage von Männern und Frauen auch eintreten, ihre gegenseitige Anziehungskraft dieselbe bleibt. Die Thatsache allein, daß in einem Zeitalter, gleich dem Ihrigen, in dem den Leuten wenig Zeit für andere Gedanken gelassen wurde, als die Zukunft so trübe erschien, daß elterliche Verantwortlichkeit ein beinahe verbrecherisches Wagniß war, dennoch Ehen geschlossen wurden, sollte meine Auffassung als richtig hinstellen. Was Liebe anbetrifft, so sagt einer unserer Schriftsteller: ‚Die Leere, die in den Geistern der Männer und Frauen dadurch geschaffen worden, daß die Sorge um das tägliche Brot daraus entfernt wurde, ist durch Gefühle zärtlicher Art ausgefüllt worden.' Dies jedoch ist poetische Uebertreibung. Im Uebrigen hemmt Heirath nicht die Laufbahn einer Frau, im Gegentheil, die höheren Aemtern können nur Frauen zuertheilt werden, die Gattinen und Mütter gewesen, so daß sie ihr Geschlecht vollständig repräsentiren können."

„Werden Kredit=Karten auch an Frauen ausgegeben?"

„Gewiß!"

„Der Kredit einer Frau ist alsdann wohl kleiner als der eines Mannes, da ihre Arbeitszeit doch so häufig unterbrochen ist."

„Kleiner!" rief Dr. Leete aus, „o nein! der Unterhalt aller Personen ist derselbe; es giebt keine Ausnahme zu dieser Regel; wenn jedoch eine Ausnahme stattfände wegen solcher Unterbrechungen, so würden wir den Kredit der Frauen größer und nicht kleiner machen. Giebt es einen größeren Dienst, der der Nation geleistet werden kann und der die Dankbarkeit der Nation so sehr verpflichtet, als die Kinder der Nation, die zukünftigen Bürger zur Welt zu bringen und zu ernähren? Nach unseren Grundsätzen macht sich Niemand mehr verdienstlich um den Staat als ein gutes Elternpaar. Es giebt keine Aufgabe, die so unselbstsüchtig und so unbelohnt ist (obgleich das Herz wohl seinen Lohn empfindet), als die Auferziehung von Kindern, die einst die Welt ausfüllen sollen, wenn wir geschieden sind."

„Aus all dem, was Sie mir sagen, scheint hervorzugehen, daß die Frauen nicht von ihren Gatten, was ihren Unterhalt betrifft, abhängig sind."

„Gewiß sind sie es nicht," erklärte Dr. Leete, „ebensowenig sind es Kinder von ihren Eltern, obgleich darin nicht jene Abhängigkeit ausgeschlossen ist, die durch Liebe hervorgerufen wird. Die Arbeit des Kindes, nachdem es herangewachsen, hilft den Reichthum des Landes und nicht den der Eltern anschwellen, und deshalb muß es auf Staatskosten ernährt werden. Der Staat rechnet mit einer jeden Person, sei sie Mann, Frau oder Kind und nie mit einem Stellvertreter, mit der Ausnahme, daß Eltern Vormundschaft über ihre Kinder ausüben. Sie sehen, daß ein jeder durch sein verwandtschaftliches Verhältniß, in dem er zur Nation steht, zu seinem Unterhalte berechtigt ist. Dieses Anrecht wird durch kein anderes verwandtschaftliches Verhältniß abgeschwächt. Daß irgend Jemand von einer anderen Person abhängig sein sollte, würde unser moralisches Gefühl verletzen, und könnte durch keine soziale Theorie vertheidigt werden. Was würde aus unserer persönlichen Freiheit und Würde unter solchen Einrichtungen werden? Ich weiß, Sie nannten sich frei im 19ten Jahrhunderte. Das Wort konnte aber ganz und gar nicht bedeuten, was es jetzt in sich schließt, sonst würden Sie es nicht auf eine Gesellschaft angewendet haben, in der ein Mitglied zu dem andern in einem Verhältniß bitterer Abhängigkeit stand, um die Mittel zum Leben zu erlangen; der Arme zum Reichen, der Arbeitnehmer zum Arbeitgeber, Frauen zu Männern, und Kinder zu Eltern. Anstatt die Producte der Nation direct an die

Ein Rückblick.

Mitglieder derselben zu vertheilen, wie es das einfachste gewesen, hatten Ihre Zeitgenossen einen Plan erfunden, der diese Producte von Hand zu Hand gehen ließ und auf diese Weise die größtmöglichste persönliche Demüthigung aller Klassen von Empfängern nöthig machte.

„Was die Abhängigkeit der Frauen von ihren Männern anbetrifft, welche zu Ihrer Zeit gang und gebe war, so mag wohl die natürliche Anhänglichkeit an einander in Heirathen, die auf Liebe gegründet waren, sich recht erträglich gemacht haben, obgleich ich vermuthe, daß sie bei geistreichen Frauen jedenfalls bemüthigend war. Wie befanden sich aber die unzähligen Frauen, die mit oder ohne die Form eines Heiraths-Kontrakts sich an Männer verkaufen mußten, nur um ihr Leben zu fristen? Selbst Ihre Zeitgenossen, abgehärtet wie sie waren gegen den Anblick der widerlichsten gesellschaftlichen Zustände, waren auf den Gedanken gekommen, daß nicht Alles so sei, wie es sein sollte; aber sie bemitleideten einfach nur das Loos der Frauen. Es fiel ihnen nie ein, daß es sowohl Raub als Grausamkeit war, wenn die Männer das gesammte Product der Welt an sich rissen, und es den Frauen überließen, um ihren Antheil davon zu betteln und zu winseln. Aber — Herr West — ich ereifere mich, als wenn dieser Raub und die Sorge und Verachtung, die diese armen Geschöpfe erduldeten, nicht schon seit einem Jahrhundert vergessen wären, oder als wenn Sie verantwortlich wären für Zustände, die Sie gewiß so sehr bedauert haben wie ich."

„Ich muß meinen Theil an der Verantwortlichkeit jener Zeit tragen," erwiderte ich. „Alles, was ich zur Milderung des Urtheils beitragen kann, ist, daß ehe die Welt für ein System organisirter Production und Vertheilung reif war, keine radikale Verbesserung in der Lage der Frauen möglich war. Die Wurzel ihrer Unfähigkeit lag, wie Sie richtig bemerken, in ihrer persönlichen Abhängigkeit von dem, der sie unterhielt, und ich kann mir keine andere Organisation denken als die, die Sie beschrieben, die die Frau von der Herrschaft des Mannes und zu gleicher Zeit den Mann von der Herrschaft seines Nächsten frei gemacht hätte. Ich glaube jedoch, daß ein solcher Umschwung nicht stattgefunden haben konnte, ohne das gesellschaftliche Verhältniß der Geschlechter zu einander zu verrücken, und dies wird ein interessantes Studium für mich werden."

„Der Wechsel, den Sie bemerken werden," sagte mein Wirth, „wird hauptsächlich darin zu finden sein, daß ein freierer und ungehinderterer Austausch zwischen den Geschlechtern stattfindet, wenn derselbe mit dem erkünstelten Ihrer Zeit verglichen wird. Die Geschlechter begegnen sich jetzt mit voller Offenheit als Gleichberechtigte, und verlangen von einander nichts anderes als Liebe. Da zu Ihrer Zeit Frauen auf ihren Unterhalt durch Männer angewiesen waren, so waren sie es, die durch die Heirath am meisten profitirten. Dieser Sachbestand, in so weit Berichte nicht lügen, wurde nur zu offen von den niederen Klassen anerkannt, während die höher Gebildeten ihn mit einer gekünstelten Conventionalität vergoldeten, die das Verhältniß so erscheinen ließ, als wenn der Mann derjenige wäre, der Vortheil zöge. Um den Trug aufrecht zu erhalten, stellte sich der Mann an als wäre er der Bittende und um Liebe Flehende. Nichts wäre für unschicklicher gehalten worden, als wenn eine weibliche Person eine Zuneigung zu einem Manne verrathen hätte, ehe er den Wunsch, sie zu heirathen, ausgesprochen. Wir haben Bücher in unserer Bibliothek, in welchen Autoren Ihrer Zeit die Frage behandeln, ob unter irgend welchen Umständen und ohne ihr Geschlecht herabzusetzen, eine weibliche Person ihre Liebe für einen Mann offenbaren dürfe. Alles dies erscheint uns absurd, und dennoch wissen wir, daß unter den gegebenen Verhältnissen das Problem eine ernste Seite haben mußte. Wenn eine Frau einem Manne ihre Liebe anbot und dies in der That gleichbedeutend war mit einer Einladung, die Last ihres Unterhaltes auf ewig auf sich zu nehmen, so ist es klar, daß Stolz und Zartgefühl das Sehnen Ihres Herzens zurückdrängen mußten. Wenn Sie in Gesellschaft gehen werden, Herr West, so müssen Sie sich bereit halten, darüber unseren jungen Leuten viel Rede zu stehen, die sich natürlich sehr für diese früheren Sitten interessiren."*

„Also die Mädchen des 20sten Jahrhunderts erklären ihre Liebe?"

„Wenn sie belieben," erwiderte der Doctor. „Sie verhehlen ihre Gefühle so wenig als ihre Liebhaber. Koketterie würde ebenso verächtlich bei einem Mädchen wie bei einem Manne sein. Affectirte Kälte, welche zu Ihrer Zeit selten einen Liebhaber täuschte, würde ihn jetzt völlig täuschen, denn Niemand denkt daran, Gebrauch davon zu machen."

„Ich sehe ein Resultat wenigstens, welches von dieser Unabhängigkeit der Frauen kommen muß," sagte ich; „es kann heute nur Heirathen aus Liebe geben."

„Das versteht sich von selbst," erwiderte der Doctor.

„Eine Welt zu denken, in der nur Heirathen aus Liebe geschlossen werden! Ach, Herr Doctor, Sie können kaum begreifen, welch Wunder dies ist für einen Mann des 19ten Jahrhunderts."

„Ich kann es wohl begreifen," entgegnete mein Wirth,

---

* Ich muß zugestehen, daß dies sich bewahrheitet hat. Das Vergnügen, welches die jungen Leute und ganz besonders die jungen Mädchen aus den Beschreibungen des Hofmachens, wie es im 19ten Jahrhundert stattgefunden, ist ohne Grenzen.

„aber was Ihnen schon so glorreich scheint, hat noch eine weitgreifendere Bedeutung, als sie ihr im ersten Augenblicke zuschreiben können. Es bedeutet, daß zum ersten Male in der Geschichte der Menschheit das Prinzip der Geschlechts= wahl zur freien Ausführung gekommen, und mit ihr die Tendenz, die besseren Typen der Rasse zu bewahren und fort= zupflanzen und die schlechteren aussterben zu lassen. Die Sorgen der Armuth, die Nothwendigkeit eine Heimath zu besitzen, verleiten ein Mädchen nicht mehr einen Mann zum Vater ihrer Kinder anzunehmen, den sie nicht lieben und respectiren kann. Reichthum und Rang entziehen nicht mehr persönlichen Eigenschaften ihren Werth. Geld ver= schönt nicht mehr die dumme Stirn der Narren. Die natür= lichen Gaben als Geist, Character, Schönheit, Witz, Muth, Beredsamkeit, Güte, Großmuth sind jetzt der Fortpflanzung sicher. Eine Generation hat durch einen feineren Sieb zu gehen als die vorangegangenen. Die Eigenschaften, die die menschliche Natur bewundert, werden erhalten, die, die sie abstößt, werden zurückgelassen. Es giebt zwar Frauen, die ohne Bewunderung nicht lieben können, und die nur be= rühmte Männer heirathen wollen, aber so zu heirathen, meint heut nicht mehr Reichthum oder Titel zu verheirathen, sondern solche Männer zu bekommen, die in der That sich durch ihre Dienste um die Menschheit ausgezeichnet haben. Diese bilden heute die wahre Aristokratie, mit der eine Ver= bindung einzugehen, Auszeichnung ist.

„Sie sprachen vor einigen Tagen von der körperlichen Vervollkommnung unserer Leute im Vergleiche mit Ihren Zeitgenossen. Wichtiger als irgend eine der Ursachen, die ich erwähnte, für die Verbesserung der Rasse, war die unge= hinderte Geschlechtswahl, die seit zwei oder drei Genera= tionen stattgefunden hat. Wenn Sie uns erst besser stu=

birt haben werden, werden Sie nicht blos eine körperliche, sondern auch eine geistige und moralische Vervollkommnung vorfinden. Es wäre seltsam, wenn dies nicht der Fall wäre; denn nicht allein ist einem der wichtigsten Gesetze der Natur zum Heile der Rasse freier Lauf gelassen, sondern ein tiefes moralisches Element ist ihm zu Hülfe gekommen. Der Individualismus, der zu Ihrer Zeit die belebende Idee der Gesellschaft war, war nicht allein schädlich für die Entwicklung jedes brüderlichen Gefühls und jeder Gemeininteressen, sondern stand auch der Auffassung von der Verantwortlichkeit, die ein Geschlecht dem anderen schuldet, im Wege. Heute ist das Gefühl dieser Verantwortlichkeit, das früher nie anerkannt worden, die große ethische Idee der Rasse geworden, verstärkt durch das tiefe Pflichtgefühl, zur Ehe nur das Höchste und Beste des anderen Geschlechts zu wählen. Als ein Resultat stellt es sich heraus, daß der Sporn, mit dem wir Fleiß, Talent und Genie antreiben, in gar keinem Verhältniß steht zu der Thatsache, daß unsere jungen Leute aufs Höchste angefeuert werden, weil Frauen als Richterinnen dem Sieger die Palme reichen. Besser als Peitsche, Sporen, Lockmittel und Preise wirken die strahlenden Gesichter, die sich dem Trägen abwenden.

„Diejenigen nur bleiben heutzutage Junggesellen, die ihren Lebenszweck durch eigne Schuld verfehlt haben. Die Frauensperson müßte heroischen Muth besitzen, die aus Mitleid für einen solchen Unglücklichen der öffentlichen Meinung trotzen — denn sonst ist sie frei in ihrer Wahl — und einen solchen Mann heirathen würde. Sie würde es ganz besonders schwierig finden, die Verachtung ihres eigenen Geschlechtes zu ertragen. Unsere Frauen sind sich der vollen Verantwortlichkeit bewußt, die sie als Vormünder eines kommenden Geschlechtes tragen, und daß ihnen die Schlüssel zur Zukunft anvertraut sind. Das Pflichtgefühl steigert sich bei ihnen zur Höhe religiöser Weihe. Sie erziehen ihre Töchter von Jugend auf in diesem Cultus."

Nachdem ich an diesem Abende mich in mein Zimmer begeben, blieb ich noch lange auf und las einen Roman von Berrian, den mir Dr. Leete geliehen, und dessen Thema sich um die Zustände drehte, die er beschrieben, nämlich um die moderne Anschauung elterlicher Responsibilität. Eine ähnliche Situation wäre sicherlich von einem Schriftsteller des 19ten Jahrhunderts so behandelt worden sein, daß sie das Mitleid des Lesers für die sentimentale Selbstsucht des Liebenden erregt hätte. Ich brauche wohl nicht zu sagen — denn wer hat nicht „Ruth Elton" gelesen? — daß Berrian einen anderen Weg einschlägt; und mit welcher Kraft er dieses Prinzip durchführt, wenn er schreibt: „Unsere Macht über die Ungeborenen ist gleich der Gottes, und unsere Verantwortlichkeit gleich der seinigen. So wie wir unsere Pflicht erfüllen, so möge er uns gnädig sein."

Ein Rückblick.

Sechsundzwanzigstes Kapitel.

Wenn irgend Jemand zu entschuldigen ist, daß er die Rechnung der Zeit verloren, so können meine Umstände für mich vertheidigend auftreten. Wenn man mir gesagt hätte, daß auch die Zeitrechnung eine andere geworden, und daß die Woche jetzt aus 5, 10 oder 15 Tagen, anstatt aus 7 bestehe, so würde es mich nicht überrascht haben, nach dem, was ich bereits vom 20sten Jahrhundert gehört und gesehen. Es war am Morgen nach der im letzten Kapitel beschriebenen Unterhaltung, als es mir zum ersten Male einfiel, mich danach zu erkundigen. Beim Frühstücke fragte mich Dr. Leete, ob ich nicht wohl eine Predigt zu hören wünsche.

„Ist es heute denn Sonntag?" rief ich aus.

„Ja," sagte er, „es war am Freitag der letzten Woche, als wir die glückliche Entdeckung der unterirdischen Kammer machten, der wir Ihre Gesellschaft heute morgen verdanken. Es war Samstag Morgen, bald nach Mitternacht, als Sie zum ersten Male erwachten, und Sonntag Nachmittag, als Sie zum zweiten Male zu sich kamen."

„So haben Sie immer noch Sonntage und Predigten?" fragte ich. „Wir hatten Leute, die da prophezeiten, daß längst vor dieser Zeit beide aufgehört haben würden. Ich bin sehr gespannt, zu sehen, wie das kirchliche Element in ihre gesellschaftliche Organisationen sich eingewöhnt hat. Haben Sie etwa eine nationale Kirche und vom Staate angestellte Prediger?"

Dr. Leete lachte und Frau Leete sowie Edith schienen sich darüber sehr zu amusiren.

„Aber, Herr West," sagte Edith, „wofür halten Sie uns? Sie hatten sich bereits am Ende des 19. Jahrhunderts von der nationalen Kirche emancipirt und Sie erwarten, daß wir zu derselben zurückgekehrt seien?"

„Aber wie kann eine freie Kirche und eine unofficielle Geistlichkeit mit dem nationalen Besitzthum aller Gebäude und dem Dienste in der industriellen Armee vereinigt werden?" fragte ich.

„Die religiösen Formen des Volkes haben sich natürlich während eines Jahrhunderts bedeutend verändert," erwiderte Dr. Leete; „aber gesetzt auch, daß dies nicht der Fall gewesen wäre, so hätte unser soziales System dennoch sämmtliche Secten zufrieden stellen können. Die Nation besorgt für irgend eine Person oder für eine Anzahl von Personen Gebäude, wenn die Miethe dafür garantirt wird, und die Miether bleiben so lange im Besitze, als sie die Miethe zahlen. Was die Prediger anbetrifft, so ist folgende Auskunft getroffen. Wenn eine Anzahl Personen die Dienste einer einzelnen Person für irgend einen Zweck, den sie für sich selbst im Auge haben und der mit dem allgemeinen Dienste der Nation nichts zu thun hat, in Anspruch zu nehmen wünschen, so können sie dies mit der Einwilligung dieser Person in derselben Weise durchführen, wie sie etwa die Dienste eines Redacteurs erlangen, nämlich, indem sie der Nation eine Entschädigung für die Arbeitskraft einer solchen Person aus ihren Kredit=Karten zukommen lassen. Diese Entschädigung, welche der Nation gezahlt wird, gleicht also etwa dem Gehalte, der zu Ihrer Zeit dem Individuum selbst bezahlt wurde, und die vielseitige Anwendung dieses Prinzips überläßt der Privat=Initiative alle Einzelheiten, in welchen nationale Kontrolle nicht anwendbar ist. Wenn Sie nun heute eine Predigt hören wollen, so können Sie entweder zur Kirche gehen oder auch zu Haus bleiben."

„Wie kann ich denn eine Predigt hören, wenn ich zu Hause bleibe?"

„Indem Sie uns einfach ins Musikzimmer zur festgesetzten Stunde begleiten. Es giebt einige, die es vorziehen, die Predigt in der Kirche zu hören, aber die meisten Predigten werden, wie unsere musikalischen Vorträge, nicht öffentlich gehalten, sondern in acustisch gebauten Zimmern, die durch Drähte mit den Häusern der Subscribenten verbunden sind. Wenn Sie in eine Kirche zu gehen wünschen, so will ich Sie gerne begleiten, aber ich glaube kaum, daß Sie dort einen besseren Vortrag zu hören bekommen können, als hier zu Hause. Ich ersehe aus der Zeitung, daß Herr Barton heute predigt und er predigt nur per Telephon; seine Zuhörerzahl erreicht oft eine Höhe von 150,000."

„Das Neue, eine derartige Predigt zu hören, bewegt mich mehr, als irgend ein anderer Grund, dem Vortrage des Herrn Barton zu lauschen," sagte ich.

Nach etwa zwei Stunden holte mich Edith aus der Bibliothek, und ich folgte ihr ins Musikzimmer, in welchem Herr und Frau Leete bereits meiner warteten. Wir hatten uns kaum bequem niedergelassen, als ein Glockensignal gegeben wurde, und bald darauf die Stimme eines Mannes in gewöhnlichem Conversations-Tone vernommen wurde. Die Stimme sprach wie folgt:

Herrn Barton's Predigt.

„Wir haben seit einer Woche in unserer Mitte einen Kritiker des 19ten Jahrhunderts, einen lebenden Repräsentanten aus der Zeit unserer Urgroßeltern. Es wäre selt-

sam, wenn ein so außergewöhnliches Ereigniß nicht unsere
Einbildungskraft mit Nahrung versehen haben sollte. Viele
von uns mögen wohl dadurch angeleitet worden sein, sich die
menschliche Gesellschaft, wie sie vor hundert Jahren war,
vorzustellen, und sich ein Bild von deren Lebensweise zu
zeichnen. Indem ich Sie nun einlade, meinem Gedanken=
gange über diesen Gegenstand ein Wenig zu folgen, so bin
ich mir dessen gewiß, daß ich eher dem Ihrigen folgen, als
ihn von seiner Bahn ableiten werde —"

Edith flüsterte etwas ihrem Vater ins Ohr, zu dem er
seine Zustimmung zu geben schien; dann wandte er sich an
mich:

„Herr West," sagte er, „Edith glaubt, daß dem Vortrage
des Herrn Barton zu folgen, Sie möglicher Weise in Ver=
legenheit setzen könnte; Sie brauchen aber darum die Pre=
digt nicht zu verlieren. Wir können uns, wenn Sie es
wünschen, mit dem Sprechzimmer des Herrn Sweetzer in
Verbindung setzen, der ebenfalls ein ausgezeichneter Prediger
ist."

„Nein, nein," sagte ich, „ich wünsche Nichts lieber zu hören,
als was Herr Barton zu sagen hat."

„Wie es Ihnen beliebt," antwortete mein Wirth. Wäh=
rend ihr Vater sich an mich gewendet, hatte Edith eine
Schraube berührt und die Stimme des Herrn Barton war
plötzlich verschwunden. Jetzt berührte sie wieder eine andere
und sogleich füllte sich das Zimmer wieder mit den ernsten,
sympathetischen Tönen, die mich bereits so angenehm berührt
hatten.

„Ich darf wohl annehmen, daß, als ein Resultat unseres
Rückblickes, ein Eindruck auf uns Alle gemacht worden, näm=
lich der der Bewunderung über den großartigen Wechsel,
der innerhalb eines einzigen, kurzen Jahrhunderts sich

in der Menschheit, sowohl materiell als moralisch, vollzogen.

„Wenn wir den Gegensatz zwischen der Armuth der Welt im 19ten Jahrhundert und ihrem jetzigen Reichthum in Betracht ziehen, so mag derselbe vielleicht nicht viel größer sein, als er sich in der Geschichte der Menschheit schon früher gezeigt, vielleicht nicht größer als z. B. der Unterschied zwischen der Armuth dieses Landes im 17ten Jahrhundert und dem bezüglich großen Reichthum, der sich am Ende des 19ten kundgab, oder zwischen der Armuth Englands unter Wilhelm dem Eroberer und dem Reichthum dieses Landes unter der Königin Victoria. Obgleich der allgemeine Reichthum einer Nation damals nicht wie heute ein genaues Criterium über die Lage der Massen abgiebt, so können dennoch theilweise Vergleiche zwischen den Gegensätzen des 19ten und 20sten Jahrhunderts in so fern gezogen werden, als diese die materielle Seite berühren. Erst wenn wir den Unterschied ins Auge fassen, welcher moralisch sich herausstellt, so finden wir uns vor einem Räthsel, für welches die Geschichte, so weit rückwärts wir sie auch verfolgen, kein Seitenstück zu bieten hat. Es wäre beinahe zu entschuldigen, wenn Jemand ausriefe: ‚Hier wahrlich geschah ein Wunder!' Wenn wir jedoch nicht beim bloßen Erstaunen stehen bleiben, sondern die Wundererscheinung kritisch untersuchen, so finden wir, das Alles dies weder außergewöhnlich noch überhaupt wunderbar war. Um den Umschwung zu erklären, ist es nicht nöthig eine moralische Wiedergeburt der Menschheit, oder einen allgemeinen Untergang der Bösen, sowie ein Ueberleben der Guten anzunehmen. Die Lösung des Räthsels ist in der Reaction zu suchen, welche eine Aenderung in der Lebensweise auf die menschliche Natur ausübte. Eine Form der Gesellschaft, die sich auf ein falsches Selbstinteresse und auf Selbstsucht begründete, und welche sich allein an die anti=soziale und thierische Seite der menschlichen Natur wandte, war durch Institutionen ersetzt worden, die sich auf wahres Selbstinteresse und auf eine vernünftige Negation des Eigenwesens begründete und sich an die gesellschaftlichen und edelmüthigen Instincte der Menschen wandte.

„Meine Freunde! wenn Sie Menschen wieder in solche Raubthiere, wie sie im 19ten Jahrhundert gewesen zu sein schienen, verwandelt sehen wollen, so haben Sie es nur nöthig das frühere soziale und gewerbliche System wieder herzustellen, welches sie lehrte, in ihren Mitmenschen ihre natürliche Beute zu suchen und ihren Nutzen in dem Ver= luste Anderer zu finden. Sie werden sagen, daß selbst die größte Noth Sie nicht verleitet haben könnte, von dem zu leben, was Ihre größere Geschicklichkeit und Kraft einem Anderen entrissen, der dessen gerade so sehr bedürftig ist; gesetzt aber, daß Ihr eignes Leben nicht allein davon ab= hinge. Ich weiß es sehr wohl, daß unter unseren Ahnen viele gelebt haben müssen, die, wenn es sich allein um ihr eignes Leben gehandelt hätte, selbst dieses lieber aufgegeben, als sich vom Brote, welches sie einem Anderen entrissen, ernährt hätten. Sie hatten aber nicht allein für sich zu sorgen, sondern andere Wesen, die ihnen lieb und theuer waren, hingen von ihnen ab. Männer liebten Frauen in jenen Tagen ebenso wie heute. Gott allein weiß, wie sie es wagen durften Väter zu werden, aber auch sie hatten Kinder, an denen sie so zärtlich hingen, wie wir an den unseren, und welche sie ernähren, kleiden und erziehen mußten. Die sanf= testen Geschöpfe werden wild, wenn es sich um ihre Jungen handelt, und in jener wölfischen Gesellschaft lieh der Kampf ums Brot seine eigenartigste Verzweiflung gerade von diesem zärtlichsten aller Gefühle. Um derentwillen, die von ihm

Ein Rückblick.

abhängig waren, blieb einem Manne keine andere Wahl, als sich Hals über Kopf in jenen niederträchtigen Kampf zu stürzen, zu lügen und zu betrügen, zu hehlen und zu stehlen, unter dem Werthe zu kaufen und über demselben zu verkaufen, das Geschäft seines Nachbarn, vermittelst welches er seine Kinder ernährte, zu ruiniren, Leute zu verführen, daß sie kauften, was sie nicht brauchten, die Arbeiter zu schrauben, Schuldner zu drücken und Gläubiger zu hintergehen. Obwohl Leute oftmals mit thränendem Auge nach einem Auswege gesucht haben mochten, so konnten sie doch kaum eine Weise finden, in welcher sie ihr Leben fristen und ihre Familie ernähren konnten, ohne einen anderen schwächeren Rivalen zu unterdrücken und ihm das Brot vom Munde zu reißen. Selbst die Lehrer der Religion bildeten keine Ausnahme. Während sie ihre Schäfchen gegen Geldsucht warnten, waren sie durch die Sorge um ihre Familien gezwungen, stets die Höhe ihres Einkommens im Auge zu behalten. Die Bedauernswerthen! Sie hatten das undankbare Geschäft eine Generosität und Selbstlosigkeit zu predigen, die, wie sie und Jedermann wußte, in der gegenwärtigen Lage der Welt alle diejenigen verarmen mußte, welche sie zu üben wagten; sie waren gezwungen, Gesetze vorzuschreiben, welche das höhere Gesetz der Selbsterhaltung einen Jeden zu brechen anwies. Wenn diese Leute das unmenschliche Schauspiel, das die Gesellschaft bot, betrachteten, so beklagten sie bitterlich die Verderbtheit der menschlichen Natur, als wenn selbst eine engelsreine Natur sich hätte fleckenlos halten können in solch einer teuflischen Schule. Ach, meine Freunde, glauben Sie es mir, nicht heute, in diesem glücklichen Zeitalter beweist die Menschheit, daß ein göttlicher Funke sie belebt, sondern gerade in jenen bösen Tagen konnte selbst der Kampf ums Leben, der Kampf ums bloße Dasein, in welchem Mitleid

Thorheit war, nicht ganz Großmuth und Güte von der Erde scheuchen.

„Es ist gar nicht so schwierig die Verzweiflung zu verstehen, mit welcher Männer und Frauen, die unter anderen Bedingungen sanft und freundlich gewesen wären, in ihrem Haschen nach Geld kämpften und einander zerrissen; wenn wir uns nur vorstellen, was Armuth in jener Zeit in sich schloß. Für den Körper meinte es Hunger und Durst, Qual in Hitze und Kälte, endlose Arbeit in Gesundheit und Vernachlässigung in Krankheit; für die moralische Natur meinte es Unterdrückung, Verachtung, Entwürdigung, rohe Gemeinschaft, den Verlust der Unschuld während der Kindheit, sowie den Verlust der Männer- und Frauenwürde; für den Geist meinte es den Tod der Unwissenheit, den Starrkrampf aller derjenigen Fähigkeiten, die uns vom Thiere unterscheiden, die Erniedrigung des Lebens zu dem Kreislauf der körperlichen Functionen. „Ach, meine Freunde, wenn solch ein Geschick uns und unseren Kindern in der Aufhäufung von Reichthum als die einzige Alternative zum Erfolg geboten würde, wie lange würde es wohl dauern, ehe wir wieder zurücksänken auf die moralische Stufe, welche unsere Voreltern eingenommen.

„Vor etwa zwei- oder dreihundert Jahren wurde eine barbarische Handlung in Indien verübt, welche, obgleich nur einige Dutzend Leben durch sie zerstört wurden, dennoch einen so großen Schrecken hinterließ, daß die Erinnerung daran niemals ausstarb. Eine Anzahl englischer Gefangener waren in ein Zimmer eingeschlossen worden, welches nicht Luft genug enthielt, den zehnten Theil ihrer Anzahl am Leben zu erhalten. Die Unglücklichen waren tapfere Männer gewesen, treue Gefährten im Dienste, als aber der Schrecken des Erstickungstodes sie ergriff, da vergaßen sie alles, und

Ein Rückblick.

jeder kämpfte für sich allein und gegen alle Anderen, um sich einen Weg zu einer kleinen Oeffnung im Gefängnisse zu bahnen, durch welchen er einen Athemzug frischer Luft zu erlangen hoffte. In diesem Kampfe wurden Menschen zu Thieren, und die Schrecken dieser Situation, welche die wenigen Ueberlebenden beschrieben, ergriff unsere Voreltern mit solcher Macht, daß man während eines ganzen Jahrhunderts in der Literatur darauf hinwies, wenn man eine passende Illustration für die äußerste Möglichkeit menschlichen Elends im moralischen und physischen Sinne suchte. Sie konten kaum ahnen, daß uns das schwarze Loch von Calcutta, mit den sich drängenden, halb wahnsinnigen Menschen, die, um einen Platz an dem Luftloche zu gewinnen, einander zu Boden schlugen und unter Füßen traten, als ein genaues Bild der gesellschaftlichen Zustände ihres Zeitalters erscheinen würde. Aber das Bild ist noch nicht vollständig, denn in dem schwarzen Loche zu Calcutta gab es weder zarte Frauen, noch Kinder, weder alte Leute, noch Krüppel. Diejenigen, die da duldeten, waren wenigstens Männer, welche einen solchen Kampf aushalten konnten. Wenn wir bedenken, daß dieses alte System, von welchem ich soeben gesprochen, bis an das Ende des 19ten Jahrhunderts in Gebrauch war, während uns das neue, welches folgte, bereits alt erscheint, da unsere Eltern selbst kein anderes gekannt, so setzt uns dennoch die Schnelligkeit, mit welcher ein so ungewöhnlicher Uebergang sich vollzogen, in Erstaunen. Dieses anscheinende Wunder mildert sich jedoch etwas, wenn wir einen Blick auf den geistigen Zustand unserer Voreltern im letzten Viertel des 19ten Jahrhunderts werfen. Obgleich allgemeine Intelligenz im modernen Sinne des Wortes damals in keinem Staate existirte, so war dennoch die Generation, welche damals lebte, als intelligent zu bezeichnen, wenn man sie mit früheren verglich. Die unvermeidliche Folge dieser Intelligenz war, daß man die Uebel, von welchen die Gesellschaft litt, zu bemerken begann, wie das früher nie der Fall gewesen, obgleich sie in früheren Zeitaltern viel schlimmer gewesen. Die sich ausbreitende Intelligenz der Massen enthüllte die Sachlage, so wie die Morgendämmerung die Unreinlichkeit einer Umgebung enthüllt, welche in der Dunkelheit erträglich scheinen mochte. Der Grundton der gesammten Literatur dieser Periode war der des Mitleids für die Armen und Unglücklichen, ein Schrei der Entrüstung über die Unfähigkeit der sozialen Maschinerie, dem Elende der Menschen abzuhelfen. Diese Ausbrüche beweisen es klar, daß die moralische Verzerrtheit der gesellschaftlichen Zustände vollständig von den Besseren unter den Menschen dieser Zeit eingesehen und daß das Leben mancher edler und gefühlvoller Naturen durch ein scharf ausgeprägtes Mitleid beinahe unerträglich gemacht wurde.

„Obgleich die Idee von der lebenskräftigen Einheit der Menschenfamilie, von der Wirklichkeit einer menschlichen Brüderschaft lange noch nicht als das moralische Grundprinzip angesehen wurde, als welches wir es betrachten, so würden wir uns dennoch irren, wollten wir annehmen, daß ganz und gar kein Gefühl dafür vorhanden gewesen. Ich könnte wunderschöne Stellen aus der Literatur jener Zeit auswählen und vorlesen, die da zeigen, daß Einige eine vollständig klare Auffassung von der Sachlage besaßen, während zweifellos viele Andere sie dunkel ahnten. Man darf auch ferner nicht vergessen, daß das 19te Jahrhundert, dem Namen nach, christlich war, und daß, da das gesammte geschäftliche und gewerbliche System der Gesellschaft einen anti-christlichen Geist athmete, dies dazu beigetragen haben mußte, obgleich ich zugestehe, daß dies außerordentlich wenig die nominellen Anhänger von Jesus Christus berührte.

„Wenn wir zu erforschen beginnen, warum, nachdem selbst eine große Majorität die schreienden Uebel der bestehenden sozialen Ordnung anerkannt hatte, man sie immer noch duldete, oder sich an leerem Geschwätz über einzuführende Reformen begnügte, so stoßen wir auf eine höchst merkwürdige Thatsache. Die besten Leute dieser Epoche glaubten steif und fest, daß die einzig stabilen Elemente in der menschlichen Natur, auf welche ein soziales Gebäude mit Sicherheit errichtet werden konnte, deren schlimmsten Anlagen seien. Sie waren gelehrt worden, und glaubten es deshalb, daß Gier und Selbstsucht allein die menschliche Gesellschaft zusammen hielten, und daß alle menschlichen Vereinigungen in Stücke zerfallen würden, wenn irgend Etwas geschähe, die Schneide dieser Motive stumpf zu machen, oder diese in ihrer Thätigkeit aufzuhalten. Mit einem Worte, selbst Diejenigen, die sich gern einem anderen Glauben hingegeben hätten, waren überzeugt von dem Gegensatze alles dessen, was uns so selbstverständlich erscheint; sie glaubten, daß die anti=sozialen und nicht die sozialen Eigenschaften der Menschen die bindende Kraft in der Gesellschaft ausmachten. Ihnen erschien es vernünftig, daß die Menschen zusammen lebten, einzig und allein, um sich einander übervortheilen und bedrücken zu können, oder übervortheilt und bedrückt zu werden, und so lange eine Gesellschaft bestand, die sich einem solchen Glauben hingab, war wenig Aussicht für die Idee des Zusammenwirkens Aller, zum Vortheile Aller. Es scheint kaum glaublich, daß an solchen Ueberzeugungen ernstlich festgehalten werden konnte; daß aber unsere Urgroßväter nicht nur daran festhielten, sondern daß diese so lange den Bruch mit der alten Ordnung hinausschoben, nachdem bereits eine Ueberzeugung, daß diese Zustände unerträglich seien, sich durchgearbeitet, ist eine feststehende geschichtliche Thatsache.

Hierin kann man auch eine Erklärung für den Pessimismus finden, mit dem die Literatur des letzten Viertels des neunzehnten Jahrhunderts angehaucht war, für die Melancholie der Poesie und für den Cynismus in dem Humor dieser Zeit.

„Man fühlte, daß die Lage unerträglich geworden sei, und hatte keine klare Aussicht auf etwas Besseres. Man glaubte, daß die Evolution der Menschheit diese in eine Sackgasse geleitet hätte, aus welcher sie nicht mehr herauskommen könnte. Derartige Gedanken, welche den Geist der Menschen zu jener Zeit durchzogen, äußerten sich in Abhandlungen, von denen einige uns erreicht haben, die in unseren Bibliotheken nachgeschlagen werden können, und in welchen Argumente mühevoll aufgestellt wurden, um zu beweisen, daß das Leben trotz der elenden Lage der Menschen, in Folge einiger leichten Vortheile dennoch werth sei, durchlebt zu werden. Da sie sich selbst verachteten, verachteten sie ihren Schöpfer und religiöser Glaube verfiel. Bleiche und wässrige Strahlen von einem Himmel, der durch Zweifel und Furcht dicht verschleiert war, beleuchteten trübe das Chaos der Erde. Daß Menschen an Ihn zweifeln sollten, dessen Athem ihre Brust durchzog, oder daß sie die Hand Dessen fürchten sollten, der sie gebildet, erscheint uns in der That als ein Wahnsinn, der zu bemitleiden ist; wir müssen aber nicht vergessen, daß Kinder, welche am Tage muthig sind, sich dennoch in der Dunkelheit einer lächerlichen Furcht hingeben. Der Morgen ist seitdem angebrochen und im zwanzigsten Jahrhundert ist es leicht, an einen Gott, der der Vater der Menschen ist, zu glauben.

„In kurzer Weise, wie ein solcher Vortrag es mit sich bringt, habe ich einige der Ursachen berührt, durch welche die Menschen für den Uebergang von der alten zur neuen Ordnung vorbereitet wurden, als auch einige der Ursachen, die den

Conservativismus hervorbrachten, der den Wechsel aufhielt, als die Zeit dafür bereits reif geworden. Sich über die Schnelligkeit zu wundern, mit welcher der Umschwung sich vollzog, nachdem die Möglichkeit erst einmal eingesehen worden, heißt den berauschenden Eindruck vergessen, den Hoffnung auf Geister ausübt, die sich bereits an Verzweiflung gewöhnt. Der Durchbruch der Sonne, nach einer so langen und finsteren Nacht, mußte natürlich blenden. Von dem Augenblicke an, daß man zu glauben begann, die Menschheit sei nicht als Zwerg erschaffen, und ihre zusammengedrückte Natur sei nicht das Maß ihrer möglichen Größe, sondern daß ihre Ausdehnungsfähigkeit grenzenlos sei, riß die Reaction Alles im Sturme mit sich. Nichts konnte dem Enthusiasmus widerstehen, den dieser neue Glaube einflößte.

„Hier endlich, fühlten die Menschen, hatten sie ein Werk gefunden, im Vergleiche mit welchem die größten geschichtlichen Ereignisse unbedeutend erschienen, und gerade deshalb, weil diese Idee Millionen von Märtyrer hätte hervorrufen können, bedurfte man solcher nicht. Der Regierungswechsel in einem kleinen Königreiche der alten Welt hatte oft mehr Leben gekostet als diese Revolution, die endlich die Menschheit auf den richtigen Weg leitete.

„Es paßt sich eigentlich nicht, daß Einer von uns, welchem das Glück verliehen, in diesem herrlichen Zeitalter zu leben, wünschen sollte, sein Geschick wäre ein anderes gewesen, und dennoch habe ich oft gewünscht, meinen Antheil an diesem schönen und goldnen Tage mit einem Platze in jener stürmischen Uebergangsperiode zu vertauschen, als Helden das verrammelte Thor der Zukunft erbrachen und dem verwunderten Blicke einer hoffnungslosen Rasse an Stelle der Wand, welche ihren Weg versperrte, eine Aussicht auf Fortschritt eröffneten, dessen Endziel durch das Uebermaß seiner Lichtfülle selbst uns blendet. Ach, meine Freunde, wer darf sagen, daß damals gelebt zu haben, als unter der Hand der Schwächsten Jahrhunderte erzitterten, nicht eines Antheiles selbst unserer Erndte werth sei?

„Es ist Ihnen Allen die Geschichte jener letzten, größten und blutlosesten der Revolutionen bekannt. Während einer einzigen Generation warfen die Menschen alle ihre sozialen Traditionen und Gewohnheiten über den Haufen und errichteten eine gesellschaftliche Ordnung, die vernünftiger und menschlicher Wesen würdig war. Sie hörten auf zu plündern, sie begannen gemeinsam zu schaffen und fanden auf einmal in der Brüderlichkeit die wahre Quelle von Reichthum und Glück. Was werde ich essen und trinken und womit mich bekleiden, war die Frage, die mit Selbstsucht begann und mit Selbstsucht aufhörte, und die ängstlich und immer wieder gefragt worden war. Sobald man jedoch dieses Problem nicht mehr vom individuellen, sondern vom brüderlichen Standpunkte aus beleuchtete, und fragte, was sollen wir essen und trinken und womit uns kleiden? — zerfloß jede Schwierigkeit in Nichts.

„Armuth und Sklaverei war das Loos der Menschenmasse gewesen, so lange man versucht hat, das Problem des Unterhaltes vom individuellen Standpunkte aus zu lösen; kaum aber war der Staat der alleinige Kapitalist und Arbeitgeber geworden, so ersetzte Fülle die frühere Armuth und die letzten Spuren unterwürfiger Dienstbarkeit verschwanden von der Erde. Sklaverei, so oftmals vergeblich unterbrückt, war endlich getödtet worden. Die Mittel zum Unterhalte wurden nicht länger durch Männer an Frauen, durch Arbeitgeber an Arbeitnehmer, durch Reiche an Arme ausgetheilt, sondern wurden von der gemeinsamen Niederlage allen Kindern gereicht, die an des Vaters Tische saßen.

Es war nunmehr unmöglich geworden, daß Jemand seinen Nebenmenschen als ein Werkzeug für seinen eignen Vortheil gebrauchen konnte. Achtung war der einzige Vortheil, den er jetzt von ihm zu ziehen im Stande war. Aroganz und sklavische Unterwürfigkeit hatten aufgehört die Beziehungen menschlicher Wesen zu einander zu umdüstern. Zum ersten Male seit der Schöpfung stand Jedermann aufrecht vor seinem Gotte. Die Furcht vor Mangel und die Gier nach Besitzthum starben als Motive aus, als Fülle einem Jeden zugesichert und übermäßiges Besitzthum unmöglich geworden war. Nun gab es weder Bettler noch Almosen-Spender, die Gleichheit Aller ließ Wohlthätigkeit unbeschäftigt. Die zehn Gebote wurden zwecklos in einer Welt, in der es weder Versuchung zum Diebstahl, noch Gelegenheit zur Lüge oder Raum für Neid gab, da ja Alle gleich waren, und in welcher keine Gewaltthätigkeit stattfinden konnte, weil ja Allen die Macht, Andere zu schädigen, genommen war. Der uralte Traum der Menschheit von Freiheit, Gleichheit und Brüderlichkeit, der sie so oft getäuscht hatte, hatte sich endlich erfüllt.

„Wie unter früheren, gesellschaftlichen Zuständen der Edelmüthige, der Gerechte und der Zartfühlende gerade durch den Besitz dieser Eigenschaften Nachtheil litt, so fand sich jetzt, in der neuen Ordnung der Hartherzige, der Gierige und Selbstsüchtige im Widerspruche mit der Welt. Jetzt, da die Bedingungen des Lebens zum ersten Male aufhörten die thierischen Eigenschaften der menschlichen Natur zu entwickeln, und da die Prämie, welche früher Selbstsucht ermuthigt hatte, nicht allein ihr entzogen, sondern auf Selbstlosigkeit gesetzt worden war, war zum ersten Male die Möglichkeit vorhanden, zu sehen, wie eigentlich die unverdorbene menschliche Natur beschaffen sei. Die Neigungen zum

Schlechten, die früher die Neigungen zum Guten überwuchert und verdunkelt hatten, verwelkten jetzt, wie Kellerpflanzen in der freien Luft, und alle edleren Eigenschaften blühten plötzlich in solcher Ueppigkeit auf, daß selbst Cyniker sich in Lobredner verwandelten, und es zum ersten Male in der Geschichte vorkam, daß die Menschheit sich in sich selbst verliebte. Bald stellte es sich völlig heraus, was die Priester und Philosophen der alten Welt nie hatten zugestehen wollen, daß die menschliche Natur in ihrem Wesen gut und nicht böse sei; daß die Menschen in ihren natürlichen Anlagen edelmüthig und nicht selbstisch, mitleidsvoll und nicht grausam, sympathetisch und nicht anmaßend, daß sie gottähnlich, durchdrungen von den edelsten Gefühlen der Zärtlichkeit und Selbstaufopferung die Ebenbilder Gottes in der That, nicht aber die Travestieen auf Ihn seien, die zu sein sie geschienen. Der beständige Druck von Lebensbedingungen, der unzählige Generationen angedauert hatte, und der selbst Engel hätte verderben müssen, war nicht im Stande gewesen den natürlichen Adel der Rasse ganz zu zerstören, und sobald nur die Bedingungen entfernt waren, sprang die Menschheit, wie eine Tanne, die man niedergebeugt, in ihre frühere aufrechte Haltung zurück.

„Wenn ich all dies in die Form einer Parabel bringen soll, so sei es mir erlaubt, die Menschheit in der alten Zeit zu einem Rosenstocke zu vergleichen, der in einen Sumpf gepflanzt worden, dessen schwarzes Wasser einsog, dessen giftige Nebelluft am Tage einathmete und durch dessen schädlichen Thau des Nachts durchkältet wurde. Unzählige Generationen von Gärtnern hatten ihr möglichst Bestes geleistet, Blüthen aus ihm hervor zu locken, aber außer einer halb sich öffnenden Knospe, die sich gelegentlich zeigte und in deren Herzen ein Wurm sich vorfand, waren alle ihre Anstren=

Ein Rückblick.

gungen vergeblich gewesen. Viele Leute behaupteten, daß der Busch gar kein Rosenstock sei, sondern ein giftiger Strauch, den man mit Stumpf und Stiel ausrotten und verbrennen solle. Die Gärtner jedoch hielten daran fest, daß der Strauch der Rosen-Familie angehöre, daß er aber an einer unheilbaren Krankheit leide, die die Knospen am Aufbrechen hindere, und die sein elendes Aussehen erkläre. Es gab natürlich auch einige, welche darauf bestanden, daß der Stock an und für sich gut sei, daß es am Sumpfe liege, wenn er nicht blühe, und daß unter günstigeren Bedingungen die Pflanze sich besser entfalten würde. Diese Leute jedoch waren keine gelernten Gärtner, und da diese Letzteren sie als Theoretiker und Träumer verachteten, so wurden sie auch vom Volke als solche angesehen. Einige hervorragende Moral-Philosophen stellten sogar folgendes Argument auf: Gesetzt, der Stock könne möglicher Weise an einem anderen Platze bessere Resultate liefern, so sei es dennoch eine werthvollere Disziplin für die Knospen, wenn sie im Sumpfe aufzublühen gezwungen würden. Die Knospen, welche sich öffneten, seien in der That selten und deren Blätter bleich und geruchlos, aber sie zeigten eine größere moralische Kraft, als wenn sie alle auf einmal in einem Garten unter günstigeren Bedingungen aufgebrochen wären. Die zünftigen Gärtner und die Moral-Philosophen behaupteten das Feld, der Busch blieb im Sumpfe und er wurde wie früher behandelt. Neue Arten von treibenden Medizinen wurden beständig auf seine Wurzeln gegossen und unzählige Rezepte, von denen ein jedes von dem verschreibenden Arzte als das beste und allein brauchbare Mittel angepriesen wurde, wurden benutzt, um die Würmer zu zerstören und den Mehlthau zu entfernen. So ging es eine lange Zeit fort. Ab und zu glaubte der Eine oder der Andere zu bemerken, daß der Strauch ein wenig besser als früher aussähe, aber es standen auch ebenso viele auf, die erklärten, daß dies nicht der Fall sei, und daß sein Aussehen sich sogar verschlimmert habe. Im großen Ganzen war von einer wirklichen und ins Auge fallenden Veränderung keine Rede. Nachdem man bereits an dem Aufkommen des Busches verzweifelt hatte, wurde die Idee, ihn zu verpflanzen, wieder in Anregung gebracht und fand dieses Mal Anhänger. Wir können es ja einmal versuchen, sagte man, vielleicht gedeiht er anderswo besser; es lohnt sich überhaupt nicht, ihn länger hier zu cultiviren. So kam es endlich dazu, daß der Rosenstock der Menschheit umgepflanzt und in gute, warme und trockene Erde gesetzt wurde, wo das Sonnenlicht ihn übergoß, die Sterne mit ihm liebäugelten und der Südwind ihn küßte. Dann stellte es sich heraus, daß er in der That ein Rosenstock war. Die Würmer und der Mehlthau verschwanden und der Busch bedeckte sich mit den herrlichsten rothen Rosen, deren Duft die Welt erfüllte.

„Es ist ein Zeichen der Bestimmung, die uns gesetzt ist, daß der Schöpfer in unseren Herzen einen Maßstab aufgerichtet hat, nach welchem bemessen, unsere vergangenen Errungenschaften uns immer kleinlich erscheinen, während das Ziel uns nimmer näher rückt. Hätten unsere Voreltern sich eine Gesellschaft vorstellen können, in welcher die Menschen wie Brüder in Eintracht zusammen leben würden, ohne Kampf und Neid, ohne Gewaltthat und Uebervortheilung und in welcher sie um den Preis einer Arbeit, die nicht beschwerlicher als die Gesundheit es erlaubt, sowie in einer gewählten Beschäftigung frei sein würden von den Sorgen um den kommenden Tag und um ihren Lebensunterhalt sich nicht mehr zu bekümmern haben würden als Bäume, die getränkt sind durch nie versiegende Ströme, — hätten sie sich eine solche Lage vorstellen können, so würden sie diese für nichts weniger als das Paradies gehalten haben. Sie würden sie mit dem Himmel selbst verwechselt haben, noch würden sie vermuthet haben, daß irgend Etwas übrig sein könne, das des weiteren Strebens werth sei.

„Aber wie steht es mit uns, die wir uns auf jener Höhe befinden, zu welcher unsere Voreltern emporblickten? Wenn nicht ein außergewöhnlicher Vorfall, etwa wie der gegenwärtige, uns darauf aufmerksam machte, so würden wir bereits daran vergessen haben, daß es den Menschen nicht immer so wohl ergangen wie uns. Es fällt uns bereits schwer, uns in die gesellschaftliche Lage unserer nächsten Voreltern hineinzudenken. Wir finden diese grotesque, und die Lösung des Problems des physischen Unterhalts in so fern als Sorge und Verbrechen entfernt wurden, scheint uns lange nicht mehr die höchste Errungenschaft, sondern nur als eine Stufe zu weiterem menschlichen Fortschritte. Wir haben uns nur einer bedrückenden und nutzlosen Last entledigt, die unsere Vorfahren daran hinderte, sich mit den wahren Entzwecken des menschlichen Lebens zu beschäftigen. Wir haben uns einfach der Kleidung entledigt, um den Wettlauf zu beginnen, aber nicht mehr. Wir gleichen einem Kinde, das soeben stehen und gehen gelernt hat. Es erscheint einem Kinde eine große Errungenschaft, wenn es zum ersten Male einen Fuß vor den anderen setzt. Es denkt vielleicht, daß es wenig zu erlangen giebt nach einer solchen Fertigkeit, aber nach einem Jahre hat es längst vergessen, daß es nicht immer laufen konnte, sein Horizont wurde nur größer, als es sich erhob, und erweiterte sich, als es sich bewegte. In gewissem Sinne war sein erster Schritt eine wichtige Errungenschaft, aber nur als ein Anfang, nicht als ein Ende. Seine wahre Laufbahn hatte damals erst begonnen. Die Befreiung der Menschheit in dem letzten Jahrhundert von geistiger und physischer Sklaverei, um körperliche Behaglichkeit zu erringen, kann als eine Art von Wiedergeburt betrachtet werden, ohne welche die erste Geburt der Menschheit zu einer Existenz, die ihr nur eine Last sein konnte, auf immer ungerechtfertigt blieb, durch welche jedoch sie jetzt vollständig vindizirt ist. Seit damals ist die Menschheit in eine neue Phase geistiger Entwicklung eingetreten und eine Evolution der höheren Fähigkeiten hat stattgefunden, deren bloße Existenz unsere Voreltern kaum zu ahnen im Stande gewesen sein würden. An Stelle der traurigen Hoffnungslosigkeit des neunzehnten Jahrhunderts, an Stelle des Pessimismus der damals in Bezug auf die Zukunft der Menschen vorherrschte, ist die belebende Idee des gegenwärtigen Zeitalters getreten, ein enthusiastisches Ergreifen der Gelegenheit, die unsere Erden-Laufbahn uns zu weiterer Entwicklung bietet. Die Verbesserung der Menschheit, von Geschlecht zu Geschlecht in physischer, geistiger und moralischer Beziehung, wird als der große Endzweck des Lebens anerkannt, werth unserer höchsten Anstrengungen und unserer größten Opfer. Wir glauben, daß die Menschheit zum ersten Male sich ans Werk begeben, das Ideal Gottes in sich zu verwirklichen, und daß eine jede Generation nunmehr einen Schritt weiter aufwärts auf der Bahn voran zu klimmen hat.

„Wenn die Frage aufgeworfen wird, was wir erwarten dürfen, nachdem unzählige Geschlechter dahin geschwunden, so antworte ich, daß, obwohl der Weg weit ist, sich sein Ende dennoch in Licht verliert. In zwiefacher Weise kehrt der Mensch zu Gott zurück, der seine Heimath ist, zuerst als ein Individuum durch seinen Tod und dann in der Rückkehr der Race durch die Erfüllung der Evolution, die das göttliche Geheimniß, welches im Keime verborgen, zur Vollkommenheit entfaltet. Mit einer Thräne im Auge für die dunkle Vergangenheit wollen wir uns der blendenden Zukunft zuwenden und mit verschleiertem Auge voran= streben. Der lange und traurige Winter der Menschheit ist zu Ende, ihr Sommer hat angefangen, der Schmetterling hat seine Puppe durchbrochen, das Himmelreich liegt offen vor uns."

Siebenundzwanzigstes Kapitel.

Zwar kann ich keinen Grund dafür angeben, aber der Sonntag Nachmittag war während meines früheren Lebens stets eine Zeit gewesen, in welcher Melancholie mich überkam. Dann verwischten sich in einer unerklärlichen Weise alle Farben in meinen Lebensanschauungen und Alles erschien mir uninteressant. Die Stunden, welche mir sonst schnell verstrichen, flossen am Schlusse dieses Tages träge dahin. Obgleich meine Umstände sich so außerordentlich geändert hatten, so mag wohl die alte Gewohnheit daran schuld gewesen sein, daß ich an dem ersten Sonntag Nachmittage, welchen ich im 20sten Jahrhundert verlebte, in eine tiefe Niedergeschlagenheit verfiel. Meine Niedergeschlagenheit war aber dies Mal nicht ohne genügende Ursache, etwa die bloße unbestimmte Melancholie, von der ich gesprochen, sondern eine Gemüthsstimmung, welche durch meine Lage vollständig gerechtfertigt wurde. Die Predigt des Herrn Barton mit ihrem Hinweise auf die große moralische Kluft, welche sich zwischen dem Jahrhunderte, zu dem ich gehört hatte, und dem, in welchem ich mich befand, dehnte, wirkte auf mich so stark nach, daß mich ein Gefühl der Einsamkeit überkam. Obgleich er in gemäßigter und philosophischer Weise gesprochen hatte, so hatten dennoch seine Worte in mir den Eindruck hinterlassen, daß ich, ein Repräsentant einer verabscheuten Epoche, in meiner Umgebung ein Gefühl, gemischt aus Mitleid, Neugier und Abscheu, erwecken müßte. Die außerordentliche Zuvorkommenheit, mit welcher ich von Dr. Leete und seiner

Familie behandelt worden, und ganz besonders die Freundlichkeit, die Fräulein Edith mir angedeihen ließ, hatten mich vergessen lassen, daß ihr wahres Gefühl für mich nothwendiger Weise dasselbe sein müsse, welches die ganze Generation, zu der sie gehörten, gegen mich hegte. Was Dr. Leete und seine liebenswürdige Frau anbelangt, so hätte ich diese Erkenntniß, so schmerzlich sie mich auch berührte, ertragen können, die Ueberzeugung jedoch, daß auch Edith dasselbe Gefühl mit ihnen theilen müsse, überstieg meine Kräfte. Die verspätete Enthüllung dieser Thatsache wirkte nicht nur niederschlagend auf mich, sondern öffnete meine Augen für etwas, was der Leser vielleicht längst vermuthet haben muß — ich liebte Edith.

War das so befremdlich? Die unvergeßliche Gelegenheit, durch welche unsere Intimität hervorgerufen worden, als nämlich ihre Hände mich dem Strudel des Wahnsinns entrissen; die Thatsache, daß ihr Mitgefühl der Lebensodem war, der es mir ermöglichte, das neue Leben zu ertragen; meine Gewohnheit, in ihr die Vermittlerin zwischen mir und der mich umgebenden Welt zu finden, — Alles dies waren Umstände, die ein Resultat voraussehen ließen, welches die außerordentliche Liebenswürdigkeit ihrer Person und ihres Characters unbedingt zu Wege bringen mußte. Es war beinahe unvermeidlich, daß sie mir im wahren Sinne des Wortes nicht verschieden von der gewöhnlichen Erfahrung Liebender, die einzige Frauens-Person in der Welt erschien. Nachdem ich plötzlich mir der Nichtigkeit meiner Hoffnungen bewußt wurde, an die ich bereits mich zu klammern angefangen hatte, litt ich nicht allein wie irgend ein anderer Liebhaber, sondern auch von einer Einsamkeit und Verlorenheit, wie selten ein Liebender, so unglücklich er auch immer gewesen, sie empfunden haben konnte.

Meine Wirthsleute bemerkten meine gedrückte Stimmung und versuchten ihr Bestes, mich zu zerstreuen. Ich konnte es ganz besonders sehen, daß Edith sich um mich beunruhigte, aber nach der gewöhnlichen Verkehrtheit aller Liebenden konnte ich, nachdem ich bereits geträumt, mehr von ihr zu erhalten, in ihrer Freundlichkeit gegen mich, die, wie ich wußte, nur Mitgefühl war, ferner keine Tugend finden.

Nachdem ich mich den ganzen Nachmittag auf mein Zimmer zurückgezogen hatte, ging ich gegen Abend in den Garten, um einen Spaziergang zu machen. Der Tag war mit dem herbstlichen Dufte einer warmen, stillen Luft erfüllt. Ich befand mich nahe der Ausgrabung, trat in das unterirdische Gemach und setzte mich auf einen Stuhl.

„Dies," sagte ich zu mir selbst, „ist die einzige Heimath, die ich besitze, hier will ich bleiben und sie nie wieder verlassen."

Ich suchte mit Hülfe der mir bekannten Umgebung eine Art Trost darin zu finden, daß ich die Vergangenheit ins Leben zurückrief und die Formen und Gesichter herauf beschwor, die mich in meinem früheren Leben umgeben hatten. Es war Alles vergeblich, kein Leben war in ihnen. Beinahe hundert Jahre lang hatten die Sterne auf Edith Bartlett's Grab und die Gräber meiner Generation niedergeschaut. Die Vergangenheit war todt, zerquetscht unter dem Gewichte von hundert Jahren und auch von der Gegenwart war ich ausgeschlossen. Für mich gab es nirgends, nirgends einen Platz. Ich war weder todt, noch eigentlich am Leben.

„Verzeihen Sie mir, daß ich Ihnen gefolgt bin."

Ich blickte auf, Edith stand in der Thür des unterirdischen Gemaches und betrachtete mich lächelnd, aber mit Augen voll von mitleidsvoller Unruhe.

„Heißen Sie mich gehen, wenn ich Sie belästige," sagte

sie; „ich sah, daß Sie mißgestimmt seien, und Sie hatten mir doch versprochen, es mich wissen zu lassen, wenn ein solches Gefühl Sie wieder überkommen sollte; Sie haben Ihr Wort schlecht gehalten."

Ich erhob mich, ging zur Thür und machte einen verzweifelten, doch verunglückten Versuch zu lächeln, denn der Anblick ihrer Lieblichkeit ließ mich noch tiefer die Ursache meines Elends empfinden. „Ich fühle mich einsam," sagte ich, „sonst fehlt mir weiter nichts. Können Sie es nicht begreifen, daß meine Lage mehr vereinsamt ist, als die irgend eines anderen menschlichen Wesens vor mir, so daß es in der That einer neuen Welt bedarf, um sie zu beschreiben?"

„O!" rief sie mit feuchten Augen, „so müssen Sie nicht sprechen; solchen Gefühlen müssen Sie sich nicht hingeben! Sind wir nicht Ihre Freunde? Es ist Ihre eigne Schuld, wenn Sie uns von sich weisen; Sie brauchen sich gar nicht verlassen zu fühlen."

„Sie erweisen mir Güte, welche die Kraft meines Verständnisses übersteigt," sagte ich; „aber glauben Sie denn, ich wüßte nicht, daß es nur Mitleid, süßes Mitleid, und nichts als Mitleid ist, was Sie bewegt? Ich wäre ein Narr, sähe ich nicht ein, daß ich Ihnen anders erscheinen muß als andere Männer Ihrer eignen Generation, etwa als ein fremdes, gespensterhaftes Wesen, die Kreatur einer unbekannten See, die hier gestrandet, und dessen Verlorenheit Ihr Mitleid erregt, trotz ihres lächerlichen Aeußeren. Ich war so närrisch und Sie waren so gütig, daß ich es beinahe vergaß und mir einbildete, mich im Laufe der Zeit zu naturalisiren, gleich Einem der Ihrigen zu werden und Ihnen wie irgend ein anderer Mann Ihrer Zeit zu erscheinen. Aber die Predigt des Herrn Barton hat mich belehrt, wie eitel eine solche Einbildung sei, wie groß die Kluft, die uns trennt."

„O, jene erbärmliche Predigt," rief sie aus, indem sie beinahe vor Mitleid weinte, „ich wollte auch nicht, daß Sie sie hörten; was weiß er über Sie. Er hat in alten, vermoderten Büchern über Ihr Zeitalter gelesen, aber damit hört seine Kenntniß auf. Was geben sie überhaupt um ihn, daß Sie sich durch seine Worte verletzt fühlen? Hat es für Sie ganz und gar keine Bedeutung, daß wir, die wir Sie kennen, andere Gefühle für Sie hegen? Geben Sie nicht mehr um unser Urtheil, als um das einer Person, die Sie nie sah? O, Herr West, Sie wissen es nicht, wie unglücklich ich mich fühle, wenn ich Sie so verzweifelt sehe; aber was kann ich Ihnen sagen, wie kann ich Sie davon überzeugen, daß wir anders für Sie fühlen, als Sie es sich einbilden?"

Wie ehedem, in jener anderen Krisis, streckte sie mir ihre Hände entgegen, und wie damals erfaßte ich sie und hielt sie in den meinen; ihr Busen hob und senkte sich in ihrer Aufregung und ihre Finger, welche ich hielt, zitterten und gaben die Tiefe ihres Gefühles kund. In ihrem Gesichte stritt Mitleid in einer Art von göttlichem Trotz gegen die Hindernisse, die es zur Unthätigkeit verurtheilen wollten. Weibliches Mitgefühl hatte sich sicherlich nie in ein liebenswürdigeres Gewand gekleidet.

Solche Schönheit und Güte schmolz mein Herz, und die einzig passende Antwort, die ich geben konnte, war, ihr die Wahrheit zu sagen. Zwar hatte ich keinen Funken von Hoffnung, dennoch aber befürchtete ich nicht, daß sie mir zürnen würde, dazu war sie zu mitleidsvoll.

„Es ist sehr undankbar von mir," sagte ich, „nicht mit solcher Güte, wie Sie sie mir gezeigt und jetzt noch zeigen, zufrieden gestellt zu sein, aber sind Sie wirklich so blind, es nicht zu sehen, warum dies nicht genug ist, mich glücklich zu machen? Sehen Sie nicht, daß ich so wahnsinnig war, Sie zu lieben?"

Ein Rückblick.

Bei meinen letzten Worten erröthete sie tief und ihre Augen senkten sich vor den meinen, sie machte jedoch keinen Versuch, ihre Hände den meinigen zu entziehen. Einige Augenblicke blieb sie hochaufathmend vor mir stehen, dann, indem sie noch mehr als zuvor erröthete, blickte sie mich mit einem bezaubernden Lächeln an.

„Sind Sie dessen sicher," sagte sie, „daß Sie nicht selbst der Blinde sind?"

Das war Alles, aber es war genug, denn es sagte mir, daß, unglaublich wie es war, diese strahlende Tochter eines goldnen Zeitalters mir nicht allein ihr Mitleid, sondern auch ihre Liebe zugewendet hatte. Dennoch glaubte ich immer noch halb, daß ich mich in einer beglückenden Einbildung befände, selbst als ich sie in meinen Armen hielt.

„Wenn ich außer mir bin," rief ich, „lassen Sie mich so verbleiben!"

„Ich bin es, die Sie außer sich finden müssen," rief sie, als sie sich meinen Armen entwand, nachdem ich kaum die Süße ihrer Lippen gekostet.

„O, was müssen Sie von mir denken, daß ich mich in die Arme eines Mannes werfe, den ich kaum eine Woche kenne. Es war nicht meine Absicht, daß Sie es sobald ausfinden sollten, aber ich war so betrübt um Sie, daß ich vergaß, was ich sagte. Nein, nein, Sie müssen mich nicht eher berühren, als bis Sie wissen, wer ich bin; nachher sollen Sie sich demüthigst entschuldigen, daß Sie geglaubt, wie Sie es jetzt wohl glauben müssen, ich hätte mich überschnell in Sie verliebt. Nachdem Sie erst wissen werden, wer ich bin, werden Sie zugestehen müssen, daß es meine Pflicht war, mich in Sie sofort, beim ersten Anblick zu verlieben, und daß kein Mädchen an meiner Stelle anders gehandelt haben würde."

Der Leser mag voraussetzen, daß ich auf Erklärungen verzichtet hätte, aber Edith bestand darauf, daß keine Küsse ausgetauscht werden sollten, ehe sie sich von dem Verdachte der Voreiligkeit in dem Ergusse ihrer Liebe gereinigt hätte, und ich mußte ihr ins Haus folgen. Hier flüsterte sie erröthend ihrer Mutter etwas ins Ohr und lief davon, uns allein lassend.

Merkwürdig, wie meine Erfahrungen bisher waren, so sollte ich jetzt noch etwas Merkwürdigeres zu hören bekommen. Ich erfuhr von Frau Leete, daß Edith die Urenkelin meiner früheren Liebe, Edith Bartlett, sei. Nachdem sie mich vierzehn Jahre lang betrauert hatte, ging sie eine Heirath aus Achtung ein und hinterließ einen Sohn, der der Vater von Frau Leete wurde. Frau Leete hatte ihre Großmutter nie gesehen, aber viel von ihr gehört, und als ihre Tochter geboren wurde, gab sie ihr den Namen Edith. Dadurch geschah es, daß das Mädchen, als sie heranwuchs, ein lebhafteres Interesse an all dem nahm, was ihre Urgroßmutter betraf, und ganz besonders war es die tragische Geschichte des Todes ihres Liebhabers, der in dem Brande seines Hauses umgekommen sein sollte, die ihre Phantasie anregte. Es war dieses eine Erzählung, die sehr leicht das Mitgefühl eines romantischen Mädchens in Anspruch nehmen konnte, und der Gedanke, daß sie dem Blute der unglücklichen Heldin entsprossen, erhöhte natürlich das Interesse, das Edith daran nahm. Ein Bild von Edith Bartlett, einige ihrer Briefe und auch ein Paket der meinigen gehörten zum Erbe der Familie. Das Bild stellte eine wunderschöne junge Frauensperson vor, über die es leicht war, sich allerlei romantische Sachen einzubilden. Meine Briefe gaben Edith Material, sich eine Idee meiner Personalität zu bilden, und all dies zusammen reichte hin, die traurige alte Geschichte ihr als wirklich erscheinen zu lassen. Sie pflegte oft scherzend ihren Eltern zu sagen, daß sie nicht heirathen würde, wenn sie nicht einen Liebhaber wie Julian West fände und solcher gäbe es jetzt keine.

Alles dies war natürlich nur der wachende Traum eines Mädchens, deren Geist noch nie durch eine Liebschaft in Anspruch genommen gewesen, und hätte auch keine ernstlichen Folgen gehabt, wäre nicht an jenem Morgen die Entdeckung der verborgenen Kammer in ihres Vaters Garten gemacht und die Identität des Bewohners derselben offenbart worden, denn als die anscheinend leblose Form ins Haus getragen worden war, wurde das Gesicht in dem Medaillon, welches auf meiner Brust gefunden wurde, sogleich als das von Edith Bartlett erkannt und dadurch, im Zusammenhange mit anderen Umständen, stellte es sich heraus, daß ich Julian West sein müsse. Selbst wenn, wie es zuerst bezweifelt wurde, ich nicht hätte wieder belebt werden können, so glaubte Frau Leete dennoch, daß dieses Ereigniß ihre Tochter ihr ganzes Leben lang erschüttert haben würde. Die Annahme, daß irgend ein Schicksals=Beschluß ihr Loos an das meinige geknüpft, würde für irgend eine weibliche Person einen unwiderstehlichen Zauber gehabt haben.

Ob nun, nachdem ich wenige Stunden später ins Leben zurückgekommen und von Anfang an mich zu ihr hingezogen gefühlt hatte, sie zu eilig gewesen, mir ihre Liebe auf das erste Zeichen der meinigen zu geben, könne ich jetzt, sagte ihre Mutter, selbst beurtheilen. Wenn ich dies glaubte, so müßte ich aber bedenken, daß wir im zwanzigsten und nicht im neunzehnten Jahrhundert lebten, und daß Liebe jetzt schneller heranreife und auch sich freier äußere als früher.

Von Frau Leete ging ich zu Edith. Als ich sie fand, faßte ich sie bei beiden Händen und betrachtete lange be=

geistert ihr Gesicht. Die Erinnerung an jene andere Edith lebte auf und mein Herz schmolz von zarten Gefühlen. Sie selbst, die mich so scharf meinen Verlust empfinden ließ, war es, die mir Ersatz für denselben bot. Es war, als wenn aus ihren Augen Edith Bartlett in die meinigen schaute und mir Trost zulächelte. Mein Schicksal war nicht allein das seltsamste, sondern auch das glücklichste, das je einen Mann befallen. Ein doppeltes Wunder war für mich gewirkt worden. Ich war nicht an die Küste dieser fremden Welt geworfen worden, um mich allein und ohne Gefährten zu finden. Die Geliebte, die ich verloren glaubte, hatte zu meinem Troste einen neuen Körper angenommen. Als ich zuletzt in meinem Ergusse von Dankbarkeit das liebliche Mädchen in meine Arme schloß, schmolzen beide Gestalten in meinem Geiste zu einer einzigen zusammen, auch habe ich sie seitdem nie klar von einander scheiden können. Bald fand ich auch, daß in Edith eine entsprechende Confusion der Identitäten stattfand. Nie hörte man zwischen zwei Liebenden ein seltsameres Gespräch als das, welches zwischen uns gewechselt wurde, sie hörte mich lieber von Edith Bartlett als von sich selbst sprechen, und wie ich diese geliebt, als wie ich sie selbst liebe. Dabei belohnte sie meine liebenden Worte für diese andere weibliche Person mit Thränen, einem zärtlichen Lächeln und warmen Händedrücken.

„Sie müssen mich nicht zu viel um meiner selbst willen lieben," sagte sie, „ich werde sehr eifersüchtig darüber wachen und nie zugeben, daß Sie sie vergessen. Glauben Sie, daß Geister manchmal in die Welt zurückkehren, um ein Werk zu vollführen, das ihnen am Herzen lag? Oftmals dachte ich, daß ihr Geist in mir lebt, und daß Edith Bartlett und nicht Edith Leete mein eigentlicher Name ist. Ich kann das freilich nicht wissen, Niemand von uns kann wissen, wer wir eigentlich sind, aber ich kann es fühlen; und kann es Sie wundern, daß mich dieses Gefühl beherrscht, wenn Sie sehen, wie mein Leben durch Sie Beide beeinflußt wurde, selbst ehe Sie kamen. Sie dürfen mich deshalb lieb haben, wenn gleich Sie auch ihr treu bleiben, ich werde nicht eifersüchtig auf sie werden."

Dr. Leete war denselben Nachmittag ausgegangen und ich hatte erst später eine Unterredung mit ihm. Er war, wie es schien, ganz und gar nicht unvorbereitet für die Neuigkeit, welche ich ihm brachte, und er schüttelte herzlich meine Hand.

"Unter gewöhnlichen Umständen, Herr West, würde ich gesagt haben, daß die Verlobung eigentlich nach zu kurzer Bekanntschaft stattgefunden, aber die Umstände sind eben außergewöhnlich. Um offen zu sein, muß ich Ihnen sagen, daß, obwohl ich herzlich meine Einwilligung gebe, Sie sich ganz und gar nicht mir verpflichtet zu halten brauchen, da meine Einwilligung eine bloße Formalität ist. Von dem Augenblicke an, da das Medaillon das Geheimniß verrathen, blieb keine andere Entscheidung übrig. Wenn Edith nicht dagewesen wäre, die Gelöbnisse ihrer Urgroßmutter einzulösen, so glaube ich in der That, daß Frau Leete's Treue auf eine harte Probe gestellt worden wäre."

Am Abende spazierte ich bis um Mitternacht in dem mondbeleuchteten Garten auf und ab, und wir beide versuchten uns an unser Glück zu gewöhnen.

"Was würde ich gethan haben, wenn Sie mich nicht geliebt hätten," rief sie aus; "oft fürchtete ich, daß Sie nichts um mich geben würden, was hätte ich dann thun sollen, da ich doch fühlte, ich sei Ihnen geweiht. Sobald Sie ins Leben zurückkamen, war es mir, als wenn sie mich hieße, Ihnen zu sein, was sie Ihnen nicht gekonnt, aber dazu bedurfte es doch Ihrer Erlaubniß. O wie gerne hätte ich Ihnen an jenem Morgen, als Sie sich so schrecklich fremd unter uns fühlten, gesagt, wer ich sei, aber ich durfte meine Lippen nicht öffnen, oder Vater oder Mutter erlauben —"

„Das muß es also gewesen sein, was Sie Ihrem Vater mir zu erzählen nicht erlaubten," rief ich aus, mich auf die Unterhaltung beziehend, die ich gehört hatte, als ich aus dem Schlafe erwachte.

„Gewiß, das war es," lachte Edith, „haben Sie das erst jetzt errathen? Mein Vater dachte wie ein Mann, daß Sie sich eher heimisch bei uns fühlen würden, wenn wir Ihnen sagten, wer wir seien, an mich dachte er ganz und gar nicht. Meine Mutter aber verstand mich und deshalb ließ man mir meinen Willen. Ich hätte Ihnen nie ins Gesicht schauen können, hätten Sie gewußt, wer ich sei, es hätte mir geschienen, als drängte ich mich Ihnen auf, und ich fürchte, Sie hegen heut eine solche Ansicht über mich. Es lag auch nicht in meiner Absicht, denn ich wußte, man erwartete von den Mädchen Ihrer Zeit, daß sie ihre Zuneigung zu einer Person verbergen, und ich fürchtete, Sie zu verletzen. Wie schwer es doch für diese gewesen sein muß, ihre Liebe wie einen Fehler zu verbergen, warum mußten sie sich schämen, Jemanden eher zu lieben, als bis ihnen dazu Erlaubniß gegeben? Es ist gar zu komisch, erst auf eine hochwohllöbliche Erlaubniß, sich verlieben zu dürfen, warten zu müssen. Waren denn die Männer jener Zeit darüber aufgebracht, wenn Mädchen sie liebten? Heutzutage sind weder Männer noch Frauen darüber ärgerlich. Ich kann es ganz und gar nicht verstehen und Sie werden mir einst alles dies erklären müssen. Ich kann es gar nicht glauben, daß Edith Bartlett auch so närrisch wie die Andern gewesen."

Nach verschiedenen verunglückten Versuchen zu scheiden,

bestand sie endlich darauf, daß wir einander ‚Gute Nacht' sagen sollten. Ich war eben im Begriff ihr wirklich den letzten Kuß auf die Lippen zu drücken, als sie sich mit unbeschreiblicher Naivität an mich wandte:

„Eine Sache bedrückt mich noch. Haben Sie wirklich Edith Bartlett vergeben, daß sie einen anderen Mann geheirathet? Die Bücher Ihrer Zeit stellen die Liebhaber als sehr eifersüchtig dar und deshalb frage ich. Es wäre mir eine große Erleichterung, zu wissen, daß Sie nicht im Geringsten auf meinen Urgroßvater eifersüchtig sind, weil er Ihre Geliebte geheirathet. Darf ich dem Bilde meiner Urgroßmutter, wenn ich jetzt in mein Zimmer gehe, erzählen, daß Sie ihr vollständig ihre Untreue vergeben?"

Der Leser wird es mir vielleicht nicht glauben, aber diese Koketterie, von welcher die Sprecherin vielleicht keine Ahnung hatte, berührte mich wirklich und heilte einen lächerlichen Anflug von Eifersucht, deren ich mir bewußt worden, seitdem Frau Leete mir von Edith Bartlett's Heirath erzählt hatte. Selbst während ich Edith Bartlett's Urenkelin in meinen Armen hielt, hatte ich nicht bis zu diesem Augenblicke eingesehen, daß ohne ihre Heirath dieses Letztere nicht möglich gewesen wäre. Die Lächerlichkeit dieser Geistes-Stimmung wurde nur durch die Schnelligkeit ausgeglichen, mit welcher dieser Nebel aus meinen Gedanken durch die schelmische Frage meiner Edith schwand. Ich lachte und küßte sie.

„Sie dürfen sie meiner vollständigen Vergebung versichern," sagte ich, „wenn es jedoch nicht Ihr Urgroßvater gewesen wäre, den sie geheirathet, so würde es viel schlimmer um die Sache gestanden haben."

Als ich mein Zimmer an diesem Abend erreichte, öffnete

ich nicht das musikalische Telephon, um mich, wie ich bereits gewohnt worden, in den Schlaf spielen zu lassen. Heute machten meine Gedanken bessere Musik als irgend ein Orchester des 20sten Jahrhunderts und sie hielten mich bezaubert bis nahe gegen Morgen, da ich endlich einschlief.

Achtundzwanzigstes Kapitel.

„Es ist etwas später als die Stunde, zu der ich Sie hätte aufwecken sollen, Herr West. Sie sind langsamer als sonst aus dem magnetischen Schlafe erwacht." Die Stimme war die meines Dieners Sawyer. Ich fuhr mit einem Ruck im Bette auf und blickte mich verwundert um. Ich befand mich in meinem unterirdischen Gemache. Der sanfte Lichtschimmer der Lampe, welche stets im Zimmer brannte, wenn ich dasselbe benutzte, beleuchtete die mir vertrauten Wände und Gegenstände. An meinem Bette stand Sawyer, ein Glas Sherry in der Hand, welches ich, der Vorschrift Doctor Pillsbury's gemäß, beim ersten Erwachen aus dem magnetischen Schlafe einnehmen mußte, um die erstarrten physischen Kräfte wieder zu beleben.

„Schnell hinunter damit," sagte er, als ich ihn ganz verwirrt anstarrte. „Sie sehen etwas angegriffen aus, Herr West, und das wird Ihnen gut thun."

Ich nahm den Trank und fing langsam an zu begreifen, was sich eigentlich mit mir zugetragen hatte. Das war natürlich sehr einfach. Das ganze 20ste Jahrhundert war ein bloßer Traum gewesen. Ich hatte von jener erleuchteten und sorgenfreien Klasse Menschen, von ihren so genialen, einfachen Einrichtungen, von dem herrlichen, neuen Boston mit seinen Domen und Zinnen, seinen Gärten und Springbrunnen und seinem überall herrschenden Ueberfluß einfach geträumt. Die liebenswürdige Familie, welche ich so genau kennen gelernt hatte, mein freundlicher Wirth und Mentor,

Dr. Leete, seine Gattin und deren Tochter, die zweite und schönere Edith, meine Braut, auch sie waren nur Bilder einer Einbildungskraft gewesen.

Eine geraume Zeit hindurch verweilte ich in der Stellung, in die diese Ueberzeugung mich versetzt hatte, aufrecht im Bette sitzend und ins Leere starrend, im Geiste die Scenen und Begebenheiten meiner fantastischen Traum=Erscheinung noch einmal überdenkend. Sawyer schien über mein Aus=sehen bestürzt und erkundigte sich ängstlich, was mir fehle. Durch seine wiederholten, lästigen Fragen wurde ich schließ=lich aus meinem Starrsinn aufgerüttelt; ich fand mich in meine Lage, raffte mich zusammen und versicherte dem treuen Burschen, daß Alles mit mir in Ordnung sei. „Ich habe einen außerordentlichen Traum gehabt; das ist Alles, Sawyer," sagte ich, „einen au=ßer=or=dent=li=chen Traum."

Mechanisch kleidete ich mich an; ein höchst sonderbares und schwindeliges Gefühl im Kopfe, setzte ich mich zum Frühstück hin, welches Sawyer in der Regel auftrug ehe ich das Haus verließ. Die Morgenzeitung lag neben meiner Tasse; ich nahm sie begierig auf, und mein Blick fiel auf das Datum, den 31sten Mai 1887.

Von dem Augenblick an, da ich meine Augen geöffnet, hatte ich eingesehen, daß meine langen und detaillirten Er=lebnisse in einem anderen Jahrhundert weiter nichts als ein Traum gewesen waren; dennoch fuhr ich unwillkürlich zu=sammen, als mir hier schwarz auf weiß klar bewiesen wurde, daß die Welt, seit der Zeit, zu der ich mich zum Schlafen niedergelegt hatte, nur um wenige Stunden älter geworden war.

Ich warf einen Blick auf das Inhaltsverzeichniß der ersten Seite; es enthielt die Morgennachrichten, und ich las folgende Zusammenstellung:

Ein Rückblick.

Auswärtige Angelegenheiten. — Der bevorstehende Krieg zwischen Frankreich und Deutschland. Die französischen Kammern bitten um einen neuen Kredit für das Heer, um mit der Armee-Vergrößerung Deutschlands gleichen Schritt zu halten. Wahrscheinlichkeit, daß im Falle eines Krieges ganz Europa mit hinein verwickelt werden wird. — Großes Elend unter den Unbeschäftigten in London. Dieselben verlangen Arbeit. Eine Monster-Demonstration soll ins Werk gesetzt werden. Die Behörden sind in Unruhe. — Weitausgedehnte Arbeits-Einstellung in Belgien. Die Regierung bereitet sich vor, etwaige Ausbrüche zu unterdrücken. Grauenerregende Zustände in Bezug auf Beschäftigung von Mädchen in belgischen Kohlenbergwerken. — Agrarische Unruhen in Irland.

Innere Angelegenheiten. — Betrügereien scheinen epidemisch geworden zu sein. Unterschleif von einer halben Million in New York. — Betrug eines Testaments-Vollstreckers. Die Waisen sind ihres letzten Pfennigs beraubt. — Geschickter Diebstahl eines Bankbeamten; $50,000 sind verschwunden. — Die Kohlenbarone beschließen den Kohlenpreis zu erhöhen und die Production einzuschränken. — Eine Clique schraubt den Preis für Kaffee in die Höhe. — Enorme Ländereien von westlichen Syndicaten in Besitz genommen. — Entsetzliche Korruption Chicagoer Beamten ans Licht gebracht. Systematische Bestechung. — Die Untersuchungen über die betrügerischen Stadträthe sollen in New York fortgesetzt werden. — Große Fallitserklärungen von Geschäftshäusern. Befürchtungen einer Geschäfts-Krisis. — Eine beträchtliche Liste von Einbrüchen und kleineren Diebstählen. — Eine Frau, ihres Geldes halber, kaltblütig in New Haven umgebracht. — Ein Hausbesitzer gestern Nacht in hiesiger Stadt von einem Einbrecher erschossen. — Ein Mann erschießt sich selbst in Worcester, weil er keine Arbeit finden konnte. Eine große Familie, von Allem entblößt zurückgelassen. — Ein altes Ehepaar in New Jersey begeht Selbstmord, nur um nicht ins Armenhaus wandern zu müssen. — Bedauernswerthe Armuth unter den weiblichen Lohn=Arbeitern großer Städte. — Erstaunliche Zunahme von Unwissenheit in Massachusetts. Noch mehr Irrenanstalten verlangt. — Decorations=Tag Reden. Professor Braun über die moralische Höhe der Civilisation des 19ten Jahrhunderts.

Es war allerdings das 19te Jahrhundert, zu dem ich wieder erwacht war, darüber konnte absolut kein Zweifel herrschen. Es war ein vollständiger Mikrokosmus, den diese Uebersichtstabelle der Tagesneuigkeiten darstellte, bis zu dem letzten nicht mißzudeutenden Anflug von alberner Selbstgefälligkeit. Da sie gleich hinter einer solch verdammenden Anklage des Zeitalters kam, so war diese Chronik eines einzigen Tages, die eine ganze Welt von Mord, Habsucht und Tyrannei einschloß, ein Cynismus, würdig eines Mephistopheles; und trotzdem war ich von allen Denjenigen, die Alles dies diesen Morgen gelesen hatten, vielleicht der Einzige, der diesen Cynismus bemerkte, und noch gestern würde er mir, gleich allen Anderen, entgangen sein. Es war jener sonderbare Traum, der diesen Umschwung hervorgerufen hatte. Ich weiß nicht wie lange ich hierauf meine Umgebung wieder vergaß, und meine Phantasie spielte mir wieder jene lebhafte Traumwelt vor, jene herrliche Stadt mit ihren Häusern von so einfacher Bequemlichkeit und ihren glänzend ausgestatteten Palästen. Um mich herum waren wieder Gesichter, die weder von Aroganz noch Kriecherei, weder von Neid noch Habsucht, ängstlicher Sorge oder fieberhaftem Ehrgeize verzerrt waren, und wieder sah ich jene stattlichen Männer= und

Ein Rückblick.

Frauengestalten, welche nie Furcht vor irgend einem Nebenmenschen gekannt hatten, noch je von irgend welcher Gunst abhängig gewesen waren, sondern, stets den Worten jener Predigt gleich, die noch immer meinen Ohren tönte, „aufrecht vor ihrem Gott gestanden hatten."

Mit einem tiefen Seufzer und dem Gefühl eines unersetzlichen Verlustes, der nicht minder schmerzlich, weil es der Verlust einer Sache war, die in Wirklichkeit nie existirt hatte, raffte ich mich endlich aus meiner Träumerei auf und verließ bald darauf das Haus.

Mehr als ein Dutzend Mal blieb ich zwischen meiner Thüre und der Washington Straße stehen und raffte mich zusammen, denn eine solche Gewalt lag in jener Vision des künftigen Bostons, daß sie mir das wirkliche Boston fremd erscheinen ließ. Die Unsauberkeit und der üble Geruch in der Stadt fielen mir von dem Augenblicke an, da ich die Straße erreichte, auf, sie waren Thatsachen, die ich früher nicht bemerkt hatte. Noch gestern war es für mich etwas ganz natürliches gewesen, daß einige meiner Mitbürger Seide und andere Lumpen tragen sollten, daß einige wohlgenährt und wieder andere hungrig aussahen. Jetzt entsetzten mich im Gegentheil die so scharf ins Auge fallenden Ungleichheiten in der Kleidung und der Lage der Männer und Frauen, die sich auf dem Trottoir drängten, und mehr als dieses noch die gänzliche Gleichgültigkeit, welche die Bessergestellten für die Unglücklichen an den Tag legten. Waren das menschliche Wesen, welche das Elend ihrer Mitmenschen mit ansehen konnten, ohne dabei eine Miene zu verziehen? Und trotzdem wußte ich während der ganzen Zeit, daß ich es war, der sich verändert hatte, und nicht meine Zeitgenossen. Ich hatte von einer Stadt geträumt, deren Bewohner sich alle in denselben Verhältnissen befanden, gerade wie die Kinder einer

Familie und sich in all ihren Angelegenheiten einander beistanden.

Ein anderer Charakter-Zug des wirklichen Boston, welcher jenen außerordentlichen Eindruck des Fremdartigen hervorrief und der vertraute Gegenstände in einem neuen Lichte erscheinen ließ, war die Sucht zum Annonciren. In dem Boston des 20sten Jahrhunderts gab es keine Annonce, weil man derselben nicht bedurfte; aber hier waren die Mauern der Gebäude, die Fenster, die ganzen Seiten der Zeitungen, sogar das Straßenpflaster, kurzum Alles und Jedes, wohin man sehen konnte, der Himmel allein ausgenommen, mit Aufrufen Einzelner bedeckt, welche unter unzähligen Vorwänden die Hülfe Anderer für sich selbst zu ergattern strebten. Wie verschieden auch immer die Worte sein mochten, der eigentliche Inhalt aller dieser Aufrufe war stets derselbe, wie etwa der folgende:

"Helft dem John Jones. Kümmert Euch nicht um die Andern. Das sind Betrüger. Ich, John Jones, allein bin der Rechte. Kauft von mir, gebt mir zu thun. Kommt zu mir. Hört auf mich, John Jones. Seht auf mich. Irrt Euch nicht, John Jones ist Euer Mann und weiter Niemand. Laßt alle Andern verhungern, aber erinnert Euch, um Gottes willen, des John Jones."

Ich weiß nicht, ob es der Pathos oder die moralisch abstoßende Wirkung des Schauspiels war, welche auf mich, dem so plötzlich in meiner eigenen Stadt fremd Gewordenen, einen so tiefen Eindruck machte. Ich war dem Weinen nahe über die Unglücklichen, welche, weil sie nicht lernen wollten einander zu helfen, vom Niedrigsten bis zum Höchsten verwünscht waren, von einander betteln zu müssen. Dieses schauderliche Babel schamlosen Eigenlobs und gegenseitiger Herabsetzung, dieses betrübende Geschrei sich bekämpfender

Prahlereien, Bitten und Beschwörungen, dieses grauenhafte System unverschämter Bettelei, was war es anders, als die Nothwendigkeit einer Gesellschaft, in welcher die Gelegenheit, der Welt seinen Gaben gemäß zu dienen, erkämpft werden mußte, anstatt daß sie einem Jeden als die erste Bedingung sozialer Organisation zugesichert war.

Ich erreichte die Washington Straße an einem der belebtesten Punkte. Ich blieb stehen und lachte laut, zum Aerger der Vorübergehenden. Wenn es mein Leben gekostet hätte, ich hätte dieses Lachen nicht unterdrücken können, denn ein so toller Humor überkam mich beim Anblick der unübersehbaren Ladenreihen an jeder Seite, Straße auf und ab, so weit mein Auge schauen konnte, und um den Anblick noch weit abgeschmackter erscheinen zu lassen, gab es Dutzende derselben, innerhalb eines Steinwurfes, welche denselben Artikel verkauften. Läden! Läden! Läden! Meilenweit nichts als Läden! Zehntausend Läden, um die Waaren zu vertheilen, die in dieser einen Stadt gebraucht wurden, welche in meinem Traume mit allen Gegenständen aus einem einzigen Waarenlager versorgt worden war, gerade wie sie in einem großen Centralpunkt in jedem Stadtviertel bestellt wurden, wo der Käufer ohne jeglichen Zeit- oder Arbeits-Verlust unter einem Dache ein Assortement aus der gesammten Welt, in jeder gewünschten Branche finden kann. Da war die Arbeit des Vertheilens so gering gewesen, daß sie einen kaum bemerkbaren Bruchtheil zum Kostenpreis der Waaren zufügte. Es waren eigentlich nur die Herstellungs-Kosten, die der Käufer bezahlte. Hier hingegen vermehrte das einfache Vertheilen und Hin- und Hertransportiren der Waaren ihren Kostenpreis um ein Viertel, ein Drittel und zuweilen sogar mehr als die volle Hälfte. Alle diese zehntausend Anlagen mußten bezahlt werden, ihre Miethe, ihre Leiter, die Masse der daun angestellten Verkäufer, ihre zehntausend Buchhalter, Lohnarbeiter und sonstwie geschäftlich Angestellten, all dasjenige, was sie für Annoncen ausgaben, um sich gegenseitig zu bekämpfen. Alles dies mußten die Consumenten natürlich bezahlen. Welch eine glorreiche Einrichtung, um die Nation arm zu machen!

Waren das ernste Männer, die ich hier um mich herum sah, oder Kinder, welche ihr Geschäft nach einem solchen System betrieben? Konnten das vernünftige Wesen sein, welche die Thorheit nicht einsahen, so viel zu verschwenden, ehe nur der zum Gebrauche fertige Artikel an den Käufer kommt? Wenn Leute mit einem Löffel essen, der die Hälfte seines Inhaltes zwischen Teller und Lippe fallen läßt, werden sie nicht, aller Wahrscheinlichkeit gemäß, hungrig aufstehen?

Früher war ich tausende Male durch die Washington Straße gegangen und hatte oft genug die Art und Weise derjenigen, welche Waare verkauften, betrachtet, aber meine Neugierde war jetzt so groß, gerade als ob ich früher niemals hier vorübergegangen wäre. Verwundert schaute ich in die Schaufenster der Magazine, die mit Waaren vollgepfropft waren, die mit sichtlich großem Aufwand von Mühe und künstlerischem Geschmack arrangirt waren, um das Auge anzuziehen. Ich bemerkte die große Menge von Damen, die da hineinschauten, und die Eigenthümer, die eifrig die Wirkung dieser Lockspeise beobachteten. Ich ging hinein und erblickte den falkenäugigen Aufseher auf Kundschaft lauernd, die Verkäufer überwachend und sie streng an ihre Pflicht, die Kunden zum Kaufen zu animiren, ermahnend; zum Kaufen für Geld, wenn sie welches besaßen, für Krebit, wenn sie keins hatten; zu kaufen, was sie nicht wollten, mehr als sie wollten und was über ihr Einkommen ging. Manchmal verlor ich für einen Augenblick den Leitfaden und wurde durch den Anblick verwirrt.

Wozu diese Anstrengung, um die Leute zum Kaufen zu bewegen? Das hatte doch sicherlich nichts mit dem gesetz=mäßigen Geschäfte zu thun, die Gegenstände denen zuzu=theilen, welche sie gebrauchten. Das war doch die reinste Verschwendung, Leuten Sachen aufzubringen, welche sie gar nicht wollten, welche jedoch einem Andern hätten von Nutzen sein können. Die Nation wurde durch jede solche Errungen=schaft um so viel ärmer gemacht. Was dachten sich diese Verkäufer? Dann fiel mir plötzlich ein, daß sie ja gar nicht als Waaren=Vertheiler handelten, wie jene in dem Laden, den ich in dem Boston meines Traumes besucht hatte. Sie dienten nicht dem gemeinsamen Interesse, sondern unmittel=bar ihrem eignen, und es lag ihnen gar nichts daran, welche Wirkung ihr Handeln schließlich auf das allgemeine Wohl ausüben würde, wenn sie nur ihre eigne Habe vermehrten; denn diese Waaren waren ihre eignen, und je mehr sie ver=kauften, je mehr sie dafür erzielten, desto größer war ihr Ge=winn. Je verschwenderischer das Publikum war, je mehr Artikel, die die Leute gar nicht haben wollten, ihnen aufge=drungen werden konnten, desto besser für diese Verkäufer. Die Verschwendung zu ermuthigen, war der wirkliche Zweck dieser zehntausend Läden in Boston.

Und dennoch waren diese Ladenbesitzer und Verkäufer keine schlimmeren Menschen als irgend Jemand anders in Boston. Sie mußten sich ernähren, ihre Familien unter=halten, und wie konnten sie dies zu Wege bringen, wenn sie nicht ihre individuellen Privat=Interessen allem Anderen weit voransetzten? Man konnte doch nicht von ihnen ver=langen zu hungern und auf eine Ordnung der Dinge warten, wie ich sie in meinem Traume gesehen hatte, wo das Interesse des Einen identisch mit dem Aller war. Du lieber Gott im Himmel! War es denn ein Wunder, daß unter einem derartigen System, wie das, welches mich umgab, die Stadt so herabgekommen, die Leute so schlecht gekleidet und so viele unter ihnen zerlumpt und hungrig aussahen?

Kurze Zeit nachher kam ich zufällig nach South Boston, und befand mich in der Nähe der Fabriken. Ich war in diesem Viertel der Stadt früher mehr als hundert Mal gewesen, gerade wie in der Washington Straße, aber hier, gerade so wie dort, erkannte ich erst die wahre Bedeutung dessen, was ich eigentlich sah. Früher war ich wohl stolz darauf gewesen, daß Boston statistisch ungefähr 4000 unabhängige Fabriken besaß, aber gerade in dieser Mannigfaltigkeit und gegenseitiger Unabhängigkeit fand ich jetzt das Geheimniß des unbedeutenden Gesammt-Productes seiner Industrie.

Wenn die Washington Straße schon einem Zollhause gleich gewesen war, so war das Schauspiel hier noch viel melancholischer, da die Production eine viel wichtigere Function als das Vertheilen der fertigen Producte ist. Diese 4000 Etablissements arbeiteten nicht nur nicht in Gemeinschaft zusammen und trieben ihr Geschäft aus diesem Grunde allein schon mit ungeheurem Nachtheil, sondern außerdem, als wenn dieser Fehler nicht schon einen tief genug einschneidenten Verlust an Kraft in sich trüge, verwandten sie ihre äußerste Geschicklichkeit darauf, ihre gegenseitigen Bemühungen null und nichtig zu machen. Des Nachts beteten sie und am Tage arbeiteten sie für die Vernichtung ihrer gegenseitigen Unternehmungen. Das Lärmen und Pochen von Rädern und Hämmern, welches auf allen Seiten ertönte, war nicht das Geräusch einer friedlichen Industrie, sondern der Klang von Schwertern, die von Feinden geschwungen wurden. Diese Fabriken und Werkstätten waren so viele Festungen, jede unter ihrer eignen Flagge, ihre Kanonen waren auf die Fabriken und Werkstätten gezielt, und ihre Sappeurs waren unterhalb damit beschäftigt, sie zu unterminiren.

Innerhalb jeder dieser Festungen bestand man auf die stricteste Organisation der Industrie; die verschiedenen Abtheilungen arbeiteten unter einer einzelnen Central-Gewalt. Keine Hineinmischung und keine Verdoppelung der Arbeit war erlaubt. Jeder hatte seine ihm zugewiesene Arbeit und Niemand war müßig. Durch welche Lücke in der logischen Denkfähigkeit, durch welch verlorenes Glied im Denkvermögen kam es also, daß man unfähig war, die Nothwendigkeit einzusehen, dasselbe Prinzip auf die Organisation der nationalen Industrie, als ein Ganzes anzuwenden oder zu sehen, daß, wenn Mangel an Organisation die wirkende Kraft einer Fabrik schwächen konnte, dasselbe auch eine noch viel zerstörendere Wirkung auf die Industrieen der Nation im Ganzen haben müsse, da die Letzteren doch größer im Umfang und mehr zusammengesetzt in der Verwandschaft ihrer einzelnen Theile sind. Würden Leute nicht schnell genug bei der Hand sein, eine Armee lächerlich zu machen, in welcher weder Compagnien, Bataillone, Regimenter, Brigaden, Divisionen oder Armee-Corps wären, in der keine Organisation größer als eine Schwadron, mit keinem höheren Offizier als einem Corporal und sämmtliche Corporale gleich im Ansehen, vorhanden wären. Und doch waren die fabrizirenden Industriezweige Bostons des 19ten Jahrhunderts gerade eine solche Armee, eine Armee von 4000 unabhängigen Schwadronen, die von eben so vielen unabhängigen Corporalen angeführt wurden, von denen jede nach einem besondern Feldzugsplane manövrirte. Haufen von Müßiggänger konnte man auf jeder Seite hier und dort wahrnehmen, Einige müßig, weil sie keine Arbeit um irgend einen Preis finden konnten, Andere, weil sie nicht einen, wie sie glaubten, annehmbaren Lohn erlangen konnten.

Ich fragte Einige der Letzteren, und sie erzählten mir ihre Beschwerden. Ich konnte ihnen nur sehr wenig Beruhigendes erwidern. „Es thut mir sehr leid," sagte ich. „Ihr erhaltet sicherlich wenig genug, und doch wundert es mich, daß Geschäftszweige, wie diese geleitet, Euch nicht nur nicht genug Lohn zum Leben bezahlen, sondern daß sie im Stande sind, Euch überhaupt noch Lohn zu geben. Ich kehrte von dort wieder zur Stadt zurück und stand gegen 3 Uhr in der State Straße und starrte die Banken und Comptoire der Bankiers und andere Finanz=Institute an, als wenn ich sie niemals vorher bemerkt hätte, von denen aber in der State Straße meines Traumes keine Spur zu sehen gewesen war. Geschäftsleute, Commis und Laufburschen drängten sich in und aus den Banken, denn es fehlten nur noch ein paar Minuten bis zum Schluß der Börse. Mir gegenüber befand sich die Bank, wo ich meine Geschäfte zu erledigen pflegte. Ich ging hinüber, blieb an einer Mauerlücke stehen und schaute mir das Heer der Angestellten an, wie sie mit dem Geld hantirten, und die langen Reihen von Leuten, die an verschiedenen Schaltern Summen deponirten. Ein alter Herr, den ich kannte, ein Direktor der Bank, ging an mir vorüber; er bemerkte meine Stellung und blieb einen Augenblick stehen.

„Ein interessanter Anblick, Herr West, nicht wahr?" sagte er. „Welch ein wunderbarer Mechanismus; auch ich stelle mich zuweilen hier hin, um zuzuschauen, gerade wie Sie es jetzt thun. Es ist ein Gedicht; ein wahres Gedicht nenne ich es. Ist es Ihnen je in den Sinn gekommen, Herr West, daß die Bank das Herz im Geschäfts=Systeme ausmacht? In endlosem Ab= und Zufluß fließt das Lebensblut heraus und hinein. Jetzt fließt es hinein. Es wird am Morgen wieder herausfließen;" und wohlzufrieden mit seiner Selbst=äußerung, schritt der alte Herr lächelnd weiter.

Gestern noch würde ich das Lächeln wohl berechtigt gefunden haben, aber ich hatte ja seitdem eine Welt besucht, die unvergleichlich reicher war als diese hier, worin Geld unbekannt und ohne jeden Nutzen war. Ich hatte gelernt, daß es in der Welt um mich herum nur deshalb von Nutzen war, weil die Arbeit, den Unterhalt der Nation zu beschaffen, den zufälligen Anstrengungen Einzelner überlassen war, anstatt daß sie, als die wichtigste Aufgabe der Nation betrachtet, von der Nation geleitet werde. Dieser Grundfehler machte einen endlosen Austausch nöthig, um nur irgend eine Art Vertheilung zu Wege zu bringen. Dieser Austausch wurde durch Geld bewirkt — wie unparteiisch, hätte man sehen können, wenn man von den ärmeren Stadttheilen zu den aristokratischen einen Spaziergang machte — auf Kosten einer Menge von Leuten, die der productiven Arbeit entzogen wurden, einer beständigen Zerrüttung der gesellschaftlichen Maschinerie, und endlich eines so verschlechternden Einflusses auf die gesammte Menschheit, daß Geld seit den ältesten Zeiten in Wahrheit als die „Wurzel alles Uebels" verschrieen wurde. Der arme alte Bank=Direktor mit seinem Gedichte dauerte mich. Er hatte das Hämmern einer Eiterbeule für das Schlagen des Herzens gehalten. Was er für „einen wundervollen Mechanismus" hielt, war ein unvollkommener Versuch, ein unnöthiges Gebrechen zu heilen, — die unbeholfene Krücke eines selbstgemachten Krüppels.

Nachdem die Banken geschlossen waren, wanderte ich ziel=

los im Geschäftstheil etwa zwei Stunden umher und setzte mich später auf eine der Bänke des Stadt=Parkes nieder. Ich fand es interessant, die Menge der Passirenden zu beobachten. Mir ging es wie Einem, der die Bevölkerung einer fremden Stadt studirt, denn so fremd waren mir meine Mitbürger und deren Lebensweise seit gestern geworden. Dreißig Jahre lang hatte ich unter ihnen gelebt, und dennoch schien es mir, als wenn ich früher niemals bemerkt hätte, wie sorgenvoll und verzerrt die Gesichter, sowohl der Reichen als der Armen, die verfeinerten, scharf ausgeprägten Züge der Gebildeten sowohl, als die Unwissenheit bezeugenden Gesichter der Ungebildeten, waren. Und wahrlich, es war Grund genug dazu vorhanden, denn ich sah jetzt, wie ich es früher nie so deutlich gesehen hatte, daß Jeder auf seinem Gange sich beständig umschaute, um auf das Flüstern eines Gespenstes zu horchen, des Gespenstes der Ungewißheit.

„Verrichte deine Arbeit noch so gut," so flüsterte das Gespenst, „stehe früh auf und mühe dich ab bis zur späten Nachtstunde, raube listig oder diene treu, du wirst dich nie der Sicherheit erfreuen. Du magst jetzt reich sein und schließlich doch noch in Armuth verfallen. Laß noch so vielen Reichthum deinen Kindern zurück, du kannst nicht die Versicherung dafür erkaufen, daß dein Sohn nicht vielleicht der Diener deines Dieners werden wird, oder daß deine Tochter sich nicht wird verkaufen müssen, um ihr tägliches Brod zu verdienen."

Ein Mann drückte mir, während er vorbei ging, eine Geschäfts=Annonce in die Hand, welche die Vorzüge eines neuen Lebens=Versicherungs=Planes pries. Dieser Umstand erinnerte mich an das einzige Mittel, pathetisch, in seinem Zugeständniß der allgemeinen Noth, der es in so ärmlicher Weise Abhülfe zu leisten suchte, und welches dieser ermüdeten, abgehetzten Männern und Frauen einen wenigstens theilweisen Schutz gegen Ungewißheit versprach. Auf diese Weise, erinnerte ich mich, konnten die besser Gestellten die prekäre Zusicherung erkaufen, daß nach ihrem Tode ihre Geliebten wenigstens für eine Zeit lang nicht in den Staub getreten werden würden. Aber das war auch alles, und nur diejenigen konnten sich dessen erfreuen, welche gut dafür bezahlen konnten. Was für eine Idee konnten sich diese unglücklichen Bewohner des Landes Ismael, wo eines jeden Hand gegen die aller Anderen erhoben war, von einer solchen wahren Lebens=Versicherung machen, wie ich sie unter den Bewohnern jenes Traumlandes gesehen hatte, von denen jedem Einzelnen, einfach auf Grund seiner Mitgliedschaft in der nationalen Familie, eine Garantie gegen Noth irgend welcher Art gegeben war in einer Police, welche von hundert Millionen seiner Mitmenschen unterzeichnet war.

Kurze Zeit nachher, entsinne ich mich, stand ich an den Stufen eines Gebäudes in der Tremont Straße und sah einer militärischen Parade zu. Ein Regiment marschirte vorbei. Es war der erste Anblick an diesem traurigen Tage, der mir ein anderes Gefühl als Mitleid und Erstaunen einflößte. Hier wenigstens war Ordnung und Vernunft, eine Ausstellung dessen, was intelligente, gemeinsame Arbeit vollbringen kann. War es möglich, daß die Leute, die mit verklärten Mienen zusahen, für diesen Anblick nicht mehr Interesse als für ein Schauspiel zeigten. Konnten sie es nicht sehen, daß es ihr Zusammenwirken, ihre Organisation unter einem Haupte war, welches diese Menschen zu der furchtbaren Maschine machte, die im Stande war einen Volkshaufen zehnmal so groß zu besiegen. Hätten sie dies nur eingesehen, hätten sie doch die wissenschaftliche Weise, in der die Nation in den Krieg zog, mit der unwissenschaftlichen Weise, mit der sie an die Arbeit ging, vergleichen können, würden sie sich nicht dann die Frage vorgelegt haben, seit wann denn das Umbringen von Menschen eine so viel wichtigere Aufgabe geworden sei, als das Ernähren und Bekleiden derselben, daß eine geschulte Armee für das erstere für nöthig erachtet wird, während man das letztere einem rohen Volkshaufen überläßt?

Der Abend brach an und in den Straßen drängten sich Arbeiter aus den Läden, Werkstätten und Fabriken. Von der Strömung fortgetragen, befand ich mich, als es anfing Nacht zu werden, in der Mitte einer Scene von Unsauberkeit und menschlicher Entartung, wie sie eben nur das südliche Arbeiter-Viertel aufweisen konnte. Ich hatte die wahnsinnige Verschwendung menschlicher Arbeit gesehen, hier sah ich in gräßlichster Form das Elend, welches diese Verschwendung erzeugt hatte.

Aus dunklen Gängen und Fenstern der Häuser auf beiden Seiten drang eine wahrhaft verpestende Luft heraus. Die Straßen und Seitenwege waren voll jener Ausdünstung, wie sie dem Zwischendeck eines Sklavenschiffes entströmt. Im Vorbeigehen erblickte ich bleiche Säuglinge, im Innern, die in übelriechenden Zimmern nach Luft schnappten, Frauen mit Gesichtern, in denen jede Spur von Lebenshoffnung verschwunden war, welche durch die harte Arbeit mißgestaltet waren, welche keine andere Spur von Weiblichkeit zurückbehalten hatten als die Schwäche, während aus den Fenstern Mädchen mit unverschämten Mienen stierten. Den verhungernden Hunden gleich, welche die Straßen türkischer Städte unsicher machen, erfüllten hier Schwärme von halb nackten, verwilderten Kindern die Luft mit Schreien und Flüchen, während sie sich in den Kehrichts-

Ein Rückblick.

haufen, die allenthalben vor den Höfen lagen, herumbalgten. Alles dies war mir gar nicht neu. Oft genug war ich durch diesen Theil der Stadt gegangen und hatte solche Scenen mit Gefühlen des Abscheues betrachtet. Vom Standpunkte der Philosophie aus war es mir alsdann ein Wunder geblieben, wie Menschen ein solches Elend ertragen und dennoch am Leben hängen konnten. Aber nicht nur bezüglich der ökonomischen Thorheiten dieses Zeitalters, sondern auch hinsichtlich seiner moralischen Abscheulichkeiten waren mir die Schuppen, seit jener Vision eines andern Jahrhunderts, von den Augen gefallen. Nicht länger betrachtete ich diese unglücklichen Bewohner dieser Hölle mit einer unempfindlichen Neugierde als Geschöpfe, die kaum menschlich zu nennen waren. Ich erblickte in ihnen meine Brüder und Schwestern, meine Eltern, meine Kinder, Fleisch von meinem Fleische, Blut von meinem Blute. Die eiternde Masse menschlicher Erbärmlichkeit um mich her beleidigte jetzt nicht nur meine Sinne, sondern schnitt durch mein Herz wie ein Messer, so daß ich Seufzer und Stöhnen nicht zu unterdrücken vermochte. Ich sah nicht nur, sondern fühlte in meinem Körper Alles, was ich sah.

Als ich nun die unglücklichen Geschöpfe um mich genauer in Augenschein nahm, bemerkte ich, daß sie Alle ganz todt waren. Ihre Körper waren ebenso viele lebende Grabmäler. Auf jeder dieser verkommenen Stirnen war deutlich das „Hic jacet" einer Seele geschrieben, die im Innern todt war. Während ich jeden einzelnen Todtenkopf schaudernd der Reihe nach betrachtete, wurde meine Einbildungskraft von einer eigenthümlichen Scheu erfaßt. Wie ein schwebendes, durchsichtiges Geister-Antlitz jedem dieser brutalen Gesichter aufgesetzt, sah ich das ideale, das mögliche Gesicht, welches das wirkliche gewesen wäre, wenn Geist und Seele gelebt hätten. Erst als ich diese gespensterhaften Gesichter wahrnahm, und den Vorwurf in ihren Augen las, gegen den ich nichts zu erwidern vermochte, wurde mir die ganze beklagenswerthe Größe des Elends, das angerichtet worden war, klar. Zerknirschung und heftige Gemüths=Schmerzen übermannten mich, denn ich war einer derjenigen gewesen, der diesen Zustand der Dinge ruhig zugelassen hatte. Ich war einer derjenigen gewesen, die wissentlich nichts davon hatten hören wollen, die jeden Gedanken daran hinweg gedrängt hatten, und die, als wenn gar nichts Derartiges vorhanden gewesen wäre, ihrem eigenen Vergnügen und Nutzen nachgejagt hatten. Deshalb fand ich jetzt auf meinem Gewande das Blut dieser großen Menge getödteter Seelen. Die Stimme ihres Blutes schrie gegen mich aus dem Erdboden hervor. Jeder Stein des übelriechenden Pflasters, jeder Ziegel der sich vorstreckenden Wohnungen schien eine Zunge zu haben, und rief mir nach, als ich entfloh: „Was hast du mit deinem Bruder Abel gethan?"

Ich habe keine klare Erinnerung an irgend etwas, das folgte, bis ich mich auf den gemeißelten Steintreppen des prächtigen Hauses meiner Verlobten in der „Commonwealth Avenue" befand. In dem wilden Tumult meiner Gedanken hatte ich kaum einmal an sie gedacht, aber jetzt hatten meine Füße einem unbewußten Triebe gehorcht und den vertrauten Weg zu ihrer Thür gefunden. Es wurde mir gesagt, daß die Familie sich beim Abendmahle befände, aber man lud mich ein, an demselben theilzunehmen. Außer der Familie fand ich mehrere Gäste anwesend, die mir alle bekannt waren. Der Tisch glänzte von Silbergeschirr und kostbarem Porzellan. Die Damen waren prächtig gekleidet und trugen Juwelen wie Königinnen. Es war eine Scene von höchster Eleganz und verschwenderischem

Luxus. Die Gesellschaft amusirte sich köstlich, es wurde viel gelacht und es war ein wahres Raketenfeuer von Scherzworten und Witzen.

Mir war es, als wenn, nachdem in meiner Wanderung durch die Stätten des Fluches, mein Blut sich in Thränen bei derem Anblicke verwandelt und mein Geist mit Sorge, Mitleid und Verzweiflung erfüllt worden war, ich plötzlich in einem Wäldchen auf eine vergnügte Gesellschaft von Bachanten gestoßen wäre. Ich saß schweigend da, bis Edith anfing, mich meines düsteren Aussehens wegen aufzuziehen. Was mir fehle? Die Uebrigen nahmen sofort an den scherzhaften Angriffen Theil, und ich wurde eine Zielscheibe für ihre Witzeleien und Scherzworte. Wo ich gewesen wäre und was ich gesehen hätte, um einen so mißmüthigen Menschen aus mir zu machen?

„Ich war in Golgatha," antwortete ich endlich. „Ich sah die Menschen am Kreuze hängen. Weiß keiner von Euch, auf welche Scenen die Sonne und Sterne in dieser Stadt herabblicken, daß Ihr von etwas Anderem denken und reden könnt? Wißt Ihr nicht, daß dicht bei Euren Thüren eine Menge von ärmeren Frauen, Fleisch von Eurem Fleische, ein Leben führt, welches nur eine fortgesetzte Qual von der Geburt bis zum Tode ist? Horch! Ihre Wohnungen sind so nahe, daß, wenn Ihr Euer Gelächter unterbrächet, Ihr ihre klagenden Seufzer hören würdet, das mitleidserregende Geschrei der Kinder, welche die Armuth groß nährt, die heißeren Flüche von Männern, halb verthiert und versunken im Elend, das Mäkeln eines Heeres von Weibern, die sich ums Brod verkaufen. Womit habt Ihr Eure Ohren verstopft, daß Ihr diese klagenden Laute nicht hört? Was mich betrifft, ich höre nichts Anderes."

Stille folgte meinen Worten. Das Gefühl tiefsten Mit-

leidens hatte mich durchdrungen, während ich sprach, aber
als ich auf die Gesellschaft um mich herum schaute, sah ich,
daß ihre Mienen, weit entfernt ebenso ergriffen zu sein
wie ich, ein kaltes Erstaunen ausdrückten, welches in denen
Edith's mit einem Zug tiefster Kränkung und in denen
ihres Vaters mit Verdruß vermischt war. Die Damen
tauschten beleidigte Blicke aus, und einer der Herren
hatte seine Augengläser aufgesetzt und studirte mich mit
einer Miene wissenschaftlicher Neugierde. Als ich be=
merkte, daß Dinge, welche für mich so unerträglich waren,
sie durchaus nicht bewegten, daß Worte, welche mein Herz
schmolzen, sie nur beleidigt hatten, fühlte ich mich anfangs
betäubt, dann aber überwältigte mich ein Gefühl krankhafter
Verzweiflung und Ohnmacht. Welche Hoffnung blieb den
armen Verlassenen in der Welt, wenn denkende Männer und
zarte Frauen nicht durch derartige Dinge bewegt wurden?
Dann fiel mir ein, daß ich möglicher Weise mich nicht richtig
ausgedrückt haben mochte. Ohne Zweifel hatte ich den Fall
unrichtig dargestellt. Sie waren erzürnt, weil sie glaubten,
ich habe sie gescholten, während, Gott weiß es, ich nur an das
Gräßliche der Thatsache gedacht hatte, ohne jeglichen Ver=
such, die Verantwortlichkeit dafür auf sie zu schieben. Ich
unterdrückte meine leidenschaftliche Wallung und versuchte
ruhig und logisch zu sprechen, um diesen Eindruck zu ver=
bessern. Ich sagte ihnen, daß ich sie nicht habe anklagen
wollen, als ob sie, oder die Reichen im Allgemeinen für das
Elend der Welt verantwortlich wären. Es sei in der That
wahr, daß der Ueberfluß, den sie verschwendeten, wenn an=
ders angewendet, viel bitteres Elend erleichtern würde.
Diese kostbaren Fleisch=Arten, diese reichen Weine, diese
herrlichen Stoffe und blitzenden Juwelen bildeten das Löse=
geld für manches Menschenleben. An ihnen haftete wahr=

Ein Rückblick.

lich die Schuld Derer, die da nutzlos verschwenden in einem Lande, das von Hungersnoth heimgesucht ist. Nichtsdestoweniger würde, wenn Alles das, was die Reichen verschwenden, gespart würde, es nicht hinreichend sein, die Armuth aus der Welt zu schaffen. Es wäre so wenig zum Vertheilen, daß, wenn die Reichen und die Armen gleichbetheilt würden, für Alle nur eine Brotkruste vorhanden sein würde, wenn gleich diese durch die allgemeine brüderliche Liebe versüßt werden würde.

Die Thorheit der Menschen, nicht ihre Hartherzigkeit ist die große Ursache der Armuth in der Welt. Es ist nicht das Verbrechen der Menschen, noch das einer Klasse von Menschen, welches die Menschheit so elend macht, sondern ein abscheulicher, ungeheurer Fehler, ein kolossaler, weltverdunkelnder Irrthum. Und dann zeigte ich ihnen, wie vier Fünftel der Arbeit dadurch gänzlich verwüstet würden, daß die Arbeiter in beständigem Kriege mit einander stehen und weder Organisation noch Zusammenwirken kennen. Ich versuchte die Sache noch klarer zu machen und führte als Beispiel unfruchtbare Länder an, wo der Boden die Nahrungsmittel nur durch sorgfältige Ausnutzung des Wassers, vermittelst eines Irrigations-Systems liefert. Ich legte dar, wie man es in solchen Ländern für die wichtigste Function der Regierung halte, daß das Wasser nicht durch die Selbstsucht oder Unwissenheit Einzelner verschwendet würde, da sonst eine Hungersnoth eintreten würde. Zu diesem Zwecke sei der Gebrauch desselben strenge regulirt und systematisch eingetheilt, und es sei Einzelnen nicht gestattet, nach ihrem eignen Gutdünken das Wasser einzudämmen oder abzuleiten, oder in irgend welcher Weise es zu mißbrauchen.

Die Arbeit der Menschen, erklärte ich, sei der befruchtende Strom, der allein die Erde bewohnbar mache. Er sei selbst

im günstigsten Falle nur klein, und seine Benutzung ver=
lange durch ein System regulirt zu werden, welches jeden
Tropfen auf die vortheilhafteste Weise verwerthe, wenn die
Welt im Ueberfluß unterhalten werden sollte. Aber wie
weit von jeglichem System sei die wirkliche Benutzung ent=
fernt. Ein Jeder verschwende die kostbare Flüssigkeit wie
es ihm beliebt, angespornt nur durch das Motiv, seine eigne
Erndte zu schützen und die seines Nachbars zu verderben, da=
mit die seinige sich besser verkaufe. Durch diese Hab= und
Rachsucht werden die Felder Einzelner überschwemmt, die
Anderer vertrockneten, während die Hälfte des Wassers ganz
unbenutzt bliebe. Obwohl in einem solchen Lande einige
Wenige durch Kraft oder List einen Ueberfluß erringen, so sei
das Loos der großen Mehrzahl Armuth und das der
Schwachen und Unwissenden bitterer Mangel und ewige
Hungersnoth.

Wenn die von der Hungersnoth heimgesuchte Nation nur
die Pflicht, welche sie vernachlässigt hat, ausüben und den
Lauf des Leben spendenden Stromes für das allgemeine Wohl
reguliren wollte, dann würde die Erde wie ein Garten
blühen, und keines ihrer Kinder irgend Etwas entbehren.
Ich beschrieb die physische Glückseligkeit, die geistige Er=
leuchtung und den moralischen Aufschwung, welcher dann
das Leben aller Menschen verschönern würde. Ich sprach
voller Begeisterung von jener neuen Welt, die mit Ueberfluß
gesegnet, durch Gerechtigkeit veredelt und durch brüderliche
Liebe versüßt sei, jener Welt, von der ich leider nur ge=
träumt hatte, welche aber so leicht verwirklicht werden
könnte.

Ich hatte sicherlich erwartet, daß jetzt die Gesichter um
mich her Gefühle den meinigen gleich ausdrücken würden; sie
wurden im Gegentheil dunkler, zorniger und höhnischer.

Anstatt Begeisterung zeigten die Damen nur Abneigung und Furcht, während die Männer mich mit Ausrufen des Tadels und der Verachtung unterbrachen. „Wahnsinniger! Fanatiker! Feind der Gesellschaft!" riefen sie, und Derjenige, welcher vorher seine Augengläser aufgesetzt hatte, rief aus: „Er sagt, wir sollen keine Armen mehr haben. Ha! Ha!" „Schmeißt den Menschen hinaus!" rief der Vater meiner Braut aus, und auf dieses Zeichen sprangen die Männer von ihren Stühlen auf und drangen auf mich ein.

Mir war es, als ob mein Herz vor Schmerz brechen sollte, als ich fand, daß Dasjenige, was mir so klar und überaus wichtig war, für sie gar keine Bedeutung hatte, und daß ich machtlos war, es anders zu gestalten. Mein Herz war so heiß gewesen, daß ich geglaubt hätte, ein Eisberg würde bei seiner Gluth schmelzen, und jetzt mußte ich wahrnehmen, daß diese überwiegende Kälte mein eignes Innere ergriff. Nicht Feindschaft war es, was ich gegen sie empfand, als sie mich bedrängten, nur Mitleiden allein, für sie und die Welt.

Obgleich verzweifelnd, konnte ich mich nicht ergeben. Ich rang noch mit ihnen, Thränen brachen aus meinen Augen. In meiner Heftigkeit stieß ich unartikulirte Laute aus. Ich keuchte, seufzte, stöhnte und befand mich gleich darauf im Bette in meinem Zimmer im Hause des Dr. Leete aufrecht sitzend, während die Morgensonne durch das offene Fenster in meine Augen schien. Ich rang nach Athem. Die Thränen strömten meine Wangen herab und ich bebte an jedem Nerv.

Wie es dem entflohenen Flüchtling zu Muthe ist, welcher träumt, daß er wieder eingefangen und in seine dunkle und feuchte Zelle zurückgebracht worden ist, und der dann seine Augen öffnet und sieht, daß des Himmels Gewölbe sich über seinem Haupte ausbreitet, gerade so war es mir, als ich erkannte, daß meine Rückkehr ins 19te Jahrhundert der Traum gewesen, während meine Gegenwart im 20sten die Wirklichkeit war. Die grausamen Scenen, deren Augenzeuge ich in meiner Vision gewesen war und die ich durch die Erfahrungen meines früheren Lebens bestätigen konnte, und die alle Mitfühlenden zu Thränen rühren müssen, waren Gott sei Dank für immer vorbei. Schon seit langer Zeit waren Unterdrückte und Bedrücker, Prophet und Verspötter zu Staub geworden. Seit Generationen waren „reich" und „arm" vergessene Worte.

Aber in diesem Augenblicke, während ich noch mit unaussprechlicher Dankbarkeit über die Größe der Erlösung der Welt und über meine Begünstigung, dies mit anzusehen, nachsann, durchdrang mich plötzlich wie ein Messer ein schmerzliches Gefühl von Scham, Gewissensbissen und Selbst-Anklage, das mein Haupt auf meine Schultern niederbeugte und mich wünschen ließ, das Grab hätte mich mit meinen Mitmenschen von der Sonne verborgen. Denn ich war ein Mensch jener früheren Zeit gewesen. Was hatte ich dazu beigetragen, daß ich es mir jetzt herausnehmen durfte zu frohlocken? Ich, der ich in jenen grausamen, unsinnigen Tagen gelebt hatte, was hatte ich gethan, um sie zu Ende zu bringen? Ich war in jedem Punkte gerade so gleichgültig für das Elend meiner Mitbrüder, gerade so cynisch ungläubig für bessere Verhältnisse, ein ebenso blinder Anbeter des Chaos und der alten Nacht, wie irgend einer meiner Mitmenschen gewesen. So weit mein persönlicher Einfluß gereicht hatte, war er eher dazu verwendet worden, die damals sich vorbereitende Befreiung der Menschheit zu verhindern als zu fördern. Welches Recht hatte ich, eine Erlösung zu bejubeln, welche mich mit Vorwürfen anklagte, mich des Tages zu erfreuen, dessen Dämmerung ich verhöhnt hatte?

„Besser wäre es für dich gewesen," so tönte eine Stimme in mir, „wenn dieser böse Traum die Wirklichkeit und diese schöne Wirklichkeit der Traum gewesen wäre. Es wäre besser für dich gewesen, deine Stimme für die gekreuzigte Menschheit in einer spottsüchtigen Nation zu erheben, als hier vom Brunnen zu trinken, den du nicht gegraben, und von Bäumen zu genießen, deren Züchter du gesteinigt hast," und mein Geist antwortete: „Es wäre in der That besser gewesen."

Als ich endlich mein gebeugtes Haupt erhob und aus dem Fenster schaute, sah ich Edith, die, frisch wie der Morgen, in den Garten gekommen war und Blumen pflückte. Ich eilte zu ihr hinab. Indem ich vor ihr mit meinem Antlitze im Staub niederkniete, gestand ich unter Thränen, wie wenig werth ich es sei, die Luft dieses goldenen Jahrhunderts zu athmen und wie unendlich weniger an meiner Brust seine vollendete Blume zu tragen.

Glücklich derjenige, welcher mit einem so hoffnungslosen Fall als der meine einen so gnädigen Richter findet.

Fifty-Fourth Thousand.

JOHN WARD, PREACHER.

By MARGARET DELAND, author of "The Old Garden and Other Verses." 12mo, $1.50; paper covers, 50 cents.

Mr. Gladstone was asked to write an article on "John Ward, Preacher." He declined, saying, "I never write about religion unless I have a special object. My reasons for writing about 'Robert Elsmere' were to show that the arguments brought forward against Christianity in it were fallacious. No such excuse would justify an article on 'John Ward, Preacher,' in which no attack on Christianity is contained."

"John Ward, Preacher," exhibits so much earnestness of purpose on its able writer's part, and is a book of such serious, not to say solemn, emotional and religious weight, that it cannot fail to be singled out in the minds of its readers as a novel of exceptional interest and power. — *The Independent (New York).*

The interesting and remarkable story of "John Ward, Preacher," . . . full of grace, suggestive of many serious thoughts. . . . Behind the story lie some of the deepest problems which beset our life. — *Ven. Archdeacon Farrar.*

The writer of this charming book exhibits a sense of humor rare among lady novelists, together with that delicacy of taste and facility of domestic description which few men, if any, can hope to equal. — *The Inquirer (London).*

It is refreshing to meet with a novel which shows such real ability as "John Ward, Preacher," and one written with such workmanlike care and precision throughout. — *The Athenæum (London).*

A remarkable book . . . of much more than common power. — *The Spectator (London).*

*** *For sale by all Booksellers. Sent by mail, post-paid, on receipt of price by the Publishers,*

Houghton, Mifflin and Company,

4 PARK ST., BOSTON; 11 EAST SEVENTEENTH ST., NEW YORK

Ticknor's Paper Series
OF CHOICE COPYRIGHT READING.

1. THE STORY OF MARGARET KENT. By Henry Hayes.
2. GUENN. By Blanche W. Howard, author of "One Summer."
3. THE CRUISE OF A WOMAN HATER. By G. De Montauban.
4. A REVEREND IDOL. A Massachusetts-Coast Romance.
5. A NAMELESS NOBLEMAN. By Jane G. Austin.
6. THE PRELATE. A Roman Story. By Isaac Henderson.
7. ELEANOR MAITLAND. By Clara Erskine Clement.
8. THE HOUSE OF THE MUSICIAN. By Virginia W. Johnson.
9. GERALDINE. A Metrical Romance of the St. Lawrence.
10. THE DUCHESS EMILIA. By Barrett Wendell.
11. DR. BREEN'S PRACTICE. By W. D. Howells.
12. TALES OF THREE CITIES. By Henry James.
13. THE HOUSE AT HIGH BRIDGE. By Edgar Fawcett.
14. THE STORY OF A COUNTRY TOWN. By E. W. Howe.
15. THE CONFESSIONS OF A FRIVOLOUS GIRL. By Robert Grant.
16. CULTURE'S GARLAND. By Eugene Field.
17. PATTY'S PERVERSITIES. By Arlo Bates.
18. A MODERN INSTANCE. By W. D. Howells.
19. MISS LUDINGTON'S SISTER. By Edward Bellamy.
20. AUNT SERENA. By Blanche W. Howard.
21. DAMEN'S GHOST. By Edwin Lassetter Bynner.
22. A WOMAN'S REASON. By W. D. Howells.
23. NIGHTS WITH UNCLE REMUS. By Joel Chandler Harris.
24. MINGO. By Joel Chandler Harris.
25. A TALLAHASSEE GIRL. By Maurice Thompson.
26. BEATRIX RANDOLPH. By Julian Hawthorne.
27. A FEARFUL RESPONSIBILITY. By W. D. Howells.
28. HOMOSELLE. By Mary F. Tiernan.
29. A MOONLIGHT BOY. By E. W. Howe.
30. THE ADVENTURES OF A WIDOW. By Edgar Fawcett.
31. INDIAN SUMMER. By W. D. Howells.
32. THE LED-HORSE CLAIM. By Mary Hallock Foote.
33. LEN GANSETT. By Opie P. Read.
34. NEXT DOOR. By Clara Louise Burnham.
35. THE MINISTER'S CHARGE. By W. D. Howells.
36. SONS AND DAUGHTERS. By the author of "The Story of Margaret Kent."
37. AGNES SURRIAGE. By Edwin Lassetter Bynner.
38. LOOKING BACKWARD. By Edward Bellamy.
39. TWO COLLEGE GIRLS. By Helen Dawes Brown.
40. SILAS LAPHAM. By W. D. Howells.
41. A MEXICAN GIRL. By Frederick Thickstun.
42. AULNAY TOWER. By Blanche W. Howard.
43. THE PAGANS. By Arlo Bates.
44. FORTUNE'S FOOL. By Julian Hawthorne.
45. DOCTOR BEN. By Orlando Witherspoon.
46. JOHN BODEWIN'S TESTIMONY. By Mary Hallock Foote.
47. RACHEL ARMSTRONG. By Celia Parker Woolley.
48. TWO GENTLEMEN OF BOSTON.
49. THE CONFESSIONS OF CLAUD. By Edgar Fawcett.
50. HIS TWO WIVES. By Mary Clemmer.
51. THE DESMOND HUNDRED. By the author of "A Nameless Nobleman."
52. A WOMAN OF HONOR. By H. C. Bunner.
53. FORCED ACQUAINTANCES. By Edith Robinson.
54. UNDER GREEN APPLE BOUGHS. By Helen Campbell.
55. FOOLS OF NATURE. By Alice Brown.
56. DUST. By Julian Hawthorne.
57. THE STORY OF AN ENTHUSIAST. By Mrs. C. V. Jamison.
58. QUEEN MONEY. By the author of "The Story of Margaret Kent."

Price Fifty Cents each.

"SURVIVAL OF THE FITTEST."

T. Y. Crowell & Co. Lead the World as Publishers of Poetry.

SIXTY STANDARD AUTHORS.
EIGHTEEN DIFFERENT STYLES OF BINDING.
FIVE HUNDRED AND SIXTY-FOUR VOLUMES.

Crowell's Poets are the
**BEST IN MECHANICAL EXCELLENCE.
BEST ILLUSTRATED. MOST COMPLETE.
MOST NOVEL STYLES OF BINDING.
MOST VALUE FOR THE MONEY.**

For sale by all Booksellers.

T. Y. CROWELL & CO.
13 Astor Place, New York.

TWO DELIGHTFUL BOOKS.

PASSE ROSE.

A Novel. By ARTHUR SHERBURNE HARDY, author of "But Yet a Woman," "The Wind of Destiny," etc. Each, $1.25.

Its historical elements, unfamiliar plot, dramatic situations, and noteworthy style, distinguish this among current novels, and promise for it a wide popularity.

A WHITE UMBRELLA IN MEXICO.

By F. HOPKINSON SMITH, author of "Well Worn Roads," etc. With Illustrations by the author. Tastefully bound. $1.50.

Mr. Smith is admirably equipped for producing a delightful book of travel. He is an excellent observer, he has the art of relating his observations in a very entertaining style, and his pencil effectively supplements his pen.

HOUGHTON, MIFFLIN & CO., BOSTON.

www.ingramcontent.com/pod-product-compliance
Lightning Source LLC
Chambersburg PA
CBHW022058230426
43672CB00008B/1208